LES SCIENCES HUMAINES
ET LES DROITS DE L'HOMME

DU MÊME AUTEUR:

- BRUYER (R.). Le visage et l'expression faciale : approche neuropsychologique.
- Participation à :
  - RONDAL (J.) et SERON (X.). Troubles du langage : diagnostic et rééducation.
  - SERON (X.) et LATERRE (C.). Rééduquer le cerveau.

PSYCHOLOGIE ET SCIENCES HUMAINES

sous la coordination de R. Bruyer

les sciences humaines et les droits de l'homme

Ouvrage publié avec le soutien
de la section belge francophone d'*Amnesty International*

Préface d'Ernest Glinne

PIERRE MARDAGA, EDITEUR
2, GALERIE DES PRINCES, 1000 BRUXELLES

© Pierre Mardaga, éditeur
37, rue de la Province, 4020 Liège
2, Galerie des Princes, 1000 Bruxelles
D. 1984-0024-16

Cet ouvrage est dédié à Amnesty International, *dont la section belge francophone recevra les droits d'auteurs*

Préface
Science et justice
au «village planétaire»...

Rien n'est plus précieux à l'homme que sa liberté d'être humain associé à la vie d'un peuple et, de là, à toute communauté internationale. Dans le «village planétaire» que notre monde est devenu grâce au développement prodigieux des télécommunications, il n'y a plus de cause proche et de cause lointaine : nos écrans de télévision, lorsqu'ils ne sont pas censurés, nous parlent d'un «disparu» de Buenos Aires comme d'un voisin, et nous ressentons que l'homme de tous les temps et de tous les lieux souffre en nous-mêmes, dans le flux quotidien des humiliations, des désirs de justice, des oppressions qui, inévitablement, nous atteint.

S'il n'y a plus de distance, la distinction s'est aussi estompée entre les droits élémentaires (*habeas corpus*, protection contre l'arrestation arbitraire, la torture, etc.) et les droits plus modernes (contrôle des gouvernants par les gouvernés, droit au travail, sécurité sociale, libertés d'opinion et d'association, etc.). Les droits de la personne et les droits du peuple entier à la démocratie économique et sociale s'interpénètrent de plus en plus.

La science, dans cette évolution du genre humain, n'a été et n'est ni indifférente, ni neutre. Il y a eu l'illusion scientiste, au siècle dernier : elle était fondamentalement généreuse. Il y a eu l'horreur de l'anthropologie nazie et d'une perversion des sciences humaines au profit du racisme, de la domination, d'une volonté exacerbée de puissance.

Les sciences humaines d'aujourd'hui doivent être le rocher solide de l'affirmation de l'égalité fondamentale des hommes. L'«hôpital psychiatrique» camouflant une prison, les laboratoires préparant une guerre bactériologique et chimique, la théorie toujours bien installée de l'*apartheid* prouvent que la justice ne va jamais de soi et qu'elle doit toujours être reconquise. Avec des savants qui sont aussi des hommes de cœur.

C'est dans cet esprit que je rends hommage aux auteurs du présent ouvrage.

Je me réjouis particulièrement du fait que ce dernier ait été dédié à *Amnesty International* qui ne cesse d'accomplir un travail remarquable pour la défense des droits de l'homme partout où ils sont bafoués. Les milliers d'hommes et de femmes qui, partout dans le monde, toutes idéologies politiques ou religieuses confondues, militent au sein d'*Amnesty International*, méritent tout notre respect et toute notre reconnaissance pour la façon dont, avec beaucoup de ténacité, ils dénoncent les infractions aux libertés et aux droits de l'homme — à l'Est comme à l'Ouest, au Nord comme au Sud — tout en essayant, par des actions ponctuelles, de venir en aide aux victimes des injustices commises.

La préoccupation doit embrasser les cinq continents. Tant qu'il y aura en ce monde des régimes qui ne peuvent subsister que par l'oppression, l'être humain n'aura nulle part conquis sa dignité. Inlassablement, il faudra lutter aussi longtemps que subsistera sur terre une parcelle, fût-elle minime, où un homme, même un seulement, sera opprimé.

Ernest Glinne
Président sortant du groupe socialiste
au Parlement Européen

Avant-propos

Chaque auteur est totalement responsable du chapitre qu'il signe, et uniquement de ce chapitre. Il s'agit donc plutôt d'une collection d'articles autour d'un thème central que d'un véritable ouvrage collectif. La remarque qui précède signifie en outre qu'*Amnesty International* n'a pratiqué aucun contrôle des textes qui, par conséquent, n'engagent pas la responsabilité de cette organisation humanitaire. C'est par ailleurs à titre strictement individuel que la responsabilité de chaque auteur est assumée.

Plusieurs critères ont présidé à l'élaboration des textes. En premier lieu, afin de coller au mieux à la réalité quotidienne des media, l'ouvrage est le fruit du travail d'auteurs belges francophones (sauf un). En deuxième lieu, il a été décidé de contacter, pour chaque discipline des sciences humaines, un représentant compétent et acquis à la cause des droits de l'homme (mais qui ne l'est pas?) : l'appartenance au milieu universitaire n'était donc pas un critère *a priori* même si, dans les faits, les universitaires composent une proportion importante de l'ensemble des collaborateurs. En troisième lieu, on a veillé au pluralisme idéologique et confessionnel des collaborateurs et on attendait avant tout un regard «neutre et objectif» sur la question. Beaucoup d'auteurs, toutefois, émargent de l'Université de Louvain : indiquons simplement qu'une telle insertion professionnelle n'équivaut pas nécessairement à une signature confessionnelle ou idéologique, et que les contingences relationnelles personnelles sont sans conteste la variable qui à joué. En quatrième lieu, il a été offert à chaque collaborateur un espace identique de texte (libre à l'auteur d'utiliser moins de pages qu'accordé). En cinquième lieu, chaque auteur a été invité à jeter un regard critique sur la discipline dans laquelle il est spécialisé, et à considérer tout particulièrement : a) les distorsions dont les résultats scientifiques pourraient être l'objet en vue d'une exploitation non respectueuse des droits de l'homme, b) les apports de la discipline qui seraient favorables au respect de ces droits, c) l'existence de cas connus de détournements de la discipline vers une violation des droits de l'homme. Cependant, en sixième lieu, chacun des textes proposés a été entièrement respecté quant au contenu. Les seuls échanges d'information entre auteurs n'on visé qu'à éviter la redondance de contenu.

On trouvera donc, dans les pages qui suivent, les points de vue d'un philosophe, d'historiens, de juristes, de sociologues, d'un économiste, d'un ethnologue, de démographes, d'un anthropologue, d'un criminologue, de psychologues et de « modificateurs du comportement » (neurochirurgien, psychiatre, psychothérapeute). La liste n'est pas exhaustive : elle résulte tant d'une part d'arbitraire personnel que du caractère extensible de la définition (non tentée ici) des « sciences humaines ».

Cette équipe de collaborateurs n'a pu être constituée en deux coups de cuiller à pot. Certains, pressentis directement ou indirectement, n'ont pu se joindre à nous (Achslogh, Gérard, Graindorge, Ladrière, Lallemand, Laterre, Olender, Stengers); d'autres, plus radicalement, n'ont pas estimé utile de répondre à la proposition qui leur était faite (Garot, Martou, Meulders-Klein); d'autres encore, qui s'étaient engagés à collaborer, se sont abstenus de rédiger leur contribution : le chapitre 3 se voit ainsi amputé du point de vue du praticien (G.H. Beauthier), le chapitre 5 n'abordera pas la science politique (X. Mabille), et le chapitre 4 est privé de la contribution relative au journalisme (J.J. Jespers). Ceux qui restent ont accepté de participer à cette aventure jusqu'au bout, avec l'acharnement et les risques en tous genres qu'elle peut induire. Qu'ils en soient très sincèrement remerciés. Des imprévus en cours de travail ont amené P. de Locht à nous quitter; le chapitre 4 devait comporter un texte relatif à la pédagogie : après un travail préliminaire considérable, A.M. Thirion et ses collaborateurs n'ont pu, pour des raisons socioprofessionnelles majeures, mener à bien la rédaction d'une synthèse finale.

Amnesty International se voit ici mise en exergue. Cette organisation n'est toutefois pas la seule à militer activement pour le respect des droits de l'homme. D'autres, en Belgique, doivent être indiquées et encouragées : la Ligue Belge pour la Défense des Droits de l'Homme, le Mouvement contre le Racisme, l'Antisémitisme et la Xénophobie, etc. La liste est longue.

Enfin, cet ouvrage a pu voir le jour grâce à une subvention du Conseil de l'Europe; qu'il en soit remercié.

R.B.

Note: La bibliographie est rassemblée en fin d'ouvrage (p. 252). Les notes sont groupées en fin de chapitre et on y renvoit par des appels de notes en chiffres supérieurs. Au cours de l'impression du présent ouvrage, nous avons pris connaissance de: DRAÏ R. et al. *Multinationales et droits de l'homme*, 1984.

LISTE ALPHABETIQUE DES AUTEURS

Raymond BRUYER, licencié en philosophie et docteur en psychologie, est premier assistant à la Faculté de Médecine de l'Université de Louvain.

Léon CASSIERS est professeur de psychiatrie à la Faculté de Médecine de l'Université de Louvain.

Maurice CHAUMONT est professeur à la Faculté des Sciences Economiques, Sociales et Politiques de l'Université de Louvain.

Jean-Paul COLLEYN, ethnologue formé à l'Université de Bruxelles, est journaliste scientifique à la télévision belge; il est collaborateur scientifique à l'Université de Bruxelles et membre du laboratoire associé 221 (Systèmes de pensée en Afrique Noire) de l'Ecole Pratique des Hautes Etudes (E.P.H.E.) et du Centre National de la Recherche Scientifique (C.N.R.S.), en France.

Jean-Pierre DEVROEY, docteur en philosophie et lettres, est assistant à l'Université de Bruxelles.

Pierre FEYEREISEN, docteur en psychologie, est attaché à l'Université de Louvain en tant que Chercheur Qualifié du Fonds National de la Recherche Scientifique (F.N.R.S.).

Guy HAARSCHER est professeur de philosophie à l'Université de Bruxelles.

Robert JACOB est attaché à l'Université de Liège (Service d'Histoire du Droit) en tant qu'Aspirant du Fonds National de la Recherche Scientifique (F.N.R.S.).

Guy JUCQUOIS est professeur à l'Institut de Linguistique de l'Université de Louvain.

José KAGABO est chercheur au Centre de Recherches Historiques de l'Ecole des Hautes Etudes en Sciences Sociales (E.H.E.S.S.), à Paris.

Louis LOHLE-TART est consultant à l'Association pour le Développement de la Recherche Appliquée en Sciences Sociales (A.D.R.A.S.S.).

Francis MARTENS, psychanalyste, s'est formé à la psychologie à l'Université de Louvain, et à l'anthropologie à l'Université de Montréal.

Michel MOLITOR est professeur à la Faculté des Sciences Economiques, Sociales et Politiques de l'Université de Louvain.

Bruno REMICHE dirige l'Union Internationale pour l'Etude Scientifique de la Population (U.I.E.S.P.).

François RIGAUX est professeur à la Faculté de Droit de l'Université de Louvain.

Foulek RINGELHEIM est docteur en droit à l'Université de Liège et licencié en criminologie de l'Université de Bruxelles.

Xavier SERON, docteur en psychologie de l'Université de Liège, est Chargé de Cours à la Faculté de Médecine de l'Université de Louvain.

Jean-Marie WAUTELET, maître en sciences économiques, est assistant à l'Institut des Pays en Développement de l'Université de Louvain.

Chantal ZOLLER-DEVROEY, licenciée en philosophie et lettres (Histoire) de l'Université de Bruxelles, est déléguée du comité belge pour l'U.N.I.C.E.F.

Introduction
R. Bruyer

> « Et si les applications de la science ne sont pas neutres, ce n'est pas dû au hasard ou à une fatalité inhérente à la nature même de la science, mais bien plutôt parce que ces applications ont été orientées dans une certaine direction en fonction d'un choix de société bien précis. Les résultats des recherches scientifiques débouchent souvent sur l'exploitation ou l'asservissement de l'homme; d'autres recherches auraient pu amener à le libérer de bien des contraintes »[1].

I. NAISSANCE ET OBJET

Le projet de cet ouvrage est né d'un étonnement. Chercheur en sciences humaines et attentif à la problématique du respect des droits de l'homme, il m'est rapidement apparu que les sciences se voyaient interpellées depuis quelques années à propos de leurs implications (éventuelles ou effectives) dans des situations de violation de ces droits. Néanmoins, les discussions tournent habituellement autour de disciplines telles que la biologie fondamentale ou appliquée, la médecine ou certaines applications de la physique. On pense entre autres aux débats autour de l'utilisation de la pensée darwinienne dans des constructions idéologiques[2], ainsi qu'à la sociobiologie[3] ou la génétique[4], aux prises de position quant à la place du médecin par rapport aux pratiques de torture, aux développements militaires ou à des fins dictatoriales des recherches en physique (nucléaire, balistique,...), en chimie et biochimie, en agronomie, etc.

L'étonnement provient de la constatation d'un manque. Les sciences humaines sont en effet, en un certain sens, les disciplines qui sont probablement les plus directement liées à cette problématique. Nous avançons cette affirmation compte tenu de l'objet de ces sciences : elles se préoccupent en effet avant tout du comportement humain, individuel ou collectif, en vue de le comprendre, l'expliquer, le modeler ou le corriger; elles se préoccupent également des productions de la pensée humaine et du passé de l'humanité. Pour toutes ces raisons, il apparaît manifestement que les sciences humaines sont directement axées sur des faits qui peuvent conduire à exercer ou à subir des violations des droits de l'homme, puisque ces violations et leurs effets sont *de facto* des conduites humaines. Or, ces disciplines n'ont à ce jour pas attiré radicalement l'attention de ceux qui se soucient du respect de ces droits. On pourrait d'ailleurs s'interroger sur les raisons d'un tel silence...

Ainsi, il a semblé utile d'ouvrir l'amorce d'une réflexion critique de cette nature. Loin de nous l'idée d'épuiser le débat : il est, par nature, d'une ampleur telle que cet ouvrage n'y peut suffire. Plus modestement mais plus pragmatiquement, on a estimé intéressant que divers représentants des sciences humaines développent les relations et implications qu'a ou pourrait avoir leur propre discipline dans la problématique du respect des droits de l'homme.

On peut penser que la lutte pour le respect des droits de l'homme repose sur un mouvement socioculturel bien pauvre et ne peut fonder une politique[5] : devant l'effondrement contemporain des grandes idéologies, elle ne représente peut-être que le niveau minimal commun sur lequel bon nombre de gens se retrouvent en accord. Mais peu importe le «niveau» en cette matière : elle est grave, les sciences humaines y sont aux avant-postes et il était utile de susciter réflexions et interrogations sur ce terrain. Nous n'espérons pas tant, par cet ouvrage, porter à la connaissance du lecteur des informations nouvelles que susciter chez lui une inquiétude critique, cruciale en cette période où les difficultés économiques pourraient constituer, comme tant de fois jadis, le détonateur pour la construction de sociétés sans individu reconnu en tant que personne.

L'entreprise n'est toutefois pas si simple de prime abord. Guillaumin[6] montre par exemple très bien à la fois combien des concepts brûlants (en l'occurrence, la «race») peuvent se voir renvoyés des sciences humaines aux sciences biologiques, et surtout que la démonstration de l'inconsistance d'un vocable[7] ne suffit pas à l'évacuer de la représentation mentale des gens. Par ailleurs, nous n'avons nullement la prétention de faire œuvre de «pionniers» en cette matière: il nous paraît plutôt que ce recueil de textes s'inscrit dans tout un climat contemporain de conscientisation croissante. D'autes signes, encore discrets, sont en effet présents: nous pensons en particulier à l'étude de Roedelsperger[8] sur l'univers mental de la torture, à l'ouvrage de Agi[9], ou encore à l'entreprise remarquable de l'équipe de scientifiques qui, sous l'impulsion de Maurice Olender, n'a pas hésité à créer une revue trimestrielle, «le genre Humain», visant à élaborer une réflexion fouillée où les sciences humaines occupent un espace considérable[10]. Relevons enfin cet ouvrage collectif dans lequel des psychologues français se penchent sur leur propre discipline[11], ainsi que quelques efforts de type pédagogique[12].

II. DROITS DE L'HOMME

Au seuil d'une réflexion critique sur les rapports entre sciences humaines et droits de l'homme, il est peut-être bon de se rafraîchir la mémoire en introduisant une digression à propos de ces fameux «droits» que chacun ignore mais considère comme essentiels et à préserver[13].

Il est clair que la notion de «droits» de l'homme est très ancienne: on en trouve des traces dès les premiers textes de l'Antiquité et tout au long de l'époque médiévale. Il s'agit donc de bien distinguer entre une sorte de notion du sens commun, dite dans la littérature générale et véhiculée dans la vie concrète, et l'inscription en textes officiels. La première, vague et intuitive, compose la trame des relations humaines depuis que l'homme existe; la seconde est d'apparition très récente (fin du XVIIIe siècle) et sans doute plus restrictive que la première du fait même, précisément, de sa codification. Ce sont les fameuses «déclarations» des droits de l'homme. L'esprit qui préside à la rédaction du présent ouvrage vise essentiellement les droits véhiculés intuitivement dans le sens commun, davantage que les textes restrictifs ou «déclarations». Ces derniers sont toutefois les seules véritables «références» et il va falloir s'y rapporter; l'important est donc d'y voir une inscription minimale de ces droits.

L'élaboration d'une liste officielle des droits de l'homme repose bien évidemment à la fois sur une certaine conception de l'homme et sur une conception du droit (et de l'Etat). Ce soubassement théorique constituera précisément le moteur de l'histoire des déclarations au cours des deux derniers siècles.

Dès 1215, puis en 1629 et en 1688, on trouve des codifications juridiques écrites concernant les droits de «sujets» à l'égard de leurs dirigeants. Ces textes n'avaient cependant qu'une portée très locale sur le plan géographique et étaient étroitement restreints par des particularités très spécifiques. C'est la conjonction du courant intellectuel et philosophique de la seconde moitié du XVIIIe siècle avec la Déclaration de l'Indépendance des Etats-Unis en 1776, qui constituera le bouillon de culture donnant naissance à la très célèbre «Déclaration des Droits de l'Homme et du Citoyen», votée par l'Assemblée Nationale française en 1789. Le lecteur s'en remémorera utilement le contenu en consultant l'annexe A du présent ouvrage. Ce texte subira diverses modifications par la suite, destinées à l'adapter à l'évolution de l'Etat et des conditions socio-économiques (1793 ou an I, an III, 1848, 1946); deux d'entre elles (dont la plus récente) ne seront jamais votées et celle de 1848 marque l'apparition, dans le texte, des droits sociaux sur lesquels nous allons revenir. De même, cette déclaration de 1789 sera appliquée en Europe et en Amérique du Sud, adaptée par l'Espagne et appliquée sous cette forme en Italie et en Amérique latine, ou encore adaptée avec la Constitution belge de 1831 et appliquée sous cette forme en Espagne, au Portugal, en Grèce, en Italie, en Roumanie, en Serbie, en Bulgarie. Enfin, l'époque récente verra une extension internationale et une reconnaissance supranationale de telles déclarations. Telles sont la «Déclaration Universelle des Droits de l'Homme» de l'O.N.U. en 1948, ou la «Convention Européenne des Droits de l'Homme» adoptée en 1950. On les trouvera aux annexes B et C; l'annexe D complète cette série de textes.

Au cours des deux siècles qui viennent de s'écouler, l'évolution des droits nationaux et, plus discrètement, des déclarations des droits de l'homme consiste en un passage progressif de l'établissement de droits théoriques vers l'élaboration des conditions concrètes d'exercice de ces droits [14]. En effet, les premières déclarations reposent sur la notion implicite, et liée à l'interprétation libérale traditionnelle, d'une sorte de nature humaine immuable et permanente, impliquant donc par essence toute une série de droits. Aussi, les premières déclarations vont-elles codifier des droits qui prémunissent le citoyen contre les actions de l'Etat (puisque ces droits, «essentiels», sont antérieurs aux lois), fixant en quelque sorte les limites de ces actions. Le contexte politique de surgissement du texte de 1789 est à cet égard significatif puisqu'il constitue une réaction des représentants du peuple (en fait, d'une certaine fraction du peuple) contre les abus du pouvoir royal et de la noblesse. Ces premiers droits — liberté, égalité — sont ainsi très «passifs», laissant l'individu à la merci de la libre entreprise concurrentielle, se contentant de le prémunir contre l'autorité abusive de l'Etat.

Mais la simple possibilité de jouissance de droits demeure sans intérêt tant que l'individu n'a pas le loisir concret et réel de les exercer.

Par conséquent, l'évolution va se pousuivre vers une nouvelle conception visant la réalisation effective de ces droits. On introduit ainsi peu à peu, dans les constitutions et déclarations, des droits davantages «actifs», c'est-à-dire favorisant une action concrète de l'individu en vue de l'exercice réel de ces droits «théoriques». On assiste de la sorte à une révision, du point de vue idéologique, du contenu des textes et des devoirs (ajoutés à la simple limitation des pouvoirs) de l'Etat, ainsi qu'à une modification profonde du sujet: il ne s'agira plus de la «nature humaine», de l'Homme «en soi» et éternel, mais bien plutôt de l'individu concret, vivant dans tout un contexte social, et pleinement existant. On passe du «droit de...» au «droit à...», de l'essence à l'existence, et l'intervention dévolue à l'Etat consiste cette fois à assurer la réalisation concrète des droits.

Tels sont ce qu'il est convenu d'appeler les droits politiques et sociaux. Les droits politiques représentent l'ensemble des droits qui permettent au citoyen de participer effectivement à l'exercice du pouvoir démocratique ou de s'opposer au régime en place: élections libres, droit de vote, liberté de réunion, d'expression ou d'association, etc. Les droits sociaux constituent les bénéfices auxquels le citoyen doit pouvoir accéder du fait même de son appartenance à un système social: droit syndical, droit au loisir et au repos, droit à la sécurité d'existence, à l'instruction,... Historiquement, avec la mise au point des systèmes démocratiques (dont le caractère est essentiellement libéral), ce sont d'abord les droits politiques qui apparaîtront dans les textes, les droits sociaux demeurant quelque peu négligés. Plus récemment — depuis une trentaine d'années —, avec le perfectionnement social de la démocratie, ce sont les droits sociaux qui vont peu à peu s'imposer.

Quoi qu'il en soit, la part respective des droits politiques et sociaux est actuellement éminemment liée au type de démocratie en vigueur. Ainsi, il est clair que les démocraties libérales mettent avant tout l'accent sur les droits politiques et laissent en veilleuse les droits sociaux; inversement, les démocraties socialistes tendent à accentuer les droits sociaux au détriment relatif des droits politiques. Il s'agirait donc de veiller au développement des droits sociaux dans les régimes libéraux et des droits politiques dans les systèmes socialisants.

III. CONTENU

> *« Essayons d'imaginer que, sur toute la planète, l'égalité des droits, si souvent proclamée, soit respectée dans les faits; toute la science des économistes, des sociologues, des juristes et de bien d'autres ne sera pas de trop pour tenter de prévoir les conséquences de cette rupture »* [15].

Or donc, divers spécialistes des sciences humaines vont, chacun à sa manière, se livrer à présent à l'exercice quelque peu périlleux qui consiste à passer sa propre discipline au crible de la critique : il s'agit en quelque sorte d'exercer une lecture sur une pratique devenue quotidienne, en y appliquant comme grille d'analyse le principe des droits de l'homme et de leur respect. Ainsi qu'on le constatera au fil des pages qui suivent, chaque auteur traitera son sujet d'une façon qui lui est propre; certains ont d'ailleurs préféré s'attarder en détail sur l'un ou l'autre exemple précis afin d'en dégager les rouages intimes.

Le chapitre d'ouverture aurait pu venir en finale. C'est en effet l'arbitraire dans la nécessaire prise de décision qui m'a conduit à placer en début la *philosophie*, réflexion théorique sur la connaissance humaine dans ses multiples arcanes. Avec le thème de l'*histoire* qui vient ensuite, nous abordons l'étude de l'état contemporain des sociétés humaines par l'analyse de leurs antécédents. On y trouvera d'abord un examen critique de la science historique comme telle; on étudiera ensuite plus en détail un exemple, l'histoire du droit. Cette dernière thématique conduit directement au troisième chapitre, précisément consacré au *droit* et à la *criminologie* : une réflexion menée sur le droit proprement dit sera suivie d'une analyse des relations entre la justice et les droits de l'homme par un criminologue. Le quatrième chapitre abordera l'étude scientifique du *comportement individuel* : il étudiera donc d'abord la psychologie, en distinguant — sans doute avec quelque hardiesse — la recherche et les applications. Il abordera ensuite les disciplines qui ont pour objet l'étude de moyens qui permettent de modifier le comportement, préalablement défini comme « à modifier » : on examinera successivement la psychothérapie, la neurologie et les méthodes chirurgicales qui la prolongent, et la psychiatrie. Les disciplines qui se préoccupent du fonctionnement, en leur état actuel, des *sociétés et collectivités humaines*, ne pouvaient évidemment être absentes de cet ouvrage. Le cinquième et dernier chapitre leur est consacré : les disciplines « reines » en cette matière (sociologie, économie) seront suivies de domaines moins bien connus du grand public mais fondamentaux pour notre problématique puisqu'ils portent sur les relations entre cultures (ethnologie), les questions soulevées par le nombre d'individus appartenant à ces différentes cultures (démographie) et la relativité culturelle de la notion d'homme (anthropologie). Il sera alors grand temps de *conclure*, pour permettre enfin au *linguiste* de réfléchir sur le concept de «droits de l'homme» auquel auront eu recours les auteurs de l'ouvrage.

NOTES

[1] Adriaens, 1982.
[2] Tort, 1983.
[3] Voir par exemple Thuillier, 1981.
[4] Voir par exemple Jacquard, 1978 & 1982; Malherbe, 1983.
[5] Voir par exemple Gauchet, 1980; Aron, 1981.
[6] Guillaumin, 1981.
[7] Blanc, 1982.
[8] Roedelsperger, 1981.
[9] Agi, 1980.
[10] *Le Genre Humain*, Paris.
[11] S.N.P., 1982; voir également Tiberghien, 1979.
[12] Par exemple Langlois, 1978; Ducamp, 1983.
[13] On s'appuie essentiellement sur Burdeau *et al.*, 1968.
[14] A ce propos, voir les contributions de Haarscher et de Rigaux, *ce volume*.
[15] Jacquard, 1982, p. 188.

Chapitre 1
Philosophie et droits de l'homme

G. Haarscher

I. LE MOT ET LA CHOSE

De quand date la notion de «droits de l'homme»? Poser une telle question suscite toujours, quel que soit le concept en cause, des difficultés de principe: avant la naissance du *mot*, la «*chose*» a pu cheminer sous d'autres labels, d'autres masques. Pour ce qui concerne notre thème, la notion de droits de l'homme — née et élaborée au XVIIIe siècle[1] — s'enracine dans une problématique beaucoup plus ancienne: celle du «droit naturel»[2]. La question de la «loi naturelle» est aussi vieille que le stoïcisme (Cicéron)[3], on peut la voir présente dans les premiers débats de la philosophie grecque (*physis* et *nomos*)[4] et elle est consubstantielle à l'idée judéo-chrétienne d'une législation d'origine transcendante, supérieure aux différents ordonnancements «positifs» (posés par les hommes), mondains[5]. Mais il faut attendre les Temps Modernes pour que le droit naturel prenne décisivement un caractère d'abord subjectif et individualiste, ensuite laïcisé[6]: on parlera alors de droits naturels de l'individu, c'est-à-dire de prérogatives tellement essentielles, liées de façon tellement indissoluble à la nature même de l'homme, que tout pouvoir civil, toute autorité humaine, «positive», est censé les respecter, les protéger; en ce sens, les droits naturels *transcendent* l'ordre du droit positif et s'imposent à toute volonté humaine, que ce soit celle d'un Prince ou celle d'une majorité démocratique. Nous aurons à revenir sur cette question fondamentale.

Mais si cette transcendance marque en quelque sorte la limite que tout pouvoir ne peut transgresser — la protection ultime des prérogatives essentielles à tout individu —, comment s'affirmera son caractère laïque ? Par la manière dont on y accédera : non pas grâce à la révélation (ou à une tradition quelconque, bref à une référence au sacré), mais par le biais d'un usage réglé de la raison, tout interlocuteur de bonne foi et « éclairé », capable de connaître la nature humaine, étant *ipso facto* à même d'en tirer les conséquences, c'est-à-dire de définir les prérogatives de base nécessaires à son accomplissement. De ce point de vue, à l'aube de la problématique des droits de l'homme, ceux-ci se trouvent immédiatement rattachés au droit naturel « subjectivisé » et laïcisé : ils dépendent de la Raison, et celle-ci doit s'imposer à la Volonté tant du gouvernant que du gouverné. Que l'on relise les Déclarations de droits américaine et française (annexe A) de la fin du XVIIIe siècle : c'est dans ces termes que se trouve posé le problème[7].

Or, ces termes s'avéreront « naïfs » : la liaison des droits de l'homme au droit naturel apparaîtra dans sa fragilité, et peut-être toute l'histoire philosophique des droits de l'homme au cours de ces deux derniers siècles consistera-t-elle à tâcher de préserver l'*exigence* en résolvant les problèmes posés par la naïveté ou les obscurités des présuppositions de base. C'est un tel mouvement de pensée que je voudrais — schématiquement, par nécessité — tenter de décrire dans les quelques pages qui suivent.

II. TROIS CRITIQUES

Mais avant cela, précisons quelque peu la problématique de départ. Les droits de l'homme sont « naturels » : ils s'imposent donc universellement, valant pour tout individu, quels que soient le lieu et le temps concernés ; ils sont fondamentaux : nulle règle ou exigence d'ordre positif ne peut être invoquée pour les mettre entre parenthèses, autrement dit ils ne peuvent être subordonnés à une fin jugée plus haute (ils sont absolus et non relatifs à plus élevé qu'eux). Ils se relient à l'idée de contrat social[8] : leur caractère fondamental implique, nous l'avons vu, que toute autorité civile doive les protéger ; celle-ci n'existe donc qu'en vertu d'un pacte fondamental par lequel les individus se soumettent à elle pour *mieux* garantir le respect des droits de l'homme. Dans un tel contexte, le philosophe réfléchit toujours à partir d'une certaine idée d'« état de nature » (il faut penser, sur ce point, à la théorie politique de John Locke[9]) dans lequel les individus, conscients de leurs droits (qu'ils connaissent par l'exercice de la raison « naturelle »), cherchent à éviter que ceux-ci mènent à des conflits : différents droits de l'homme, exercés sans limites, risquent de s'opposer (liberté et égalité, par exemple), ou le même droit, affirmé sans bornes par tous (la liberté), risque de mener au *bellum omnium contra omnes*. C'est pourquoi ils concluent une convention, un « pacte social » par lequel ils décident *de limiter leurs droits naturels pour mieux les garantir* : ils « aliènent » une partie (ou le tout, chez Rousseau : mais ici, l'on sort de la problématique des droits de l'homme [10]) de leurs prérogatives, en limitent le champ d'exercice, pour garantir l'harmonie sans laquelle les droits ne pourraient être respectés. Il faut donc noter — cela est essentiel pour ce qui suit — que le schéma de base comprend *trois* termes : le peuple (les individus dotés de raison — le « souverain »), l'autorité constituée artificiellement (elle n'a pas d'existence naturelle) qu'est le Prince et, troisièmement, les droits à propos desquels l'on négocie. Et c'est ici qu'apparaît la première difficulté. En effet, si les droits de l'homme eux-mêmes, considérés comme naturels, sont accessibles à la raison et par conséquent situés au-delà de toute controverse idéologique, de tout débat d'opinion, de toute contingence liée aux mentalités, aux rapports de force, à l'histoire et à la géographie, *qu'en sera-t-il des limitations qui leur seront imposées en vue* — rappelons-le — *de leur propre accomplissement ?* On imagine aisément qu'ici les partis pris idéologiques seront incontournables : qui décidera s'il faut plus ou moins de liberté ou d'égalité, si c'est la propriété ou la liberté d'entreprendre qui devront être limitées pour atteindre l'harmonie, et jusqu'à quel point ? Ne risque-t-on pas de faire resurgir la contingence de l'opinion dans un champ réservé à la rationalité ? Victoire indirecte, par *feed-back*, de la « volonté » sur la « raison », du « positif » sur le « naturel » ? Telle est la première question posée. Mais il y a plus grave.

En effet, cette première question présupposait encore que les droits eux-mêmes étaient invariables, liés à l'essence universelle de l'individu : seules, les limitations imposées par le pacte constituant l'autorité civile risquaient de varier au gré des débats idéologiques. Or, si l'on parcourt les Déclarations et Constitutions françaises de l'époque révolutionnaire et post-révolutionnaire, on s'aperçoit que *la définition des droits eux-mêmes varie au gré des régimes et des époques*[11]. D'où la seconde question : le *contenu* même des droits de l'homme dépendrait-il de choix situés, « subjectifs » ou « culturels », en quelque façon irrationnels ? Dès lors il ne resterait rien de la liaison établie entre le droit naturel et les droits de l'homme. Il faut alors se demander — et l'on n'a pas manqué de le faire — si ces derniers peuvent subsister — et comment, grâce à quelles transformations, par la vertu de quelle autre fondation ? — sans la référence jusnaturaliste. Ne se trouveront-ils pas inéluctablement ramenés à de quelconques normes positives lesquelles, effectivement — c'est leur définition même —, varient suivant les aléas historiques affectant la volonté «posante»?

Or, le rabattement des droits de l'homme sur le droit positif poserait de redoutables problèmes. En effet, ils avaient au départ été considérés comme des limites à l'autorité positive, comme, en quelque sorte, des normes supérieures auxquelles les règles positives devaient être inconditionnellement subordonnées; autrement dit, ils traçaient une sorte de cercle autour du champ d'exercice légitime de l'autorité civile, à l'*intérieur* duquel celle-ci s'exerçait suivant les dispositions positives chaque fois particulières (en démocratie: résultant d'un vote majoritaire); mais à l'*extérieur* de ce cercle (les clauses du contrat social définissant telle et telle limitation de tel ou tel droit de l'homme), l'autorité humaine, «positive», perdait sa légitimité: le pouvoir excédait ses prérogatives et, dès lors, par le truchement de ce que l'on appelle en droit civil l'«exception d'inexécution», la «société» se trouvait déliée de son obligation d'obéissance — le droit de résistance à l'oppression[12] entrait en vigueur. Oppression? En effet, une autorité illégitime est considérée comme «arbitraire» dans la théorie du pacte social et des droit naturels: elle opprime, au lieu de sanctionner pour faire respecter les clauses du contrat originaire. Dès lors, voici le problème: si, comme nous l'avons indiqué ci-dessus, les droits de l'homme ne se distinguent plus des normes positives, l'autorité positive placera elle-même — *c'est-à-dire où bon lui semble* — les bornes de son pouvoir. Telle est la célèbre doctrine de l'«autolimitation de l'Etat»[13]: le pouvoir civil deviendrait contrôleur et contrôlé, les règles positives (qu'il pose lui-même) limiteraient... d'autres règles positives.

Mais les difficultés ne se limitent pas à ces deux questions embarrassantes. C'est l'idéologie même des droits de l'homme qui se trouve souvent mise en cause; autrement dit, on avait montré que les droits de l'homme sont doublement «idéologisés» (ci-dessus), c'est-à-dire que leur supposée rationalité doit faire place à la volonté, à la «positivité» et cela, tant dans la définition des limitations de (la *balance* entre) différents droits et différents individus, *mais également* dans la détermination du *contenu même* des droits; maintenant, il s'agit de mettre en cause l'*individualisme* de la doctrine des droits de l'homme comme telle. Pourquoi cela? Parce que, de ce point de vue, il importe peu que les prérogatives soient définies rationnellement ou idéologiquement: c'est la référence à l'individu contre le pouvoir qui se trouve interrogée, et référée à une certaine époque de l'histoire occidentale, illégitimement extrapolée dans le temps et dans l'espace au titre de théorie «universelle». Les droits de l'homme ne constitueraient que l'image, le reflet d'une certaine société, et non la norme d'émancipation, les bornes à l'arbitraire du Prince telles que définies plus haut.

Il est intéressant de constater que cette dernière critique part aussi bien de la «droite» que de la «gauche»: tant le marxisme que le romantisme politique (et plus tard le fascisme) mettront en cause, dans l'idée des droits de l'homme, une idéologie individualiste, relative à une «culture» (celle de la société capitaliste industrielle) et tâchant de se faire passer pour universelle ou, ce qui revient au même, verront en cette même idéologie l'a-culture, le règne cosmoplite et «déraciné» de l'argent et de la massification.

Voyons tout d'abord le *le romantisme*. C'est l'«Ecole historique du droit», rattachée au courant romantique, qui porte l'attaque contre les droits de l'homme et leur universalisme cosmopolite, ainsi que contre l'artificialisme légaliste et contractualiste, bref contre le primat de la raison à l'encontre des spécificités culturelles. A l'universalisme jusnaturaliste se trouve opposée, de façon catégorique, la lente germination de la Coutume, la formation immanente du *Volksgeist*, les droits de l'histoire et de la tradition contre ceux de la raison et de l'universalité[14]. Chacun connaît les dangers d'une telle conception anti-individualiste, faisant primer le peuple dans son organicité par rapport aux droits de l'individu, et les possibilités inouïes d'extension du pouvoir qu'elle recèle.

Mais le *marxisme* — héritier de Hegel — ne se démarque qu'en apparence, en ce qui concerne la problématique des droits de l'homme, de la conception romantique. On sait que Hegel fait réapparaître l'universel au bout de l'histoire: les *Volksgeister* constituent les étapes obligées de la procession du *Weltgeist* («esprit du monde»); à chaque époque cependant, ce sont les exigences du tout social, de l'«esprit du peuple» qui, comme dans le romantisme, doivent primer. Simplement, les peuples ne se trouvent plus isolés les uns des autres dans leur «génie» propre: ils se passent les uns aux autres le flambeau de la progression historique[15]. Que se passe-t-il dès lors chez Marx lui-même qui, comme chacun sait, abandonne le spiritualisme du *Weltgeist* pour le matérialisme historique? En apparence, tout se renverse: l'histoire devient le chemin de l'évolution des «forces productives» (travail, outils, machines — bref, les capacités permettant de produire les biens rares) à travers différents «rapports de production»[16]; ainsi, à la Révolution française, les rapports de production de l'Ancien Régime entravent le nouveau développement des forces productives promis par la Révolution industrielle (les barrières douanières, le corporatisme, le protectionnisme etc., tous ces anciens rapports de production entravent le développement des techniques nouvelles); la Révolution aidera à l'établissement de nouveaux rapports de production: libre échange, salariat, propriété privée des moyens de production. Puis ultérieurement, le capitalisme lui-même sera confronté à une crise inéluctable (baisse tendancielle du taux de profit, surproduction), rendant nécessaire le remplacement des rapports de production «bourgeois» par l'appropriation collective des moyens de production, le règne des «producteurs associés», et bientôt le communisme[17]. La question, pour ce qui concerne les droits de l'homme, est de savoir comment ceux-ci seront respectés par les tenants d'une telle «science de l'histoire». Tout dépendra du degré d'évolution atteint par telle ou telle société à un moment déterminé de l'Histoire: s'il s'avère qu'une telle société est «pré-capitaliste», elle devra en passer par le stade suivant, le capitalisme, lui-même «gros» du socialisme; ce qui implique rigoureusement — et les textes politiques de Marx et d'Engels l'attestent à suffisance — que, par exemple, des révoltes paysannes ou d'artisans soient jugées «réactionnaires» et non soutenues au nom de la «ruse de la Raison», des dégâts du progrès, des voies insondables de la Providence historique, laïcisée et «scientificisée»[18].

Le trait commun entre romantisme et hégéliano-marxisme — malgré tout ce qui oppose ces pensées et les idéologies qui en dérivent comme l'eau et le feu — est le suivant: dans chaque cas, c'est une conception «holiste» qui domine, et non l'individualisme[19]. Autrement dit — et c'est essentiel pour toute la problématique contemporaine des libertés fondamentales —, marxisme et romantisme *subordonnent* le respect des droits fondamentaux de l'individu aux exigences du Tout, que ce soit celui d'un peuple particulier ou de l'Histoire globale; le fait que cette dernière soit comprise de manière spiritualiste (*Weltgeist* de Hegel) ou matérialiste (modes de production chez Marx) ne change rien à la question: *du point de vue de l'individu* — et c'est ici que commence à se dessiner la philosophie fondamentale des droits de l'homme, la perspective et les hiérarchies de valeurs qui lui sont propres —, les prérogatives essentielles, le cercle de protection tracé autour de sa personne par le contractualisme, tout cela se trouve subordonné à des exigences «holistes» dites *supérieures*, à des intérêts plus importants, le Peuple ou l'Histoire; et chacun sait qu'à force de différer l'application des principes liés aux droits de l'homme en invoquant les exigences du Tout, on laisse s'éloigner l'émancipation et la protection de l'individu — conquêtes révolutionnaires par excellence — comme l'horizon.

On voit donc en quoi consiste cette troisième mise en question du jusnaturalisme considéré comme fondement de la problématique des droits de l'homme. Dans un premier temps, c'était leur limitation par l'autorité publique (but: les rendre compatibles) qui réintroduisait l'opinion, l'idéologie; dans un deuxième temps, leur contenu même apparaissait comme variable et contingent (au lieu d'être permanent et nécessaire, puisque lié à l'essence même de l'homme par-delà l'espace et le temps); enfin, dans le cas présent, c'est l'individualisme lui-même qui se voit contesté dans ses fondements mêmes, au nom d'exigences globales dont on sait trop les effets désastreux qu'elles ont pu avoir sur l'histoire du XXe siècle (stalinisme et fascisme). A cette dernière critique, qui met en cause la naïveté des présuppositions philosophiques animant les conceptions contractualistes, se relie la dénonciation, très fréquente aujourd'hui, de l'«ethnocentrisme» que l'on dit caractériser les droits de l'homme: ceux-ci relèveraient d'une conception individualiste liée à la société marchande, et l'on ne pourrait les transférer sur le terrain d'autres cultures qu'il faudrait comprendre à partir de leur «code», de leurs exigences globales. J'ai traité ailleurs du problème de l'excision et des infibulations subies par des milliers de femmes africaines. Suivant que l'on adopte la problématique (individualiste) des droits de l'homme ou la perspective (holiste) des «spécificités culturelles», on aboutira à des jugements radicalement antagonistes: dans un cas, on condamnera une atteinte inacceptable à un droit essentiel de l'homme (ici, de la femme), le droit à la jouissance sexuelle; dans l'autre, on expliquera ces pratiques qui *nous* («ethnocentriquement») apparaissent barbares par les nécessités liées à un certain «code culturel»[20].

III. DISCUSSION

Ce sur quoi je voudrais insister ici, c'est sur la complexité de ces critiques adressées à la conception des droits de l'homme: elles ne se laissent *pas simplement* dénoncer comme réactionnaires ou «totalitaires». Certes, les deux premières mises en question (idéologie dans les limitations «harmonisatrices» des droits fondamentaux; idéologie dans leur contenu en tant que tel) risquent de rabattre les droits de l'homme sur le droit positif et d'empêcher que le pouvoir se trouve référé, dans le cadre du respect de l'individu, à une instance plus élevée: elles font le lit de ce que l'on a appelé le *positivisme juridique*, c'est-à-dire la thèse suivant laquelle il n'y a de normes que *posées* par la volonté du souverain, laquelle apparaît dès lors illimitée, alors que dans le cas du jusnaturalisme, certaines limites, découvertes par la Raison (les droits naturels de l'homme), lui étaient rigoureusement assignées. Certes également, la critique romantique et marxiste de l'individualisme mène à une emprise totalitaire du pouvoir se réclamant (commodément, cela va de soi) de l'esprit du peuple, du «sens de l'Histoire», ou de l'«authenticité» propre à telle ou telle culture non occidentale. Mais dans chacun de ces trois cas, une chose demeure: de *bonnes questions* ont été posées en ce qui concerne la problématique classique des droits de l'homme, même si de *mauvaises réponses* y ont été apportées. Autrement dit, il est vrai que le fait de limiter les droits pour les harmoniser met en jeu des critères, des préférences, des nuances liées au temps et aux impératifs de l'heure, bref des impondérables, non universellement rationalisables (déductibles d'une essence éternelle de l'homme); il est également indéniable que le contenu des droits de l'homme fait, depuis au moins deux siècles, l'objet d'une discussion visant à en affiner la définition, mais également de débats *toujours ouverts* concernant telle ou telle priorité. Ainsi par exemple a-t-on opposé les premiers droits de l'homme à une seconde génération de droits, les droits sociaux (on parle même aujourd'hui d'une troisième génération: celle des droits culturels)[21]; or, les conflits se sont multipliés entre ces différentes catégories de droit: les premiers étaient considérés comme des libertés *par rapport à* (*freedoms from*) l'Etat, c'est-à-dire comme un espace de *privacy,* d'inviolabilité de la personne que l'Etat devait respecter; les deuxièmes s'analysent comme des libertés *obtenues de* — exigées de — l'Etat: ce sont les fameuses libertés «positives» (par opposition aux premières, «libérales», purement «négatives»), les «*freedoms to*». Quels conflits peuvent, dans ces conditions, surgir? De nombreuses discussions ont eu lieu aux Etats-Unis, qui ont permis d'affiner la compréhension de la problématique contemporaine des droits de l'homme. Prenons par exemple la question de l'égalité des chances, de l'«*equality of opportunities*»: en un premier sens, il s'agit d'une liberté «négative», conquise contre les privilèges d'Ancien Régime, puisqu'elle consiste en ceci que la sphère politique ne puisse intervenir en instaurant des discriminations (leur pendant moderne est évidemment, aux Etats-Unis, le racisme anti-Noirs) qui, au départ, pénalisent ou favorisent telle ou telle catégorie d'individus dans leur liberté d'accéder aux avantages sociaux, matériels ou symboliques. Mais chacun sait que des discriminations souterraines, factuelles, non délibérées, agissent: en particulier les différences de point de départ tant dans le domaine socio-économique que culturel affectent les chances des enfants; si bien que, tout naturellement et par simple rigueur logique, on en vient à demander à l'Etat de *rétablir* ce que le philosophe John Rawls appelle une *fair* «*equality of opportunities*», c'est-à-dire une égalité des chances qui ne soit pas (comme le disent les marxistes) purement formelle, ne se réduise pas à un droit abstrait, mais pénètre le contenu de la vie sociale elle-même, ses enjeux décisifs.

C'est à ce moment que surgit le conflit entre libertés négatives et positives, droits politiques classiques et droits socio-économiques : plus l'Etat intervient pour rétablir l'égalité des chances, plus son emprise «bureaucratique» sur la société civile s'accroît, moins il correspond dès lors à l'idéal contractualiste du *minimal State*. Il faut en effet bien comprendre que les Déclarations des droits de l'homme avaient pour but d'affaiblir les gouvernants — du moins dans le sens où ceux-ci devaient être soumis au Droit —, et en particulier à ce qu'il recèle d'essentiel, à savoir les libertés fondamentales; or, que se passera-t-il dans le cas — réel — où le *welfare State* risquera de faire resurgir une sorte de *maximal State* ? Il faut bien comprendre que les droits de l'homme sont inséparables d'une certaine philosophie, et que si celle-ci entre en crise, on ne peut préserver l'exigence dont ils sont porteurs qu'en trouvant d'autres fondements théoriques, en réfléchissant aux difficultés soulevées, aux paradoxes flagrants, en ne restant ni crispé sur un fondement jusnaturaliste manifestement ébranlé, ni obsédé par des droits sociaux dont on refuserait de considérer l'envers : le renforcement de l'Etat par rapport à la société. Si les droits de l'homme «varient» quant aux limitations harmonisatrices à y apporter et quant à leur contenu même, si un fondement rationaliste contraignant pour tout interlocuteur de bonne foi fait décisivement défaut, il s'agit alors chaque fois, à telle ou telle époque, d'engager le dialogue sur les priorités à maintenir : ce qui est inacceptable — et par rapport à quoi le reste se subordonne —, puis la façon d'organiser la «balance» des droits en n'évitant pas de poser la question éminemment socratique des aberrations possibles — voire inévitables — liées à telle ou telle position (par exemple : une pure égalité des chances dans un Etat minimal libéral laisse jouer à plein les «discriminations» socioculturelles et économiques; mais une égalisation faite d'en haut par le politique risque de bureaucratiser la société, d'établir une égalité en quelque sorte sans «chances», c'est-à-dire sans espace de liberté). Tout est affaire de débat philosophique : il n'y a sans doute pas d'ultime instance rationnelle à partir de laquelle on puisse régler une fois pour toutes la question du rapport entre principes et urgences concrètes, entre nécessité et contingences, nature et histoire, raison et idéologie. Ce qui rend d'autant plus indispensable la vigilance critique.

Il en est de même pour ce qui concerne la troisième difficulté (cf. *supra*). Ni le romantisme, ni le marxisme, ni l'anti-ethnocentrisme n'ont tort quand ils font référence aux exigences du «tout», à une philosophie holiste. La question, encore une fois, consiste à ne pas jeter l'enfant avec l'eau du bain, autrement dit à ne pas fragiliser la défense individualiste des droits de l'homme en mettant unilatéralement l'accent sur l'efficacité historique ou le respect de modes de vie spécifiques. Il n'y a sans doute pas de question plus urgente que cette interrogation concernant une nouvelle fondation des droits de l'homme: il est impensable de se replier frileusement sur les naïvetés réchauffantes du XVIIIe siècle; mais il est tout aussi inacceptable, sous prétexte de la prise en considération de nouvelles exigences «holistes», de faire le lit du totalitarisme. Ces vieilles alternatives idéologiques ne constituent que l'alibi de la non-pensée, et l'exigence d'émancipation dont sont solidaires les théories des droits de l'homme ne survivrait pas si de telles oppositions en venaient à occuper la totalité du champ intellectuel, comme cela risque souvent d'être le cas aujourd'hui.

NOTES

[1] Voir Kamenka, 1978, en particulier pp. 1-13 («The anatomy of an idea»).
[2] Sur ce point, Verdross, 1964, pp. 100 et ss.
[3] *Idem*, pp. 48 et ss.
[4] *Idem*, pp. 21 et ss.
[5] *Idem*, pp. 51 et ss.
[6] *Idem*, pp. 100 et ss. Voir également les thèses de Villey (1968, pp. 580 et ss.) qui insiste sur la rupture entre le droit naturel classique et le Subjectivisme laïcisé du droit naturel moderne. On consultera, sur le même problème, Strauss, 1953.
[7] Voir Brownlie, 1971.
[8] Sur ce thème, voir Sabine, 1973.
[9] Voir Raphael, 1967, pp. 1-26.
[10] Sur la philosophie politique de Rousseau, voir Derathe, 1970.
[11] Voir Colliard, 1968, pp. 47 et ss.
[12] Voir Burdeau, 1950, pp. 445 et ss.
[13] Doctrine répandue dans la philosophie du droit allemande des XIXe et XXe siècles.
[14] Pour tout ceci, voir Fasso, 1976, pp. 28-42; également la contribution de Jacob, *ce volume*.
[15] Sur tout ceci, voir Haarscher, 1984.
[16] Voir Haarscher, 1980a.
[17] *Idem*.
[18] *Idem*.
[19] Sur la question du «holisme», voir Dumont, 1976 et Haarscher, 1982.
[20] Voir Haarscher, 1980b; également Colleyn, *ce volume*.
[21] Voir l'*introduction* et les contributions de Rigaux et de Seron, *ce volume*.

Chapitre 2
Histoire

I. SCIENCE HISTORIQUE

Historiographie et droits de l'homme

C. et J.P. Devroey-Zoller

  « Celui qui ne peut rendre compte des trois mille ans qui l'ont précédé, qu'il reste à errer dans l'obscurité et vivre au jour le jour!» (Goethe).

1984: dans Londres, capitale de la première région aérienne, troisième province de l'Oceania par le chiffre de sa population aux rues écrasées par un blitz interminable, Winston Smith se hâte vers le Ministère de la Vérité où il travaille...

Le monde en 1984, imaginé par George Orwell[1], est divisé en trois grandes puissances — Oceania, Eurasia et Estasia — perpétuellement en guerre les unes contre les autres. A l'intérieur d'Oceania, le «Parti» règne au moyen de quatre ministères au pouvoir absolu: le Ministère de la Paix qui s'occupe de la guerre, le Ministère de l'Abondance qui assure le rationnement, le Ministère de la Vérité qui s'occupe de la propagande, et le Ministère de l'Amour, siège de la Police et de la Pensée, qui veille au respect de la loi et de l'ordre.

Pourquoi cet étrange point de départ à une étude consacrée aux rapports entre l'histoire et les droits de l'homme? D'abord peut-être parce que l'histoire joue un rôle important dans le roman d'Orwell et, singulièrement, dans la vie professionnelle et intellectuelle de son héros, Winston Smith. Membre du Parti comme tous ceux qui sont au service de l'Etat, Winston a pour fonction d'ajuster sans cesse les sources d'une histoire possible — journaux, livres, pamphlets, affiches, prospectus, films et disques, caricatures et photos — à la ligne présente du Parti unique. Comme des centaines d'autres, il mène une gigantesque et perpétuelle entreprise de falsification du passé: «l'histoire tout entière était un palimpseste gratté et récrit aussi souvent que c'était nécessaire. Le changement effectué, il n'aurait été possible en aucun cas de prouver qu'il y avait eu falsification». A cette première lecture d'une société totalitaire de 1984, George Orwell en ajoute une seconde qui est, elle aussi, au cœur du problème de l'histoire. A proprement parler, la réécriture du passé n'est même pas une falsification: «... il ne s'agit que de la substitution d'un non-sens à un autre... L'orthodoxie, c'est l'inconscience; ... l'effrayant était que tout pouvait être vrai. Que le Parti puisse étendre le bras vers le passé et dire d'un événement, cela ne fut jamais, c'était bien plus terrifiant que la simple torture ou que la mort».

L'Angleterre de 1984 est donc un monde où la vérité objective la plus simple n'existe plus, parce que toute possibilité de comparaison ou de jugement critique a disparu. La liberté, dit Winston Smith, «c'est de dire que deux et deux font quatre!». En Europe «continentale» *1984* est parfois qualifié, fort maladroitement, de roman d'anticipation. Les lecteurs anglais d'Orwell n'ont au contraire aucune difficulté à classer son roman auprès d'autres satires politiques insulaires comme les *Voyages de Gulliver* de Swift, ou d'autres utopies philosophiques comme le *Leviathan* de Hobbes. Autrement dit, l'œuvre d'Orwell est un modèle social, une projection d'un monde plausible qui naîtrait du maintien, pendant deux ou trois décennies, des tendances observées en 1948. Et de fait *1984* apparaît, au moment où il a été écrit, comme l'analyse la plus fine et la plus pertinente du phénomène totalitaire. Le «Parti», après avoir envahi la société politique, s'est emparé de la société civile en exerçant son contrôle sur le passé et sur la pensée.

Orwell pose donc une question essentielle à l'historien d'aujourd'hui: le statut de l'histoire dans une société totalitaire est-il conforme à l'image qu'en donne *1984* ou, en d'autres termes, y a-t-il un mauvais usage de l'histoire?

1. L'histoire falsifiée: une fiction?

Restons encore quelques instants dans l'Angleterre de 1984. A y bien regarder, l'histoire s'y manifeste en fait sous deux formes inconciliables. L'histoire officielle, celle qui émane du Ministère de la Vérité, est en réalité la négation même de l'histoire: le passé y apparaît comme une simple variable dépendante du présent, un discours privé d'autonomie. Ainsi, lorsque le jeu des alliances force Oceania à changer d'allié dans la guerre sans fin que se livrent les trois superpuissances, l'histoire officielle tout entière est remodelée pour se conformer à cette «réalité» nouvelle. Mais le présent lui-même, qui contrôle et dirige le passé, n'a plus d'existence objective. Le champ social et culturel est tout entier imaginé et fabriqué méticuleusement par le Parti. Le passé est donc une composante d'un temps immobile au sein duquel passé, présent et futur proclament l'immuabilité de l'histoire, incarnée par le règne absolu et définitif du Parti.

La quête de fragments non falsifiés du passé, à laquelle se livre Winston Smith, peut paraître dérisoire; elle donne pourtant au héros d'Orwell la stature d'un nouveau Copernic: la «non-histoire» officielle n'a pas totalement éliminé la mémoire. Celle-ci acquiert, dans un régime totalitaire, un pouvoir absolu de subversion: celui qui se souvient se projette hors du décor construit par le Pouvoir. Le monde cesse d'être univoque, la «vérité» officielle redevient mensonge, l'intolérable pluralisme des idées ressuscite!

2. L'histoire, «servante» du politique?

L'histoire falsifiée existe. Mais elle n'est pas le privilège de l'U.R.S.S. stalinienne ou post-stalinienne. La place à part que nous allons conférer à l'historiographie soviétique tient à l'emprise totale qu'exerce le régime sur toute la production historique, qu'elle relève de la recherche scientifique proprement dite ou de la vulgarisation destinée au grand public et aux écoles. Elle constitue donc un excellent terrain d'analyse pour l'historiographe (celui qui fait l'histoire de l'histoire). L'illustration aurait pu provenir d'ailleurs: de Johannesbourg, de Santiago ou de Téhéran.

Le problème de l'histoire ne s'est posé, en Russie soviétique, qu'assez longtemps après la Révolution d'Octobre. Du vivant même de Lénine, l'intérêt des études historiques a été un instant nié: l'école, affirme le leader bolchevick en 1918, doit «secouer la poussière des âges», il faut apprendre aux élèves à «vivre dans le présent, parce que ce présent, toute la vie réelle qui entoure l'étudiant, est de l'histoire vivante... bien plus importante que l'histoire morte». La Russie de 1918 n'a plus de passé (l'Ancien Régime a été aboli de manière irréversible); elle a un présent — la Révolution mondiale — et un futur — le Socialisme. L'histoire est donc bannie des programmes scolaires où elle est supplantée par l'instruction politique et la science sociale.

On ne peut toutefois nier le passé bien longtemps: le présent n'est-il pas du passé en puissance? Dès 1921, l'ouverture de l'*Institut des professeurs rouges* prépare une nouvelle génération de savants, «rouges et experts», qui élaboreront l'histoire nouvelle fondée sur l'enseignement politique et philosophique du marxisme-léninisme.

Si l'absence de pluralisme idéologique qui prévaut dès cette époque peut être condamnée en soi à partir de positions morales ou politiques, elle prend une importance extraordinaire dans le contexte soviétique. En effet le marxisme, en pénétrant en Russie à la fin du XIXe siècle, s'est mué — sous l'influence de Plekhanov et de Lenine — en une sorte de déterminisme absolu: «L'histoire est un *processus objectif* dont le cours est déterminé en conformité avec les *lois* de succession des formations socio-économiques»[2]. «La conception matérialiste de l'histoire permet de mener des déductions scientifiques avec la *précision de l'histoire naturelle*. Elle permet d'analyser le passé avec la *précision de la vérité objective*»[3]. La vérité objective est le *reflet fidèle de la réalité*, dans un monde totalement connaissable[4]. Le marxisme-léninisme fait donc peser sur l'histoire le poids d'un redoutable privilège: la vérité absolue entraîne son contraire — l'erreur —, d'autant plus impardonnable que celui qui la commet est sans excuse: la vérité connaissable, objective, est à portée de sa main.

Sous ce fardeau, l'historien le mieux disposé sentirait ses forces chanceler, s'il n'avait pour le soutenir une solide paire de béquilles idéologiques. L'histoire, aux yeux du marxisme-léninisme, doit être interprétée en fonction de sa fin: l'avènement de la société socialiste. L'histoire du monde avant Octobre est «tout entière et par *essence*, une *préparation objective* à la *mission* historique du prolétariat...»[5]. On peut donc, sans grande difficulté, sélectionner les faits et les pondérer en fonction de ce critère unique. L'historien hésite-t-il encore? Sent-il vaciller ses forces devant la séduction pernicieuse de l'«objectivisme bourgeois» ou de l'«individualisme anarchique», avec leurs «considérations hypocrites au sujet d'un savoir pur, non partisan...»? Un principe fondamental forgé par Lénine dès 1905 va le guider: le *partiinost*, littéralement l'«esprit de parti». «L'esprit de parti de la science historique marxiste est la suprême expression de son objectivité scientifique»[6]. Pas de savoir sans idéologie, constatait Marx. Pas d'idéologie marxiste sans esprit de parti, complète Lénine!

La validité du discours historique se mesure, en dernière analyse, à sa conformité à la ligne générale fixée par le Parti. La place de l'histoire dans le régime soviétique est donc celle d'un sous-système idéologique. L'autonomie relative dont dispose l'historien, sa liberté d'interprétation lorsqu'il aborde l'histoire contemporaine, est donc fonction de l'étendue (ou de l'absence) du droit de tendance — voire d'opposition — au sein du Parti. Dès lors, l'écriture de l'histoire en Union Soviétique peut être interprétée comme une équation à deux inconnues: la «démocratie» interne au Parti, et la teneur de la «ligne politique».

a) L'homme, le capital le plus précieux (Staline)

Dès 1930, un texte de Staline résume l'essentiel de sa conception de l'histoire[7]. Staline y dénonce avec violence les erreurs, dans un article qualifié de semi-trotskyste, sur l'histoire des rapports entre les Bolchevicks et la IIe Internationale, avant la Première Guerre Mondiale. 1930, c'est la pleine période de la tactique suicidaire de la lutte «classe contre classe», durant laquelle les partis socialistes — alors que monte le péril nazi — seront désignés comme l'ennemi principal. L'article incriminé est jugé intolérable parce qu'il suggère que l'opposition entre bolchevicks et sociaux-démocrates n'est pas un facteur immuable, une constante du passé: «Vous avez l'intention», dit Staline, «d'entraîner de nouveau les gens dans une discussion sur des problèmes qui sont des axiomes du bolchevisme... transformer la question du bolchevisme de Lénine d'axiome en problème nécessitant une 'étude ultérieure'». Le raisonnement stalinien part du présent, de la leçon de la pratique (les sociaux-démocrates sont des traîtres à la classe ouvrière), pour réinterpréter le passé: «Jugez... vous-mêmes si Lénine... pouvait soutenir les sociaux-démocrates de gauche en Occident sans de sérieuses réserves, sans une sérieuse critique de leurs fautes, à moins de *trahir* les intérêts de la classe ouvrière... la révolution (et) le communisme». L'auteur de l'article incriminé estime que «les documents existants du Parti sont insuffisants», que d'autres textes permettront d'approfondir la discussion. Admettons, répond Staline, qu'on découvre d'autres documents qui appuyent l'une ou l'autre thèse: «est-ce à dire que l'existence de documents-papiers suffise à elle seule pour montrer l'esprit révolutionnaire véritable et l'intransigeance... des bolcheviks...? Qui donc, sinon des rats d'archives, ne comprend pas qu'il faut vérifier les partis et les leaders avant tout d'après leurs actes, et pas seulement d'après leurs déclarations?»; «Pourquoi n'a-t-il pas utilisé la méthode la plus sûre de vérification de Lénine... d'après (ses) actes, d'après (ses) activités? Pourquoi a-t-il préféré cette méthode moins sûre, qui est de fouiller dans des papiers choisis au hasard ? ». Et Staline conclut, en s'adressant directement à la rédaction de la revue, par une condamnation de son « libéralisme pourri » : «... ce n'est pas à la rédaction de faciliter l'activité contrebandière de 'pareils historiens' en mettant à leur disposition une tribune de discussion. Sa tâche consiste... à orienter l'étude de l'histoire du Parti dans une voie scientifique, bolchevick, et à aiguiller l'attention contre les falsificateurs trotskystes... en leur arrachant systématiquement leurs masques ».

Dès 1930, les jalons essentiels de la pratique stalinienne du marxisme sont posés. La théorie qui se met en place à ce moment n'est pas une aberration, un corps étranger, mais une sorte de « jusqu'auboutisme idéologique » qui pousse à l'extrême le caractère mécaniste et le finalisme du marxisme et du marxisme-léninisme. Cest dire que ses points de départ ne sont ni aberrants, ni radicalement différents de toute pratique historienne. Une idée force — tout exposé historique implique une simplification et une remise en ordre de la matière historique —, alliée à une évidence — l'histoire ne peut qu'exposer le point de vue du présent sur le passé —, se muent en un absolu. Pour Staline, le résultat (la leçon de la « pratique » chère à Marx et Engels) est la seule chose importante.

Le présent commande donc au passé en devenant le seul critère de vérité historique. En plaçant ainsi la conclusion comme point de départ, l'histoire stalinienne se donne la force de conviction d'une théologie de la prédestination. Elle fonde aussi le principe (mis en évidence par Orwell) de la mutabilité du passé : l'historien soviétique ne découvre pas de nouveaux documents mais de nouvelles « réalités » qui imposent une relecture complète du discours historique. Tel militant, jugé jusque-là intègre, se révèle-t-il un « renégat trotskyste » ou un « agent de l'Intelligence Service », cette révélation entraînera une révision du passé qui fera basculer l'existence tout entière du camarade X dans le camp des forces du mal.

Graduellement, à partir de 1927 les conditions mêmes de la recherche historique contemporaine vont disparaître. Une vérification critique des informations est devenue impossible. Ces informations elles-mêmes ont cessé d'avoir un quelconque rapport avec la réalité. L'accessibilité des archives se réduit; en 1938, toutes les archives majeures passeront d'ailleurs sous le contrôle direct de la police politique, le N.K.V.D. Enfin, c'est l'école historique soviétique tout entière qui est menacée dans les années de la grande purge. Après le désaveu des idées de son animateur principal, Pokrovski (mort avant le déclenchement de la terreur), elle est qualifiée de « centre de sabotage... pour les ennemis du peuple,... les suppôts du fascisme trotskystes-boukhariniens, pour les saboteurs et les espions et pour les terroristes qui ont habilement déguisé leur langage avec l'insidieuse terminologie antiléniniste de M.N. Pokrovski». Dans ces années, la passivité ou la lâcheté ne suffisent pas à échapper au N.K.V.D., il faut dénoncer et dénoncer encore : «Seuls une insouciance stupide et impardonnable et le manque de vigilance de ceux qui luttent sur le front historique peuvent expliquer le fait que cette bande d'ennemis a pu impunément mener depuis longtemps des actions subversives dans le domaine de l'histoire». Le travail historique se réduit donc à son niveau zéro: la paraphrase ou l'habillage servile des analyses théoriques et des généralisations de Joseph Staline.

Le genre culmine en 1938, avec la publication de l'*Abrégé*[8] conçu comme un manuel unique qui remplace, dans la formation militante, le recours à tout autre texte. Il associe donc à un récit historique tout entier voué à la glorification de Staline, un chapitre théorique qui «résume» les traits essentiels du marxisme-léninisme. Salué comme une «encyclopédie des connaissances de base dans le domaine du marxisme-léninisme», un «moyen d'accentuation de la vigilance politique», le «... seul et officiel guide de l'histoire du parti», l'abrégé ressemble à un très mauvais roman noir de la fin du XIXe siècle. L'esprit du mal, sans cesse renaissant, puise ses forces dans chacune de ses défaites. Face au Malin, le Parti ne suffit pas à la lutte, victime de sa «propre myopie politique», de son «insouciance» de son «manque de vigilance». Environné de traîtres, de monstres qui sabotent, empoisonnent et font dérailler les trains, le lecteur n'aperçoit qu'une force incorruptible, qu'un esprit toujours lucide et vigilant : Staline. «Tout le monde connaît la force irrésistible, foudroyante, de (sa) ... logique, la lucidité de cristal de son esprit, sa volonté d'acier, son attachement au Parti, sa foi ardente dans le peuple et son amour pour lui. Tout le monde connaît sa modestie...»[9]. Alors que «les Bouhkariniens dégénèrent en une bande de gardes blancs, assassins et espions»[10], le Père des Peuples veille...

b) Après 1956, histoire officielle et histoire dissidente

1956: Krouchtchev lit à huis clos son fameux rapport secret, devant les délégués du XXe congrès du P.C.U.S. L'histoire soviétique fondée jusque-là sur l'Unique est à récrire totalement. La dénonciation du «culte de la personnalité» a placé l'historien du parti dans le rôle de gardien de la nouvelle légitimité politique. Les limites de la critique sont clairement fixées: «Etranger à l'esprit du marxisme-léninisme... ce culte eut de graves conséquences... (et) freina l'avance de l'Union Soviétique vers le communisme... mais il ne pouvait arrêter le progrès de la société soviétique, modifier la nature du régime socialiste. ... Le

Parti combat ceux qui, sous prétexte de critiquer le culte de la personnalité, présentent sous un jour défavorable l'activité du P.C.U.S. au cours de la période où Staline se trouvait à (sa) tête...»[11]. A l'historien de combler le vide laissé par Staline, en créant l'image nouvelle du parti comme collectivité infaillible et en dénonçant Staline et sa politique sans discréditer le système tout entier.

Après les brèves illusions du printemps de Moscou, lorsque Soljenytsine fut autorisé à publier *Une journée d'Ivan Denissovitch*[12], il fallut rapidement déchanter. Les quinze ou dix-sept millions de «violations de la légalité socialiste» perpétrées dans les caves de la Loubianka dans les plaines de l'Ukraine, dékoulakisées par la famine de 1932-1934 ou dans les étendues glacées de la Kolyma ont été ensevelies sous la litote ou l'approximation insultante des chiffres: «Plusieurs milliers d'honnêtes et innocents communistes sont morts. Béria a liquidé des dizaines de milliers de personnes...», etc.

A l'heure actuelle, l'histoire officielle est investie d'un rôle crucial:
a) elle est le dépositaire des légendes et des traditions qui fondent l'unité et la permanence d'un empire multi-national dominé par la Russie;
b) dans un régime dont les principaux dirigeants sont des vieillards, elle doit communiquer à la jeunesse — guettée par l'amollissement occidental — l'élan des fondateurs et des combattants de la «grande guerre patriotique»;
c) elle doit assurer une rationalisation *a posteriori* des politiques et des échecs du passé; les «erreurs» doivent être expliquées et justifiées par l'historien comme nécessaires à la marche continue du pays vers le communisme.

La déstalinisation a recréé en U.R.S.S. deux niveaux bien différenciés d'histoire. Elle a incontestablement rendu à l'historiographie la plénitude de ses méthodes scientifiques. Pour peu qu'il s'intéresse à l'histoire «ancienne» (antérieure à l'entrée en scène du P.C.), qu'il donne des preuves d'allégeance formelle à l'idéologie du régime (par un nombre suffisant de citations de Marx, Engels, Lénine et du dirigeant du jour), qu'il évite les sujets tabous (essentiellement le problème des nationalités), le chercheur soviétique jouit d'une relative liberté de création. Mais cette «liberté» s'arrête immédiatement lorsqu'il pénètre dans deux secteurs: l'histoire contemporaine d'abord, la vulgarisation historique ensuite.

L'histoire contemporaine joue aujourd'hui un rôle clé dans le débat politique. Dans une société qui proscrit toute discussion sur les alternatives politiques du présent, l'histoire est devenue le moyen d'expression privilégié des divergences politiques au sein de la classe au pouvoir et des oppositions intérieures et extérieures au Parti. L'appréciation du rôle de Staline est un signal politique sur l'évolution du Parti et l'équilibre des forces entre «durs» et «modérés». Dans le *samizdat*, l'essentiel de la littérature d'opposition est axée sur une réappropriation de l'histoire. Comme dans l'Angleterre de *1984*, la moindre trace de «passé non falsifié» prend un pouvoir subversif extraordinaire.

Les historiens — professionnels ou non — qui travaillent dans l'opposition ont donc fourni un travail considérable de réflexion et d'enregistrement des témoignages, en centrant leur attention sur ceux que pouvaient apporter les survivants de la grande terreur stalinienne. En Occident même, n'a-t-il pas fallu la publication de l'*Archipel du Goulag* de Soljenitsyne pour qu'enfin notre conscience collective enregistre réellement l'horreur du stalinisme?

Tant que l'infaillibilité du Parti demeurera l'axiome de l'histoire officielle, tant que celle-ci gardera sa fonction symbolique de gardienne du totalitarisme, toute révision radicale de l'histoire contemporaine demeurera impossible en Union Soviétique. A l'ignorer, les jeunes historiens communistes «libéraux» ont été chassés du Parti, emprisonnés puis exilés de leur pays. Andrei Amalrik a commencé sa «carrière» de dissident en violant, sans le vouloir, un «tabou» historique: un mémoire où il défendait l'origine scandinave du premier Etat des Slaves orientaux au IXe siècle lui a valu d'être chassé de l'Université de Moscou. L'histoire contemporaine est, bien entendu, plus brûlante encore. De la signature du pacte de non-agression entre l'Allemagne et l'U.R.S.S. jusqu'au 22 juin 1941, Staline a entretenu une complète illusion sur la nature des relations germano-soviétiques. Allié fidèle, il a maintenu l'Armée rouge dans un état criminel d'impréparation qui s'est soldé, en 1941, par une suite de défaites écrasantes. Cette interprétation des faits était admise en U.R.S.S. jusqu'à le chute de Krouchtchev en octobre 1964. Avec le durcissement du régime et la réévaluation progressive des mérites de Staline, la période 1939-1941 redevient tabou. En 1965, Paul Nekrich, docteur en sciences historiques et membre de l'Institut des Sciences historiques de l'Académie des Sciences, est chassé du Parti et perd totalement tous les privilèges attachés à cette fonction enviée pour avoir publié son *1941, 22 iiunia*[13], qui défend la théorie de la responsabilité de Staline dans la défaite. En juin 1967, la «purge» atteint les supérieurs de Nekrich, coupables de myopie devant ce «dangereux falsificateur de l'histoire»: Pospelov, directeur du tout-puissant Institut du Marxisme-Léninisme et Khvostov, directeur de l'Institut d'histoire. L'affaire «Nekrich» se répétera en 1968, dans le cas de Roy Medvedev. Le jeune historien communiste sera chassé du Parti, après une provocation grossière montée par le K.G.B., parce qu'il avait envoyé à la revue *Kommunist* — l'organe théorique du P.C.U.S. — une lettre protestant contre la publication d'un article apologétique consacré à Staline.

Douze ans à peine après les «révélations» du XXe congrès la porte, un instant ouverte, s'est donc brutalement refermée. L'histoire soviétique est redevenue la négation du matérialisme historique de Marx, un pur produit de l'idéologie, construit au mépris de la réalité.

3. *La science historique*

L'un des problèmes essentiels de toute théorie de l'écriture historique c'est que, sous les vocables «histoire», «historien» ou «historique», se cachent dans la réalité des activités, des individus et des méthodes radicalement différentes.

L'immense majorité des études d'épistémologie de l'«histoire» s'attache en fait à l'étude de la *Science historique*. Celle-ci peut être définie comme la *reconstitution du passé humain sous la forme d'un récit argumenté, menée de façon intelligible et impartiale, à partir de l'étude aussi scientifique que possible de l'ensemble des sources susceptibles de nous éclairer sur ce passé*. La science historique implique donc la mise en œuvre d'un *savoir technique* et d'une *déontologie*, dont les principes généraux constituent la *critique historique*.

Dans le courant du XIXe siècle, les sciences exactes sont parvenues à éliminer totalement du champ de la connaissance et de la communication les savoirs préscientifiques : depuis l'époque de Lavoisier ou de Mariotte, l'alchimie est devenue un passe-temps inoffensif pour tel ou tel adepte trop crédule de la magie blanche. Les «Cagliostro contemporains» ne menacent en tout cas pas sérieusement l'audience des chimistes professionnels. L'histoire scientifique a d'aussi anciennes lettres de noblesse : de Mabillon (XVIIe siècle) aux Encyclopédistes, elle s'est lentement développée pour se constituer dans la première moitié du XIXe siècle en une discipline cohérente. Mais sa diffusion, hier comme aujourd'hui, s'est restreinte à un cercle étroit de «spécialistes» — chercheurs, enseignants, étudiants — et à la frange étroite du «public cultivé». Lorsque le grand public proclame son «goût pour l'histoire», il désigne une toute autre forme de discours : celle que nous appellerons, faute d'une formule plus élégante, l'*histoire-narration*. Celle-ci est en réalité l'héritière, dans le siècle de la communication de masse, de l'histoire préscientifique qui se contentait d'être «un simple récit au niveau de l'événement, vaguement irradié de quelques harmoniques d'ordre psychologique»[14] ou de considérations sur l'œuvre de la Providence, « ces secrètes dispositions qui ont préparé les grands changements et les conjonctures importantes qui les ont fait arriver... »[15].

Le recours au concept d'histoire-narration ne se justifie en fait que parce que l'émergence du « métier d'historien » et la constitution de la science historique n'ont pas éliminé, ni même disqualifié, les résurgences actuelles de l'histoire préscientifique. L'histoire-narration peut donc être définie comme un récit qui tire sa légitimité de sa prétention à reconstituer le passé sous la forme d'une collection d'événements structurée par une série de causalités, sans recours à la méthode scientifique et sans possibilité pour le lecteur de vérifier la valeur de l'information ni de discuter le bien-fondé d'un raisonnement basé sur l'argument d'autorité ou sur un scénario préétabli de causes et d'effets. L'histoire-narration est donc un *discours en forme d'histoire*, histoire nourrie par la lecture non critique des sources (qui serviront éventuellement de support au discours pour accentuer l'impression de réalité) de la *tradition historique* (c'est-à-dire de l'interprétation collective du passé, propre à un groupe social ou à une société) et de la *littérature historique préexistante*, utilisée sans vérification ni critique préalable.

Comment comprendre la place dominante qu'occupe encore l'histoire acritique dans la société contemporaine ? L'historien de métier a sans doute une lourde responsabilité dans cette situation. La vulgarisation est un exercice périlleux et ardu qui n'entraîne guère, dans le monde francophone, de surcroît de notoriété pour celui qui la pratique. L'histoire populaire est donc (à quelques exceptions près, il est vrai plus fréquentes que jadis) considérée comme une activité un peu dégradante, indigne d'un « véritable scientifique ». Le chercheur préférera le confort douillet d'un cocon érudit où, protégé de la foule par un vocabulaire hermétique, il sera libre de pratiquer, pour un cercle d'initiés réduit à une poignée de spécialistes, les délices de son art. Cette fuite devant ses responsabilités suscite l'étrange coexistence, chez l'historien de métier, de la constante acrimonie du jugement critique porté sur des travaux scientifiques et de la plus plate indifférence pour les erreurs, les idées fausses, les clichés et les falsifications conscientes véhiculés par l'histoire-narration.

a) L'historiographie allemande et le nazisme[16]

Cette propension à l'indifférence — voire à l'aveuglement critique — est particulièrement frappante dans le cas de l'Allemagne hitlérienne. L'école historique allemande a traversé les années de dictature et de guerre sans problème apparent de conscience : tel collègue juif ou démocrate a disparu, a été forcé à l'exil ou au silence, revues et sociétés scientifiques ont continué à poursuivre imperturbablement leur production érudite, alimentée à l'extérieur par un grand nombre de scientifiques étrangers, par ailleurs peu suspects de sympathies pour le fascisme... La Science est neutre.

A y mieux regarder, beaucoup de ces travaux scientifiques paraissent largement contaminés par l'idéologie du jour. Les idées de race et d'espace vital inspirent directement une foule de travaux de toponymie germanique qui démontrent, comme par hasard, le caractère germanique du peuplement de la Wallonie, du Nord de la France ou de la Pologne occidentale. L'histoire des villes allemandes de Planitz — le spécialiste incontesté de l'histoire urbaine d'avant-guerre —, régulièrement rééditée après 1945 sans amendement du fond, lie l'apparition des premières villes polonaises à la colonisation allemande du moyen âge (les Slaves sont réputés incapables de créer une civilisation urbaine). Mais l'intensité des distorsions est sans commune mesure avec le tissu d'affabulations des productions du régime : manuels scolaires, brochures de propagande, livres et films. Pour les plus jeunes, l'histoire est analysée suivant la méthode régressive (du présent au passé) : de héros en héros, le jeune Allemand passe ainsi d'Hitler à Bismarck, Frédéric II, Luther et Charlemagne.

La subversion de la vérité historique s'accomplit dans un climat d'indifférence ou de complicité ouverte des scientifiques. Puisque le nazisme ne leur impose pas d'utiliser sa fausse science, les «spécialistes» choisissent la solution orwellienne classique de la double pensée : le diplomatiste, qui consacre trois mois à démontrer en trente ou cinquante pages la fausseté d'un diplôme du IXe ou du Xe siècle, assiste sans broncher à la projection du «Juif Süss»[17].

L'utilisation de l'histoire par les nazis est une bonne introduction à une réflexion plus profonde sur le rôle social de la culture historique. L'histoire nazie est axée essentiellement sur l'idée d'*identification*, fondée sur la reconnaissance de traits permanents propres au peuple allemand (il s'agira aussi bien de qualités qu'on exalte — sobriété, courage, sens de l'ordre — que de défauts qu'on fustige — individualisme). Mais l'«*identité nazie» est inséparable de son contraire* : le mythe de l'Aryen ne fonctionne convenablement que par référence constante à l'*Untermensch*. L'histoire montrera donc que la communauté allemande a été menacée de tout temps par le «Juif éternel», l'étranger avide de corrompre la «pureté de la race», par la souillure physique ou idéologique. L'«identité» est donc assise sur le *racisme*, l'*antisémitisme* et la *xénophobie*, dans une mise en scène événementielle basée principalement sur le *complot* : le peuple allemand ne peut être vaincu que par traîtrise (cf. le « coup de poignard dans le dos » invoqué pour expliquer la défaite militaire de 1918).

Un second axe fondamental de l'historiographie nazie est l'idée de *légitimation*. Le passé sert essentiellement à assurer la reconnaissance et la perpétuation du présent. L'histoire régressive et le finalisme permettent de présenter le régime comme le seul aboutissement possible et souhaitable du passé. Les institutions et les idées nouvelles — *Führerprinzip*, corporatisme, *Lebensraum* — sont légitimées par la *médiation* du passé. Ici encore, la légitimation est inséparable de son contraire. Il faut *occulter* des faits, les rayer de l'histoire pour empêcher qu'ils portent témoignage sur le présent.

b) Un reflet pur du passé?

Notre démarche jusqu'ici n'est pas totalement dépourvue d'ambiguïté. En gros, nous avons dénoncé l'utilisation ou la contamination de l'histoire par l'idéologie, sans définir l'axiome implicite: la notion d'*objectivité relative* de l'histoire. L'histoire n'a pas échappé, à la fin du XIXe siècle, au vertige du scientisme; deux écoles opposées ont alors incarné, chacune à sa manière, une vision positiviste de l'histoire.

Le socialisme scientifique a fait du matérialisme historique une véritable science naturelle de la société, gouvernée par des lois rigides. Aux antipodes du marxisme, l'école « méthodiste » ou « historisante » a pris la méthode critique pour « une machine infaillible à produire la certitude »[18]: pour elle, il existe « une réalité historique, toute faite avant la science, qu'il convient simplement de reproduire avec fidélité »[19]. La méthode critique fait ainsi de l'historien un photographe du passé, qui enregistre les faits sans distorsion. L'histoire « historisante » proclame donc bien haut son refus de l'engagement et de la philosophie de l'histoire. « Indépendant de toute opinion politique et religieuse », l'historien scientiste échappe à tout conditionnement social pour atteindre à la totale impartialité de l'observateur neutre.

En réalité, l'école méthodiste ne remplit guère son contrat qu'en se limitant au domaine de la pure érudition: édition de sources, regestes et chronologies, sciences auxiliaires. Dès qu'elle dépasse la « collection de faits » elle est tout entière captive de son idéologie implicite. Dans le domaine de la vulgarisation, elle privilégie l'image d'Epinal et la leçon de morale. Et lorsqu'elle envisage sa vocation première, elle s'affirme comme simple instrumentalisme: « (En France)... les événements douloureux qui ont créé dans notre Patrie des partis hostiles... et ceux qui plus récemment ont mutilé l'unité nationale... nous font un *devoir* de réveiller dans l'âme de la nation la conscience d'elle-même par la connaissance approfondie de son histoire. ... C'est ainsi que l'histoire, sans se proposer d'autre but et d'autre fin que le profit qu'en tire la vérité, travaille d'une manière secrète et sûre à la grandeur de la Patrie en même temps qu'au progrès du genre humain »[20] : Dieu est avec nous !

c) La fin des certitudes

Dans les années qui suivent la première guerre mondiale, les belles certitudes de l'école historisante s'effondrent. Le renouveau épistémologique est nourri par l'expérience des sciences nouvelles — sociologie, psychologie ou physique théorique — et par une réflexion nouvelle sur le statut de l'intellectuel et de la science. Depuis sa tribune des *Annales*, Lucien Febvre rappelle la réplique de Dastre : « Quand on ne sait pas ce qu'on cherche, on ne sait pas ce qu'on trouve ». Contre la doctrine du savoir pur, Einstein et Piaget proclament la relativité de la science : *la connaissance est le résultat d'une interaction entre le sujet connaissant et l'objet à connaître, d'une action du sujet sur l'objet.*

La science historique est donc le produit d'une méthode (la critique historique et les sciences auxiliaires) et d'une personnalité (l'historien) placée au confluent de l'individuel (facteurs psychologiques) et du collectif (facteurs sociaux et culturels). Bref, l'historien est condamné à cohabiter, à chaque pas de sa démarche scientifique, avec l'idéologie : « La charpente la plus nue de tout récit historique, le choix des événements et leur organisation en une séquence temporelle impliquent un ou des jugements de valeur »[21]. Dans le complexe infini des événements, l'historien procède à une lecture qui l'amène à isoler les faits qui lui paraissent signifiants, à les interpréter à l'aide de la critique la plus rigoureuse possible et à les associer suivant un système logique.

L'histoire est donc une *lecture du passé*, une vérité provisoire. Mais l'absence de vérité absolue ne peut nourrir le subjectivisme. L'historien doit s'interroger et se connaître lui-même, s'il veut éviter d'outrepasser la « limite entre un comportement intellectuel inévitable et légitime — puisque aucun homme n'est exempt de 'manière de penser' et qu'aucun historien ne peut faire état de tous les faits connus — et un comportement répréhensible (sur le plan intellectuel et moral) », lorsque la « manière de penser » devient un parti pris, une omission ou une suppression volontaire[22].

L'objectivité de l'historien ne peut donc plus se confondre avec le simple respect de la déontologie critique. « Comme Freud l'y encourageait, il doit s'examiner lui-même et sa propre position dans l'histoire, les motifs — peut-être cachés — qui ont guidé le choix de son thème ou de la période, ainsi que la sélection et l'interprétation des faits, l'arrière-plan national et social qui a déterminé son angle de vision, la conception de l'avenir qui forme sa conception du passé. Depuis que Marx et Freud ont écrit, l'historien n'a pas d'excuse pour se considérer en individu détaché, hors de la société et hors de l'histoire»[23].

4. La leçon de l'histoire, c'est sa méthode

Pourquoi écrit-on l'histoire? Il est probable (bien que la démonstration expérimentale n'en ait jamais été faite) que tout groupe humain, toute société a besoin, pour assurer sa cohérence et sa reproduction, d'un certain consensus historique, c'est-à-dire d'une vision et d'une interprétation collective de son passé. Cette histoire, subie ou imposée, était un système clos qui fournissait aux hommes un certain nombre de représentations mentales et de modèles de comportement enfermés dans un territoire, une société et une culture donnée. La tradition est, par essence, porteuse de valeurs égocentristes, conservatrices et xénophobes.

«Celui qui contrôle le passé, contrôle le présent». L'historiographie scientifique est la négation du passé subi (la tradition) et du passé imposé (la falsification de l'histoire). En donnant à l'homme la possibilité de mesurer sa place dans l'univers, elle le libère de son conditionnement temporel et spatial. Avec la connaissance même de l'héritage humain, l'homme fait à la fois l'apprentissage de la tolérance (la société où il est cesse de lui apparaître comme unique) et de la liberté de décision. La complexité même du passé lui apprend que le présent n'est pas unique, que l'homme est responsable des choix qui marqueront son devenir. En même temps, elle l'aide à aiguiser et à fortifier son esprit critique, à relativiser son jugement. L'apport fondamental de la science historique aux sciences de l'homme et, plus simplement, à la démocratie, est sans conteste le concept de *vérité relative*, c'est-à-dire d'une vérité dont la «démonstration ne peut jamais être achevée et qui, partant, se prouve par arguments et ne s'impose pas d'une manière parfaitement contraignante... (L'histoire) ne prétend pas révéler la vérité mais, sans elle, il n'est aucun espoir d'approcher de la vérité»[24].

Le citoyen, l'homme, confrontés plus que jamais au parti pris, aux propagandes insidieuses, au mensonge institutionnel, harcelés par une information de plus en plus éclatée, séduits peut-être par les tranquilles certitudes du fanatisme ou par l'indifférence, ont plus que jamais besoin de ces vertus critiques et de ces valeurs humanistes dont est porteur le métier d'historien.

« Au futur ou au passé, au temps où la pensée est libre, où les hommes sont dissemblables mais ne sont pas solitaires, au temps où la vérité existe, où ce qui est fait ne peut être défait. De l'âge de l'uniformité, de l'âge de la solitude, de l'âge de Big Brother, de l'âge de la double pensée. Salut ! »[25, 26].

II. HISTOIRE DU DROIT

Le dévoiement d'une science : l'histoire juridique et les structures du nazisme

R. Jacob

> « *Pourquoi travaillez-vous ? Je tiens que le seul but de la science consiste à alléger les peines de l'existence humaine. Si les hommes de science, intimidés par des hommes de pouvoir égoïstes, se satisfont d'entasser connaissance sur connaissance, la science devient bancale et vos nouvelles machines ne peuvent signifier que de nouveaux tourments. Vous pouvez avec le temps découvrir tout ce qui doit être découvert, et votre progrès ne sera qu'un éloignement de l'humanité. Le gouffre entre elle et vous deviendrait un jour si grand qu'à votre cri de joie à chaque nouvelle découverte répondrait un universel cri d'horreur* » (B. Brecht).

Interpellé sur le point de savoir si la discipline qu'il pratique a pu ou pourrait contribuer, directement ou non, à une offensive contre les droits de l'homme, l'historien est intuitivement tenté de montrer du doigt la vieille histoire événementielle des manuels. Peindre une galerie d'hommes illustres et de batailles gagnées, n'est-ce pas mettre à la disposition de ceux qui rêvent de domestiquer les peuples, pour les jeter les uns contre les autres, une arme idéologique d'une rare efficacité ? Pourtant, il existe aussi des histoires profondes, nourries d'ambitions scientifiques et avides de saisir dans sa substance l'évolution des sociétés, dont les productions ne sont pas moins susceptibles d'utilisations politiques. L'histoire du droit est de celles-là. Elle se désigne même à la critique avec une acuité particulière, puisqu'elle se situe au lieu de convergence d'une spéculation et d'une *praxis*. Comme histoire, elle se donne les apparences et les moyens de la recherche désintéressée, mais comme partie prenante aux disciplines juridiques, elle dispose d'instruments propres à la réalisation de projets de société.

Amorcer une réflexion sur l'histoire institutionnelle, condenser un indispensable rappel des origines, des buts et des méthodes de ses recherches, confronter ses théories à l'expérience nazie — qui reste dans la pensée occidentale de la fin du XXe siècle la référence absolue au Mal —, tout ceci ne permet pas de tracer un itinéraire commode. Le propos tient même de la gageure, s'il faut presser de tels développements dans les limites imparties à ce recueil tout en se gardant du schématisme. Il a fallu choisir entre le silence et la concision. On comprendra donc que le but des considérations qu'on va lire n'est pas d'établir une analyse complète sous tous les rapports mais seulement d'ouvrir un débat, en pénétrant aussi profondément qu'il est possible dans l'examen des questions qu'il mériterait de susciter.

1. La naissance et les objectifs de l'histoire du droit

A l'égal de bien d'autres sciences humaines, l'histoire juridique s'est formée au siècle dernier au sein de l'université allemande. Elle n'atteindra d'autres nations que plus tard[27]. Ses premières orientations furent étroitement liées au contexte socio-politique de sa genèse. L'infini morcellement des principautés de l'Empire, l'absence de toute unification du droit privé — que ce soit par le moyen d'un code ou même d'un corpus de rédactions coutumières —, imposaient aux professeurs de droit allemand de recourir intensivement à la méthode historique pour ordonner leur enseignement. Histoire du droit et droit positif n'étaient donc guère dissociables, et il semblerait que le milieu des historiens-juristes ait constitué, au cœur du XIXe siècle, un vivier de magistrats, d'administrateurs et de grands commis. Une vigoureuse solidarité rassemblait les maîtres et leurs élèves en des réunions périodiques, sans comparaison avec nos congrès scientifiques d'aujourd'hui, car elles avaient pour but de coordonner les activités autant que les idées. En fait, les historiens du droit éprouvaient le fort sentiment de constituer, plus que le groupe des détenteurs d'un même savoir, un mouvement social, une véritable école de pensée.

Les chefs de file de ce qui prendra bientôt le nom d'Ecole Historique du Droit (*Historische Rechtsschule*) se sont ingéniés de bonne heure à définir des bases théoriques précises[28]. Celles-ci reposent sur la critique de la fonction traditionnellement assignée au juriste qui se trouve, à l'égal du théologien, l'interprète d'un discours normatif dont la validité est déterminée en dehors de lui par la qualité de son auteur: pouvoir ou divinité. Pour caractériser les deux démarches semblables, on use du même mot d'«exégèse». Sans doute le rejet de l'exégèse, professé par les tenants de l'Ecole Historique, procède-t-il dans une large mesure du parti de faire œuvre de science: il n'est pas possible d'insérer la connaissance du droit dans le corps des sciences humaines sans dépasser, d'une façon ou d'une autre, l'exercice du commentaire; tous ceux qui s'y sont essayés depuis Montesquieu en ont renouvelé l'expérience. Mais, tel quel, l'anti-exégétisme des historiens-juristes portait en germe des risques considérables. D'abord, parce qu'il fut souvent compris comme un rejet de la glose, et non un simple dépassement qui eût conservé, en présence d'un texte, l'exigence d'une rigoureuse recherche du sens. C'était donner le pas à l'histoire des mots — ou des concepts — sur l'histoire des règles, et ouvrir la porte à une sorte de «poétique du droit» aux méthodes incertaines. Ensuite et surtout, parce qu'il ne trouve pas sa source dans l'intention d'une science pure. Les historiens ne distinguent pas connaissance et élaboration des normes juridiques, ils perçoivent toujours la doctrine à la fois comme une observation et une participation à l'exercice du pouvoir. L'histoire du droit s'est voulue historicisme. L'évolution historique, croit-on, a un sens qu'il appartient au *Jurist-Historiker* de mettre au jour et de développer en lui donnant des applications présentes. Peut-être l'enthousiasme des professionnels du droit pour la diachronie eût-il été moins intense s'ils s'étaient vu adresser, comme leurs homologues français, un corps de normes étatique bien défini. Mais ce n'était pas le cas, et le foisonnement anarchique des sources parut justifier l'émergence d'un type nouveau de juriste, dont la fonction d'homme de pouvoir est à la fois maintenue, largement affranchie du respect dû au texte, et sacralisée par sa conjonction avec une fonction d'homme de science, elle-même hypertrophiée en raison de la maîtrise des disciplines historiques. Cette duplicité, qui ne sera que bien rarement énoncée et moins encore dénoncée, ne pèsera pas peu dans les destinées de l'histoire juridique, aussi bien dans l'ordre théorique que dans l'ordre pratique.

Pour les historiens de l'école, toute règle juridique est l'œuvre d'un agent créateur: le génie du peuple (*Volksgeist*). Celui-ci, d'ailleurs, s'exprime également à travers d'autres traits de culture, comme la langue ou les légendes. Ainsi s'explique la triple démarche des frères Grimm à la fois juristes, philologues et mythologues avant la lettre[29], et la solidarité jugée nécessaire du droit et de la philologie. Dans son activité de démiurge, l'esprit du peuple n'inspire pas directement les normes immédiatement observables — édits, coutumes, contrats ou jugements —, mais il procède par l'intermédiaire des institutions qu'il anime. Les «institutions» (la fortune du concept, d'une belle fluidité, date en apparence de cette époque) constituent une sorte de langage simple, mais dissimulé sous la complexité des sources positives dont elles livrent la clef. La tâche du théoricien est alors bien définie: comme historien, il recense les sources, les interprète et les réfère aux institutions qu'elles sont censées exprimer pour en retracer l'évolution; comme juriste, il utilise les enseignements du passé, qui lui ont donné les secrets du *Volksgeist*, pour élaborer les contrats, les édits et les jugements de l'avenir.

Le postulat fondamental est donc celui de la continuité du droit, qu'exprime à merveille la notion de coutume, source idéale que l'on oppose au règne de la loi dans le système français et que l'on aime à se représenter intemporelle et dégagée de la volonté formelle d'un pouvoir de rencontre. Ouvrons l'un des premiers manuels de droit privé allemand, celui d'Eichhorn[30]. On y lit que les sources appartiennent à trois couches historiques : l'ancien droit (celui des périodes mérovingienne et carolingienne), le droit moyen (constitué des coutumiers du moyen âge) et le droit récent (qui comprend les réformes et les rédactions des Temps modernes). Aucune ne déclasse les précédentes : le génie du peuple innove, mais n'abroge pas. Est-ce à dire qu'aux prises avec l'organisation de la concession d'une ligne de chemin de fer, le praticien pourrait s'inspirer de la Loi Salique ou du Miroir des Saxons ? Oui, répondent sans hésiter les historiens du droit, mais à condition qu'en respectant leur esprit, il tienne compte aussi du devenir de la règle. Car la dialectique — opportunément mise à l'honneur au moment où s'élaborait la théorie — permet de concevoir une marche historique où chaque stade d'une évolution est, à la fois, conservé et dépassé dans le stade ultérieur. L'institution, animée par le génie populaire et, dans les dernières phases, poussée en avant par l'historien du droit lui-même, court d'une forme fruste à une forme perfectionnée tout en gardant une structure constante. Ainsi se résout la contradiction entre un *Volksgeist* invariant et une histoire mouvante. L'idée de la continuité dialectique du droit revêt une importance particulière pour les pratiques purement historiennes. C'est elle qui fonde le succès de ce que l'on pourrait appeler l'« histoire par étapes » : ainsi, la famille est supposée passer du clan patriarcal à la communauté familiale large, puis de la communauté familiale à la conjugale ; la propriété évolue de l'appropriation collective simple à la non moins simple propriété individuelle, à travers le système de la rotation des champs des temps germaniques, puis l'existence de biens communaux au moyen âge classique, etc. C'est à elle aussi que l'on peut rattacher certains vices de méthode, aujourd'hui couramment dénoncés, comme la prédilection pour la « survivance », c'est-à-dire l'élément culturel dégagé du système où il est effectivement observé pour être rattaché à un système plus ancien dont il est censé provenir, ou encore ce que la critique moderne appelle le *Rückschluss* (litt. la « conclusion rétrospective ») : il s'agit d'une démarche par laquelle on infère l'existence d'une structure ancienne de témoignages postérieurs, parfois de plusieurs siècles, à la période considérée. Tout cela conduit à un certain mépris de la chronologie et, plus encore, de la géographie des faits observés, puisqu'au bout du compte les institutions sont plus que les normes, et l'esprit plus que les institutions, l'objet de l'histoire.

De tels cadres épistémologiques fournissent aussi un terrain de rencontre idéal des sciences du droit et des sciences du langage. Puisque d'un fatras de prescriptions dispersées dans le temps et l'espace on prétend extraire la substance d'un «droit germanique», pourquoi ne pas pousser plus haut et remonter jusqu'à un droit «indo-germanique» ou, pour suivre les traductions les plus courantes, «indo-européen»[31]? Puisque l'on s'est libéré de l'exégèse au point de s'avancer à tirer l'existence d'une institution d'un seul mot, pourquoi ne pas l'entreprendre à partir d'une racine de mot? C'est ainsi que l'histoire du droit lance la linguistique comparative, une linguistique sûre d'elle et dominatrice, prête à recomposer une société ancienne au moyen d'une centaine de radicaux, à délaisser la morphologie pour le sens et les significations, les mots «roi» et «père» pour les notions de royauté ou de puissance paternelle, et prompte à oublier que, ce faisant, elle n'est plus couverte par l'autorité de la philologie mais par le laxisme de l'histoire institutionnelle. Il ne faut donc pas s'étonner que, pendant tout le XIXe siècle, les deux disciplines des frères Grimm fonctionnent en parfaite harmonie, chacune tirant de l'état d'avancement de l'autre des raisons supplémentaires de renforcer ses propres convictions. Rien n'est plus significatif que d'observer comment, par exemple, les juristes se sont crus fondés à conclure, sur la base des «preuves» philologiques, que les toponymes en *-ingen* ou *-ange* attestaient la réalité du lignage, tandis que les philologues interprétaient les radicaux des termes en question comme des noms de lignage, sur la seule foi des assertions des juristes. La séparation progressive des disciplines, l'oubli de l'originelle communauté épistémologique, entraînent le cercle vicieux et confortent l'implantation durable d'interprétations, dont beaucoup apparaissent à l'examen comme tout à fait erronées. L'une et l'autre se caractérisent aussi par leur germanocentrisme, car le génie du peuple dont il était surtout question était, bien entendu, celui du peuple allemand. Il ne faudrait cependant pas en conclure qu'elles manquaient totalement à l'universalité de la science. On peut parfaitement concevoir — et on conçut en effet — des modèles germanocentriques applicables à l'histoire de France, à l'histoire de l'Antiquité, à l'anthropologie africaine, etc. Compte tenu du dynamisme de la science allemande, ces modèles ont même constitué bien souvent les premières contributions théoriques importantes dans chaque domaine, et leur influence se fait encore sentir de nos jours.

2. *Du romantisme au germanisme*

L'histoire juridique présente donc un triple aspect: elle est à la fois théorie du droit, corps de recherches producteur de connaissances historiques et projets de droit positif, donc de politique. Sous son premier aspect, elle a été progressivement abandonnée, ce qui sans doute se justifiait, mais aussi oubliée, ce qui n'a pas peu retardé les tentatives de critique épistémologique. Sous le second, elle s'est plus durablement perpétuée. Bien des conceptions de l'historicisme juridique — et pas toujours des plus heureuses — survivent encore soit dans l'histoire du droit elle-même, soit dans l'« histoire des institutions » qui l'a peu à peu supplantée ici et là, soit encore dans d'autres disciplines, y compris celles qui affirment avec le plus d'énergie s'être dégagées d'une histoire juridique jugée trop formelle. Reste le troisième volet du programme, le plus délicat. Car il faut se garder de toute interprétation hâtive et d'une orientation exclusive de l'histoire intellectuelle en fonction de la tragédie nazie. Aux temps romantiques, les historiens étaient d'ailleurs des libéraux. Leurs raisonnements historico-juridiques les conduisaient à opposer aux régimes autoritaires de l'Empire la liberté supposée des anciens Germains et, au nom du *Volksgeist*, à réclamer des constitutions. Puis, sans qu'il soit très facile pour l'heure de préciser une chronologie, la tendance se renversa. A la fin du XIXe siècle, les professeurs d'histoire étaient devenus des adeptes du pangermanisme à l'extérieur et de l'Etat fort à l'intérieur. La discipline des universités, la courtoisie de bon ton des milieux académiques et le prestige des savants allemands ne laissaient guère de place à la contestation. C'est à peine si l'on peut relever les fermes dénonciations d'un Fustel de Coulanges[32] ou, dans les années vingt, d'un groupe de juristes hollandais rassemblés autour d'Edouard Meijers[33]. Est-ce la seconde qui valut à la revue d'histoire du droit belgo-néerlandaise d'être l'une des très rares publications scientifiques interdites par les autorités pendant l'occupation ? Quoi qu'il en soit, ces courageuses dissidences n'entraient pas dans une critique systématique et laissaient dangereusement subsister toute l'autorité scientifique de théories, de plus en plus nombreuses, qui se signalaient par une étonnante aptitude à servir à la justification de projets politiques précis.

En fait, s'il est encore difficile, comme on l'a relevé, de décrire avec précision les changements d'attitudes politiques de la seconde ou de la troisième génération d'historiens du droit, toute tentative d'analyse approfondie devra sans aucun doute conférer une place centrale à l'œuvre d'Otto von Gierke qui fut, au tournant des XIXe et XXe siècles, le chef de file incontesté des germanistes. Von Gierke reprend à son compte l'idée de l'évolution dialectique d'une société-organe, comparée à un grand corps dont tous les membres doivent assumer une fonction spécifique. Il rejette avec force l'hypothèse que la contradiction fondamentale, qui constitue le *primum movens* du processus, soit l'antagonisme des principes de pouvoir et de liberté. C'est là, très explicitement, expulser les droits de l'homme. Il est vrai que la philosophie jusnaturaliste des libertés, fondée sur le contrat social, n'était guère compatible d'un point de vue théorique avec les visions dialectiques de l'histoire du droit, qui ne pouvaient autoriser, au mieux, que leur intégration dans un cadre comme celui des «libertés germaniques», c'est-à-dire sous une forme non universelle et appauvrie. Avec von Gierke, de telles tentatives sont elles-mêmes écartées. Sa position — il importe de le souligner une fois encore — ne pouvait être tenue pour dangereuse, c'est-à-dire comptable d'un jugement politique, que dans la mesure où l'auteur revendiquait toujours au plus haut point la confusion de la connaissance scientifique et de la participation à l'élaboration du droit. De son point de vue, la contradiction majeure est celle qui oppose, tout en les rendant solidaires, les principes de seigneurie (*Herrschaft*) et de communauté (*Genossenschaft*). Que l'on ne s'y trompe pas, les mots allemands sont chargés de connotations que ne rendent pas leurs traductions françaises: le premier ne renvoie pas à une forme désuète du pouvoir mais peut désigner toute espèce de domination; le second signifie aussi bien la société coopérative, la corporation ou l'union conjugale, et comporte une forte valeur affective (les militants du mouvement ouvrier, puis ceux du parti nazi, s'appelleront «*Genosse*», comme on dit en français «camarade» ou «compagnon»). Les principes de forte autorité et de communauté-compagnonnage sont donc les deux pôles entre lesquels oscillent en permanence la culture, le droit, l'homme allemands. Le second domine toujours. L'un et l'autre s'incarnent à des degrés divers dans les institutions positives. Ils figurent à l'état latent aux temps germaniques; ils règnent avec une organisation plus perfectionnée au moyen âge; on attend des Temps modernes, et surtout des régimes à venir, qu'ils accomplissent la grande synthèse. L'Etat idéal, aboutissement de l'évolution, reposerait alors sur une fédération de *Genossenschaften* (les familles, les professions, les villes, etc.) réglées par la *Herrschaft* reconnue à certains (pères de famille, patrons, etc.). Von Gierke entreprendra l'immense tâche de récrire sur cette base toute l'histoire du droit allemand[34]. Son œuvre constitue à la fois une vaste synthèse de nombreuses recherches antérieures et un renouvellement constant de la matière par une analyse toujours pénétrante. On ne saurait trop en recommander aujourd'hui encore le bon usage. Ce serait sans conteste une erreur grave que de nier son apport considérable aux connaissances et à l'intelligence de l'histoire. Mais c'en serait une autre de ne pas voir qu'avec un tel monument, l'Etat fort et corporatif venait de trouver ses «fondements scientifiques».

Pourtant, à la même époque, les choses tournaient plutôt mal pour les juristes de l'école historique. Depuis longtemps, ils s'étaient divisés en deux camps: aux germanistes, dont les positions reflétaient les thèses exposées jusqu'ici, s'opposaient les spécialistes du droit romain qui voyaient dans ce corps de normes le véritable droit sélectionné par la conscience collective. Tout en maintenant les justifications formelles de l'historicisme, les romanistes faisaient du commentaire de textes leur principale préoccupation et revenaient en réalité vers l'exégèse. C'est dans ce contexte qu'intervint la perspective d'une codification du droit civil de l'Empire, enfin unifié, qu'appelaient de leurs vœux les partisans d'un Etat moderne et dont on attendait qu'en rompant avec l'archaïque morcellement coutumier, elle remplît une fonction comparable à celle du Code Napoléon en France. Les romanistes s'y montraient favorables et se disposaient à y travailler, tandis que les germanistes s'efforçaient de retarder la réforme autant qu'il était possible, en tirant prétexte de l'immaturité du *Volksgeist* et du caractère étranger à l'authenticité allemande et à son évolution des règles du droit romain que l'on voulait adopter. Sans doute pressentaient-ils aussi que la promulgation d'un code signifierait la disparition de la position privilégiée des historiens du droit. Arbitrée par les esprits pratiques des ministères, cette querelle de professeurs se solda, malgré l'énergique campagne de von Gierke, par la déroute des germanistes. Un siècle après la France, l'Allemagne codifia. Le 1er janvier 1900, l'entrée en vigueur du *Bürgerliches Gesetzbuch*, d'inspiration à dominante romaniste, excluait définitivement l'histoire du droit des disciplines du droit positif et la condamnait, à son corps défendant, à devenir une pure spéculation intellectuelle.

3. *Le nazisme, triomphe posthume de l'historicisme juridique?*

Définitivement? Voire. Il reste à se demander si l'avènement du nazisme, postérieur d'une génération, ne marque pas une résurgence ou, pour mieux dire, un triomphe posthume des thèses germanistes. On pénètre ici dans un domaine d'accès très difficile car, comme l'a relevé M. Stolleis, l'étude du droit nazi a fait longtemps l'objet d'un véritable tabou qui ne s'est partiellement levé que dans les dernières années. On n'y voit pas encore très clair dans ce que fut le droit nazi, et la bibliographie sur le sujet est des plus minces[35]. Est-il possible d'attribuer une part prépondérante, dans l'édification du Troisième Reich, à une école de pensée juridique particulière? Longtemps, on s'est borné à des accusations rituelles contre le ou les positivismes juridiques (on appelle ainsi, en général, les théories qui rejettent tout jugement de valeur dans la définition du droit et reconnaissent donc la juridicité de tout pouvoir établi, quelle que soit sa nature, ce qui les destine à s'entendre toujours reprocher de légitimer ce qu'elles entendent se borner à décrire). Depuis peu, on s'avise aussi de l'émergence simultanée dans les années trente, en Allemagne et en Italie, d'un discours sur l'«Etat total», lié de près à l'abandon des conceptions du pouvoir légal et sans rapport nécessaire, pour ce qui le concerne, avec l'histoire du droit [36]. Sans doute le nouveau régime a-t-il bénéficié de plusieurs types de justification ou d'élaboration juridique. Mais il n'en est pas moins proprement stupéfiant qu'on ait apparemment si peu songé à rapprocher les structures de l'Etat nazi des constructions de l'historiographie juridique, alors que les convergences s'imposent au premier coup d'œil comme la plus vraisemblable des hypothèses.

Pour s'en convaincre il suffit de parcourir le premier document historique d'importance, le programme du parti du 14 février 1920, dont la seule disposition spécifiquement relative au statut du droit annonce, on ne peut plus clairement : «Nous exigeons la substitution au droit romain, serviteur de l'ordre universel matérialiste, d'un droit commun allemand» [37]. C'est bien là, transposé des cabinets de travail aux tavernes de Munich, le vœu des germanistes! Et la suite confirme que l'on ne s'en est pas tenu aux déclarations de principe. Cependant, à la lecture de bien des travaux consacrés à la période nazie, il apparaît que le phénomène n'a guère été aperçu, ce qui est sans doute un effet du cloisonnement toujours plus étanche que dresse, entre le droit et les autres sciences humaines, le système universitaire contemporain. En fait, la duplicité de l'histoire juridique la destine, dans l'univers nazi, à une double utilisation. Du point de vue de l'idéologie, elle s'associe à la philosophie, à l'histoire de l'art, des religions, etc. pour fournir les «preuves scientifiques» de la continuité et de la supériorité de l'esprit germanique ou aryen [38], tandis qu'au plan du droit positif, elle inspire directement quantité de réformes. Le méconnaître, c'est s'exposer à ne pas saisir le droit nazi, à le percevoir comme un tissu de bizarreries; c'est, par exemple, écrire que «toute une série de termes nouveaux ont été créés, d'ailleurs difficilement traduisibles : les juristes s'appellent désormais *Rechtswahrer* (conservateurs du droit!), les citoyens *Volksgenossen* (compagnons du peuple), le droit civil *Volksgenössisches Recht* (droit de la communauté populaire), sans parler du jargon pompeux dans lequel sont rédigés les textes...» [39]. En réalité, le jargon est parfaitement déchiffrable, sinon facile à traduire, si on le réfère au discours scientifique dont il est l'héritier direct.

Le système juridique nazi repose sur une multitude de *Gemeinschaften-Genossenschaften* (familles, entreprises, syndicats, formations du parti ou de l'armée, etc.), chacune placée sous la responsabilité d'un

Führer, auquel les membres du groupe sont liés par un rapport de fidélité personnelle : c'est le *Führerprinzip*, qui s'est substitué à la *Herrschaft* de von Gierke. L'ensemble des communautés forme la communauté du peuple (*Volksgenossenschaft*, qui exclut les races non allemandes mais inclut les minorités germanophones des pays slaves) et les fidélités personnelles, étagées en pyramide, convergent vers le *Führer* suprême, corps mystique dans lequel se réalise l'unité de la nation. Dans le détail, on n'en finirait pas de relever les décisions qui manifestent, au nom de l'idéal du retour aux sources, une volonté maniaque de procéder à une remédiévalisation du droit. Droit civil : le régime de l'*Erbhof* réintroduit l'aînesse dans la succession aux exploitations agricoles. Droit pénal : on revient à la responsabilité collective de la famille du délinquant, sous la forme de la solidarité lignagère (*Sippenhaftung*). Droit du travail : patron et subordonnés forment une communauté d'entreprise (*Betriebsgemeinschaft*), également assimiliée à la « suite » (*Gefolgschaft*, i.e. la bande de fidèles qui entourait le chef germanique) de son dirigeant, communauté dans laquelle les rapports interpersonnels doivent transcender les antagonismes du capital et du travail : l'ouvrier est lié au patron par un devoir de fidélité (*Treuepflicht*), qui dépasse les obligations nées d'un simple contrat en ce qu'il engage non seulement le travail mais aussi la personne du travailleur. Ce sont là autant d'exemples extraits de la législation nazie. Mais on peut tirer un enseignement aussi significatif de la minceur même de ce travail législatif. On s'est souvent étonné que le régime se soit très tôt dispensé de réunir le parlement et, ce qui est plus surprenant, le conseil des ministres. Il ne faut y voir, semble-t-il, ni le signe de l'éclatement de l'Etat, ni l'avènement du non-droit mais, plus simplement, une résurgence de la notion de coutume ou, plutôt, de l'affranchissement de l'autorité à l'égard du texte. « Une saine administration, proclame la doctrine, n'a absolument rien à faire de règlements rédigés en articles »[40]. Chaque détenteur d'une parcelle du pouvoir — fonctionnaire, juge, chef de parti ou d'armée et, par-dessus tout, le *Führer* suprême — peut se mettre immédiatement en rapport, pour en extraire la norme, avec la conscience collective du peuple. Celle-ci, d'ailleurs, s'est soudain mise à penser par slogans et mots d'ordre, dont les autorités sont priées de s'inspirer : par là, la pratique du droit s'articule étroitement à un univers mental dominé par la plus raffinée des propagandes.

On ne saurait songer à entreprendre ici l'étude détaillée de certaines conceptions, depuis leur formation dans le discours scientifique jusqu'à leurs applications pratiques en droit positif; pourtant, il est utile d'évoquer l'un ou l'autre exemple. Relevons la notion, essentielle, de fidélité et son élaboration dans le champ de l'histoire juridique et de la linguistique. Le terme de l'allemand moderne (*Treue*, du vieux-haut-allemand *traue*) dérive d'une racine germanique que l'on a rapprochée du grec *drus* (le chêne) et d'une série de mots apparentés désignant des arbres ou des objets de bois. On en concluait que la signification la plus ancienne était celle du chêne — ce qui permettait de situer le berceau des Indo-Européens dans l'aire de diffusion de ce végétal et contribuait à donner corps à l'idée d'une «race nordique» — puis que le terme, ayant évolué du plus concret au plus abstrait, aurait désigné tout objet de bois, puis tout objet droit, et de là le lien de fidélité lui-même. De là dérivaient l'appellation de l'unité militaire germanique (v.h.a. *truht*, all. mod. *Gefolgschaft*) et celle de son chef (v.h.a. *truhtin*, all. mod. *Herr*). Sur ce substrat linguistique, on édifiait une conception du pouvoir que l'on croyait reconnaître à travers tout le moyen âge allemand et qui reposait sur l'idée que se fait de la vertu celui qui y est soumis. Un von Gierke se plaisait à opposer l'absolutisme de la fidélité personnelle germanique à l'esprit contractualiste du droit romain. Quant aux utilisations qui furent faites de ces conceptions à l'époque nazie, on en a déjà relevé plus d'un exemple. Il importe surtout de remarquer qu'à ce moment, la communauté scientifique n'avait aucune objection à formuler à l'égard des bases historiques du système, reproduites par tous les manuels et tous les dictionnaires. Sans doute une critique rationaliste aurait-elle pu faire valoir que rien n'imposait de s'inspirer des idées que les Indo-Européens avaient conçues de la fidélité pour organiser la société actuelle. Mais eût-elle porté? En fait, il est très difficile d'appliquer au système nazi, parce que celui-ci revendique lui-même le caractère mythique, une démystification analogue à celle dont Barthes a donné l'exemple. La critique la plus efficace aurait dû porter sur la substance du mythe ou, si l'on veut, sur le sens, que l'on avait précisément demandé à l'histoire savante et que celle-ci fournissait sans regimber. Or, il a fallu attendre des recherches très récentes — et qui ne font encore qu'ébaucher une révision gobale de ces questions — pour s'aviser que les fameuses bases historiques pourraient bien n'être qu'un tissu d'erreurs ou, à tout le moins, d'extrapolations injustifiées. Un linguiste a montré que la fidélité ne peut pas dériver du chêne et, s'il reconnaît encore que «cette foi donne lieu à une institution qui est ancienne dans le monde indo-européen et qui trouve son plein relief dans le monde germanique»[41], cette assertion semble démentie par les travaux d'un juriste qui, dans une critique des conceptions traditionnelles de la seigneurie, a fait observer que le mot *truht* désigne, dans l'ancienne langue, toute espèce de groupe — permanent comme la truste royale ou éphémère comme un cortège nuptial —, qu'il n'a aucun sens juridique précis et que la fréquence des emplois s'explique par cette plasticité du terme aussi bien que par certaines vertus d'assonance dans le langage poétique[42]. Quelle que soit la part d'historicité qu'il faille lui reconnaître, il semble que le thème de la fidélité a été outrancièrement hypertrophié dans l'historiographie et que le retour aux sources ne constituait, au bout du compte, que l'alignement sur un modèle fabriqué par elle. Intentionnellement? Se pose alors à l'historien une interrogation, anxieuse: compte tenu de l'idée qu'ils se faisaient du sens de l'histoire et de la portée qu'ils conféraient à leurs travaux, certains auteurs, et des plus autorisés, n'ont-ils pas été tentés de reconstruire le pouvoir du passé en fonction de ce qu'ils souhaitaient que fût le pouvoir de l'avenir?

4. Pour une épistémologie critique de l'histoire du droit

Avant de conclure, il nous faut prendre du champ.

Il est possible de se représenter l'évolution de la théorie et des rapports théorie-pratique comme une série de glissements d'une idée ou d'un concept à l'autre, sans qu'aucun n'apparaisse comme tout à fait illogique, ni non plus comme absolument nécessaire. Au bout de la chaîne figurent les thèses nazies sur le droit, qui utilisent les développements de l'histoire savante en y incorporant certains éléments (un contenu raciste par exemple) qui lui étaient étrangers. On peut laisser au principal idéologue du mouvement le soin de les exprimer, dans un raccourci saisissant de brutalité: «Le principe de l'honneur et de la fidélité était le fondement du droit germano-nordique, qui a également agi hors d'Allemagne dans l'édification de peuples et d'Etats. Le principe du droit romain détermina le caractère des temps capitalistes, uniquement fondé sur l'individu. Le principe sans honneur du judaïsme — incorporé dans le Talmud et le Schulchan Aruch — constituait l'élément de décomposition partout où le juif pouvait devenir un 'agent juridique'. Le seul fait que parmi 'nos' avocats pratiquent un aussi grand nombre de juifs, et qu'ils puissent le faire 'avec succès', suffit à prouver à quiconque réfléchit profondément qu'on nous a volé le droit allemand»[43]. Chacun sent que des frères Grimm ou même d'un von Gierke à une telle proclamation, et plus encore à la mise en œuvre des souhaits qu'implicitement elle comporte[44], le chemin n'est ni rectiligne ni irréversible. Quelle peut être la part de tel auteur, de telle théorie, de telle controverse? Telle représentation est-elle vraie ou fausse? Sa fausseté est-elle due à sa conformité avec tel ou tel modèle en honneur? Peut-on dire qu'elle est simplement «récupérée», ou qu'elle «prépare», «se prête», «influence» tel mouvement politique? Si le discours scientifique et les idéologies ne sont pas indépendants, quels sont au juste la nature et le degré de leur compénétration? Ce sont là les termes d'un immense débat, que les pages qui précèdent n'entendent pas résoudre mais invitent à entreprendre. Leur seul but est de briser un interdit, un de ceux qui s'attachent à la période nazie et qui sera sans doute parmi les derniers à se lever. Car, on ne peut se le dissimuler, si les hypothèses soulevées ici n'ont pas encore été formulées, ce n'est certainement pas faute d'indices, mais par l'effet de la répulsion des milieux scientifiques à les évoquer.

Il semble que l'approche de l'histoire nazie soit encore en grande partie tributaire de ce que l'on pourrait appeler l'esprit de Potsdam-Nuremberg. Sans doute est-il compréhensible que les Puissances Alliées n'aient pu qu'appliquer le châtiment suprême aux principaux responsables de la conflagration mondiale. Cependant, certaines des normes juridiques qui ont présidé à la «dénazification» — élaborées en même temps que la Charte des Droits de l'Homme — ne peuvent échapper à toute critique: non seulement à cause de l'application rétroactive des notions de crime de guerre ou de crime contre l'humanité, non seulement parce qu'on ne les imposait qu'aux chefs politiques et militaires d'un Etat vaincu alors que des faits du même ordre commis par d'autres restaient en dehors du champ des poursuites, mais surtout parce qu'elles impliquaient une «responsabilité collective» du peuple allemand, ce qui constitue une bien suspecte concession d'une pensée juridique individualiste et universaliste aux théories qui l'avaient combattue. Une telle logique entraînait la condamnation, au-delà des dirigeants immédiatement responsables, de tout un peuple, dans ses générations passées et futures et sa continuité culturelle. Or cette attitude s'est transférée dans le travail historique lui-même, dont on attend qu'il rouvre éternellement le procès du nazisme et à propos duquel on emploie significativement le langage de la procédure: il «accuse» ou «défend», «excuse», «innocente» ou «condamne», etc. Tout cela ne va pas sans inhiber l'activité spécifique de compréhension des mécanismes sociaux. Que dirions-nous des médecins s'ils se bornaient à proclamer rituellement que le cancer est le Mal absolu et que tout ce qui y concourt participe au Mal, sans trop chercher comment se forment et se reproduisent les cellules cancéreuses? Pourtant, c'est souvent ce que nous demandons aux spécialistes des sciences humaines qui s'occupent ou pourraient utilement s'occuper du nazisme. Et il faut bien voir qu'appliquée à une histoire si récente, cette logique du bien et du mal, du noir et du blanc, de l'innocent et du coupable conduit à rejeter dans l'absolument blanc tout ce dont on ne peut se défaire immédiatement pour l'avenir. Les sciences et les arts en général sont intouchables, et les sciences du droit plus que les autres peut-être, parce qu'elles participent directement de la continuité institutionnelle.

On ne saurait conjurer un tabou sans s'écarter en quelque façon de la distinction du pur et de l'impur qui l'a engendré. C'est ici l'histoire-procès, non l'histoire-bataille, qui fait obstacle à la réflexion critique. S'il est bon que le juge, le citoyen, l'homme politique posent et reposent régulièrement la question de la responsabilité des hommes, on ne voit pas ce que l'historien gagne à appliquer la même interrogation à des productions culturelles, dont il lui appartient en revanche de mesurer le degré d'efficience. Il y a toute l'apparence qu'il servirait bien mieux l'opinion publique sans prétendre se substituer à elle en reproduisant le langage politique, mais en consacrant l'essentiel de son énergie à identifier les effets et les causes, les modes d'articulation des idées, des faits économiques et de société.

Les sciences historiques se trouvent aujourd'hui aux prises avec leur épistémologie. L'histoire du droit, l'une des plus anciennes, ne sera probablement pas la première à amorcer une réflexion sur elle-même qui paraît cependant de la plus extrême urgence. Nous savons en vérité bien peu de choses des circonstances dans lesquelles est née la discipline et se sont formés sa problématique, ses méthodes et l'appareil conceptuel par lequel elle a entrepris de rendre compte du réel. Il conviendrait, en l'explorant, d'examiner les conditions matérielles du travail scientifique et de bannir l'illusion d'une démarche d'intelligence totalement indépendante des courants et des pratiques politiques. Si l'idéal d'une science pure doit être conservé pour l'avenir, la meilleure manière d'y prétendre est bien de traquer toutes les interpénétrations des discours politique et scientifique, non de nier contre toute vraisemblance qu'il puisse s'en produire. Le «paradigme» nazi, retenu pour la circonstance, ne devrait pas monopoliser l'attention: le transfert de certains thèmes de l'histoire juridique vers le marxisme, l'existence d'une histoire institutionnelle orientée dans des cadres politiques très différents de la société allemande mériteraient des analyses approfondies. Sans doute l'histoire du droit doit-elle s'abstenir de se centrer soudain sur de telles questions, à peine de tomber du silence dans le tapage, mais elle ne saurait les éviter: à défaut, elle accepterait de véhiculer sans critique, à travers son enseignement, quantité d'idées reçues, approximativement vérifiées, dont elle ignorerait tout du contexte où elles se sont formées. L'«histoire de l'histoire», à laquelle il est indispensable de procéder, n'est ni plus simple ni plus complexe que toute autre question d'histoire des idées: elle impose les mêmes précautions de méthode et d'identiques exigences de preuve.

On permettra une dernière remarque. S'il faut convenir que l'entreprise de telles démarches se heurte, en milieu scientifique, à de puissantes inhibitions, on ne saurait y voir l'effet d'une simple autocensure de chercheurs ou les limites d'un champ épistémologique. Un pouvoir s'exerce sur la production scientifique, par le biais d'une hiérarchie académique ou, de plus en plus fréquemment de nos jours, d'une organisation administrative qui relaie directement le pouvoir politique. L'une et l'autre orientent l'activité par la sélection des thèmes de recherche et peuvent contrarier l'éclosion d'une pensée historique critique de diverses manières : soit en multipliant indéfiniment les exercices d'érudition ou les exigences de ceux-ci, soit encore en privilégiant l'« histoire utile », c'est-à-dire celle qui répond à l'idée que les gens en fonction se font de l'utilité, et non celle qui se révélerait à l'épreuve la plus profitable au public. Face à ces contraintes — ou à ces tentations —, il appartient au spécialiste des sciences humaines d'apprécier ses propres responsabilités. Peut-être devrait-il redécouvrir qu'il sert sans doute moins efficacement une cause comme celle des droits de l'homme en militant pour elle en marge de sa profession qu'en travaillant, à l'intérieur de celle-ci, à conquérir et rendre vive sa propre liberté scientifique.

NOTES

[1] Orwell, 1949.
[2] *Histoire de l'U.R.S.S.*, 1960.
[3] *Idem.*
[4] Plekhanov, 1967-1981.
[5] *Histoire de l'U.R.S.S.*, *op. cit.*
[6] *Idem.*
[7] Staline J. Lettre à la rédaction de la revue « *La révolution prolétarienne* », 1930.
[8] *Abrégé d'histoire du parti communiste bolchévick d'U.R.S.S.*, 1938.
[9] Staline, 1949.
[10] *Abrégé, op. cit.*, titre du chapitre XI-4.
[11] *Histoire de l'U.R.S.S.*, *op. cit.*
[12] En 1962.
[13] Publié en français : *L'armée rouge assassinée.*
[14] Marrou, 1961.
[15] Bossuet, 1681.
[16] Voir également la contribution de Jacob, *ce volume*.
[17] Un cas exemplaire de falsification par inversion : dans le film, la jeune aryenne Dorothéa — fille du conseiller Sturm — se suicide, après avoir été violée par Süss, ministre du Duc; dans la réalité, ce fut la propre fille de Süss qui fut violée par le Duc et se suicida.

[18] Marrou, 1954.
[19] Aron, 1938.
[20] Monod, 1876.
[21] Finley, 1981.
[22] *Idem.*
[23] Carr, 1977.
[24] Arnould, 1975.
[25] *In* Orwell, *op. cit.* : écrit du journal de Winston Smith.
[26] Pistes bibliographiques : sur l'historiographie en général, on peut utilement consulter Arnould, *op. cit.*; Aron, *op. cit.*; Bourde & Martin, 1983; Ferro, 1981; Finley, *op. cit.*; Marrou, *op. cit.*; Preiswerk & Perrot, 1975; Veyne, 1971; ainsi que la *Revue de l'Institut de Sociologie*, 1963. Sur l'historiographie soviétique, on consultera les trois ouvrages les plus importants : Heer, 1971; Medvedev, 1972 et Pundeff, 1967. Sur George Orwell, le meilleur ouvrage disponible en français est Crick, 1982; voir également Devroey, 1985.
[27] Sur son introduction en France à la fin du XIXe siècle : Poumarede, 1980.
[28] *Cfr.* par exemple l'introduction de Savigny (1855) et, dans ce recueil, la contribution de Haarscher (faute de place, la controverse de l'Ecole Historique et des tenants du Droit Naturel ne sera pas évoquée ici).
[29] L'œuvre des frères Grimm comporte trois volets principaux, représentés respectivement par le célèbre recueil des contes, le dictionnaire de la langue allemande et, enfin, les *Rechtsaltertümer* (Antiquités juridiques) et l'édition des *Weistümer* (records de coutume).
[30] Eichhorn, 1845.
[31] Le terme français «indo-européen» n'est qu'une adaptation de l'«*indogermanisch*» de la philologie allemande. Etat des controverses sur la notion de droit germanique dans Thieme, 1976.
[32] Fustel de Coulanges, 1872.
[33] De Blécourt, 1929.
[34] Von Gierke, 1868-1913.
[35] Etat de la question : Stolleis, 1981.
[36] Faye, 1972.
[37] § 19, cité d'après Rosenberg, 1939.
[38] Rosenberg, 1933, pp. 561-598.
[39] Fromont & Rieg, 1977, p. 83.
[40] Sommer, 1937, cité par Stolleis, *op. cit.*
[41] Benveniste, 1969, II, p. 104.
[42] Kroeschell, 1968, pp. 25-27.
[43] Rosenberg, 1933, p. 566.
[44] Sur l'application des lois antijuives au barreau allemand : Willig, 1976.

Chapitre 3
Droit et criminologie

I. DROIT FONDAMENTAL

F. Rigaux

Une fois qu'on a détaché du sujet la philosophie, l'histoire et la science politique, il reste au juriste peu de chose à dire qui soit « fondamental » dans la matière des droits de l'homme. Car, ou bien il s'agit de monnayer les principes fondamentaux en une multitude de droits particuliers protégés ou garantis, ou bien il faut insérer ces principes dans une réflexion plus étendue, qui inclut nécessairement des éléments philosophiques, historiques ou politiques. En outre, l'idée même que le juriste soit interrogé sur le droit fondamental fait d'entrée de jeu question. En droit positif, il n'existe que des ordonnancements particuliers, dont le domaine est circonscrit dans l'espace (tel le droit étatique) ou limité à une catégorie de destinataires (tel le droit canonique), et dont la force obligatoire découpe dans le flux temporel une période discontinue. Le droit positif est ainsi caractérisé par une double relativité. Où se place le droit fondamental c'est-à-dire, si on l'entend bien, un droit valable pour toute l'humanité et projeté dans une durée illimitée ?

Sans doute l'expression « loi fondamentale » (*grondwet, Grundgesetz*) a-t-elle, pour le juriste, une signification que le mot *constitution* — usuel en français — traduit de façon moins adéquate, plus abstraite.

Qu'elle soit écrite ou — telle la «Constitution» anglaise — coutumière, il s'agit d'un instrument auquel s'incorpore tout ce qu'il y a de fondamental dans la matière des droits de l'homme. On ne saurait assez le répéter à une époque où le concept même de «droits de l'homme» souffre d'inflation verbale: c'est dans l'ordre interne de chaque Etat et sous la garantie d'une «bonne» Constitution que les droits de l'homme seront fondamentalement respectés. Selon le droit positif, l'individu ne jouit de droits subjectifs que s'il dispose de voies d'action appropriées pour faire reconnaître son droit ou pour faire redresser le tort qui lui aurait été infligé[1].

Mais voilà, cette simple phrase d'apparence innocente, soulève plusieurs questions d'un tel poids que, si je parvenais à les élucider, j'aurais admirablement rempli mon contrat. Il y a d'abord, dans l'allure générale de cette phrase, deux éléments qui paraissent contredire la compréhension instinctive du concept «droits de l'homme»: la phrase donne à entendre que ces droits sont relatifs et que leur définition comporte une marge d'incertitude. Il y a aussi le concept d'individu (nécessairement inclus dans le mot «homme» qu'il faut accepter sans référence à la distinction des sexes). C'est autour de ces deux pôles que s'orienteront quatre séries de réflexions. Les deux premières ont pour thème les couples universalisme et spécificité, noyau et périphérie. Les deux suivantes s'efforceront de mettre les droits de l'homme en relation avec, respectivement, le droit international et le droit des peuples.

1. Universalisme et spécificité

Aucun humaniste contemporain n'échappe au dilemme ainsi formulé. L'homme blanc, vivant dans les sociétés capitalistes d'Europe Occidentale et d'Amérique du Nord[2], a récemment découvert les copieuses injustices commises, durant des siècles, à l'égard des groupes sociaux défavorisés et souvent majoritaires vivant sur son propre territoire (les paysans, les ouvriers, les noirs, ceux qui ne parlaient pas la langue de la bourgeoisie dominante ou ne partageaient pas sa religion, sans oublier les femmes). On négligera, pour faire bref, l'abominable exploitation coloniale[3]. A peine nos sociétés ont-elles corrigé — de manière souvent partielle — les plus graves de ces discriminations ou de ces injustices, qu'elles se sont posées en parangon de vertu et ont lancé une nouvelle croisade, celle des droits de l'homme. Telle qu'elle est conçue, la notion a une portée — ou une prétention — universelle. A ce titre, elle nous éloigne du droit positif qui se définit[4] par son environnement spatio-temporel. Avec leurs imperfections et leurs insuffisances, les constitutions européennes du XIXᵉ siècle — parmi lesquelles la Constitution belge occupe une place particulièrement notable — ont servi de modèles d'exportation.

On parle volontiers aujourd'hui de la première et de la deuxième génération des droits de l'homme[5]. En grossissant les traits, on peut affirmer que la première est libérale et la seconde socialiste ou sociale démocrate. On est passé des droits-libertés aux droits-créances. L'exemple le plus significatif est celui de la liberté de l'enseignement — garantie par l'article 17 de la Constitution belge — qui, sous la pression des classes culturellement défavorisées, s'est transformée en droit à l'éducation. En régime libéral, les citoyens qui le peuvent s'organisent eux-mêmes; en régime socialiste, l'Etat accepte la charge (même s'il la remplit mal) de procurer l'éducation, la santé, un logement, du travail, des loisirs, la sécurité d'existence, etc.

Une question à laquelle aucune doctrine des droits de l'homme — non plus qu'aucun Etat — n'a donné de réponse satisfaisante a pour objet l'équilibre à maintenir entre la liberté et l'égalité. A l'opinion publique occidentale et à ses dirigeants, il paraît clair que les Etats qui se qualifient eux-mêmes de socialistes restreignent indûment les libertés. La même opinion publique se laisse moins aisément convaincre de la nature foncièrement inégalitaire des sociétés libérales (auxquelles on peut joindre sur ce point la sociale-démocratie) : il y aurait beaucoup à dire sur la prétendue élimination des inégalités à l'intérieur de ces sociétés, mais la démonstration la plus sûre se laisse dégager des structures de domination, dont notre société politique et notre droit ont procuré le modèle transposé aux relations économiques internationales qui écrasent en ce moment les trois quarts de l'humanité. Il serait dès lors plaisant — si, de part et d'autre, les faits n'étaient tragiques — de constater que la plupart des mouvements humanitaires du monde occidental (laissons provisoirement de côté les gouvernements) dénoncent les crimes de tel dictateur sanglant et les atteintes en effet innombrables aux libertés fondamentales, alors que la faim et la malnutrition qui frappent le quart de l'humanité et la pauvreté dans laquelle vivent la moitié des hommes ne sont jamais dénoncées sur le même terrain. Qu'on l'entende bien, il n'est plus permis d'ignorer dans ce dernier domaine la vérité des faits, mais ils ne sont que rarement rattachés à une doctrine analogue à celle des droits de l'homme et ne donnent jamais lieu à la recherche des coupables. Les causes comme les remèdes sont jugés de nature économique ou technique, les rapports juridiques de domination et d'exploitation ne sont guère dénoncés (sauf par les victimes elles-mêmes) et ne sont jamais reconnus par ceux qui les maîtrisent ou y participent.

A peu près au moment où l'Etat libéral améliorait la condition de la majorité de ses propres citoyens, les intellectuels et les esthètes occidentaux ont découvert « l'art nègre » (l'Extrême-Orient ayant été mieux partagé depuis plus longtemps), ce qui permettra à André Malraux, un demi-siècle plus tard, d'introduire dans son « musée imaginaire » les œuvres d'art de tous les continents. Cet universalisme, ou mieux cet éclectisme du goût, reste cependant très marqué par l'ethnocentrisme européen. Le patrimoine culturel du monde entier et de tous les temps est désormais étiqueté selon les critères de la muséologie occidentale. Comme dans la matière des droits de l'homme, la prétention à l'universalisme demeure très superficielle : elle se réduit à imposer aux provinces les mœurs et l'esprit de la capitale. Si l'on revient aux droits de l'homme, force est de constater qu'un véritable dialogue des cultures (mot cependant à la mode s'il en fut) n'a jamais été sérieusement entamé. La civilisation occidentale est restée le seul maître du jeu, et ceux qui parlent en son nom n'écoutent pas — à moins qu'ils ne les répriment — les voix dissidentes. Ce n'est pas qu'il faille rejeter l'idéal d'universalité mais chaque civilisation, chaque société, ont leur vue propre de l'univers, c'est-à-dire de leur relation à toutes les autres sociétés. Le principal effort consisterait, dès lors, à ouvrir nos oreilles à ce que les autres disent de nous, au lieu de nous écouter parler des autres. Plus profondément, tout progrès sérieux sur les sujets d'intérêt universel (comme la doctrine des droits de l'homme et le droit international) exigerait que chaque notion fondamentale fût reprise à la lumière des concepts propres à chaque civilisation. Il serait outrecuidant que, sur des questions aussi fondamentales (la liberté, l'égalité et la justice) et sur les rapports mutuels des diverses sociétés, nous n'ayons rien à apprendre.

2. Noyau et périphérie

Dès qu'on s'abstrait d'un modèle constitutionnel déterminé, la doctrine occidentale des droits de l'homme a peine à élaborer des concepts à la fois amples et précis. La principale difficulté du juriste consiste à définir les notions fondamentales. Sans doute est-ce là un handicap que partagent toutes les sciences sociales. Il est symptomatique que les juristes ne parviennent pas à s'entendre sur une définition de l'objet de la science du droit. Le noyau de concepts de cette nature se laisse aisément saisir, le flou l'emporte dès qu'on approche de la périphérie où la solidité nucléaire se transforme en nébuleuse.

Sans doute pourrait-on croire que les notions les plus dures de la doctrine des droits de l'homme sont soustraites à pareil empirisme. Toutefois, même la prohibition de la torture a sa zone d'incertitude, dès qu'on sort du rayon des violations les plus flagrantes du droit à l'intégrité physique et psychique. Quant au droit à la vie, il a toujours été accompagné de très notables exceptions. Le débat actuellement déclenché aux Etat-Unis par la lettre pastorale de la Conférence nationale des évêques catholiques — portant condamnation de la seule menace de la guerre nucléaire[6] — aide à comprendre que, même en temps de guerre, les opinions morales essentielles ne sont pas faciles à dessiner.

La tradition individualiste qui a pesé sur la doctrine des droits de l'homme et qui imprègne aussi bien les droits-créances (dits de la seconde génération) que les libertés, a également empêché que de véritables droits collectifs fussent reconnus à l'intérieur de la plupart des Etats. Seuls, les Etats de type fédéral ou ceux qui accordent une protection spéciale à certains groupes qualifiés de minoritaires, ont accepté de distinguer plusieurs groupes sociaux parmi les personnes soumises à leur juridiction. Sur ce point encore — et comme l'attestent, par exemple, les contraintes linguistiques —, la reconnaissance de droits collectifs à l'intérieur de l'Etat ne peut se faire qu'au détriment de la liberté individuelle. Sauf si l'Etat avoue son caractère multinational et organise l'autonomie législative ou administrative des entités collectives dont il se compose, l'identité peuple-Etat (qui est la règle de l'Etat unitaire) assujettit toutes les personnes qui relèvent de la juridiction étatique à des garanties individuelles dont l'efficacité est mesurée aux aptitudes du sujet de droit choisi pour modèle: par exemple, dans l'Etat libéral traditionnel, l'adulte de sexe masculin, instruit et jouissant d'une suffisante autonomie financière.

3. Droit international et droits de l'homme

La question des droits de l'homme est si souvent traitée dans les relations interétatiques qu'il importe de dire quelques mots de cet aspect capital de la problématique. La Charte des Nations-Unies (*annexe B*) a, en termes très généraux, lié la protection des droits de l'homme au maintien de la paix. Toutefois, le droit international a pour objet traditionnel les seules relations interétatiques. Hormis des dérogations exceptionnelles — telles qu'en prévoit l'article 25 de la Convention européenne de sauvegarde des droits de l'homme et des libertés fondamentales —, le citoyen d'un Etat qui s'estime victime d'une grave transgression des droits de l'homme n'a pas accès à un organe international de caractère juridictionnel ou quasi juridictionnel, afin de faire redresser le tort qui lui a été infligé. Certains organes de l'ordre juridique international (notamment la Commission des droits de l'homme de l'ONU) instruisent les plaintes qui leur sont adressées, mais le caractère purement intergouvernemental de ces organes, et les relations de clientèle qui se sont établies entre l'une ou l'autre des deux superpuissances et la plupart des gouvernements accusés de telles violations, ont jusqu'ici privé d'efficacité les mécanismes de protection — au demeurant insuffisants — mis en place par l'ONU.

Si l'on rappelle le caractère foncièrement individuel des droits de l'homme, il n'est que trop aisé de comprendre que les relations interétatiques ne procurent pas un espace adéquat pour la solution des cas individuels de violation des droits de l'homme.

4. Droits de l'homme et droits des peuples

C'est dans la Charte des Nations Unies aussi — outre quelques autres instruments internationaux — qu'il est fait mention des peuples. Toutefois, hormis cas exceptionnel (le principal étant celui des peuples coloniaux luttant pour leur libération, auxquels les organes des Nations Unies et un grand nombre de gouvernements ont reconnu une personnalité internationale propre jusqu'à ce qu'ils se fussent constitués en Etat), le droit international classique est fondé sur l'identité du peuple et de l'Etat. Par rapport au droit positif, il n'existe dès lors pas de différence essentielle entre les droits de l'homme et les droits des peuples.

La doctrine du droit des peuples et la doctrine des droits de l'homme sont complémentaires, le droit des peuples ayant pour objet de définir les conditions collectives de la jouissance effective des droits de l'homme. Il s'y efforce sur deux plans. D'une part, certains droits collectifs fondamentaux — notamment le droit à l'autodétermination (sous tous ses aspects: politique, économique, culturel, etc.) — doivent être reconnus aux peuples dans la société internationale largement entendue, c'est-à-dire qui englobe peuples et Etats; ce n'est pas un usage purement rhétorique que de reconnaître cette catégorie de droits aux peuples plutôt qu'à l'Etat. En effet, les compétences internationales de l'Etat sont essentiellement fonctionnelles, et il ne paraît pas adéquat d'en faire le sujet de droits collectifs qui offrent une grande analogie avec les droits de l'homme. En outre — et ici apparaît le deuxième plan sur lequel s'élabore un droit des peuples —, il s'agit de reconnaître que le peuple est attributaire de droits à l'égard de l'Etat, ce que contredit la traditionnelle identification du peuple et de l'Etat en droit constitutionnel interne. Sur ces deux plans il faut récuser le caractère trop restrictif du droit positif d'inspiration étatique. La doctrine juridique traditionnelle a établi une triple identification Etat-peuple-droit, qui empêche de reconnaître au peuple des droits à faire valoir contre l'Etat lui-même. Dans les relations internationales, les Etats se sont aussi réservé la maîtrise de la production du droit.

Ces quelques réflexions conduisent à juger tant la doctrine des droits de l'homme que celle du droit des peuples sur leur véritable terrain : celui d'un droit en formation qui ne saurait tenir sa positivité de l'Etat lui-même. Sans doute, comme il a déjà été dit, l'ordre constitutionnel interne est le terrain le plus solide pour une protection efficace des droits individuels des personnes relevant de la juridiction de l'Etat. Sur ce terrain, toutefois, le concept de droits de l'homme n'ajoute aucun élément significatif dans la mesure, précisément, où les mécanismes de droit interne suffisent aux besoins des citoyens. Les deux doctrines acquièrent une dimension propre lorsqu'elles sont appelées à combler les lacunes et à suppléer les insuffisances du droit positif en vigueur. Il n'est pas nécessaire à cet égard que les transgressions soient très considérables. Les nombreuses «affaires belges» portées devant la Commission européenne des droits de l'homme — certaines ayant ensuite été soumises à la Cour européenne des droits de l'homme — démontrent que même un Etat qui (tel la Belgique) a pour les droits de l'homme un respect très supérieur à celui de la moyenne mondiale, doit corriger certaines imperfections. La doctrine des droits de l'homme et celle des droits des peuples se situent nécessairement là où il reste des progrès à accomplir. Elles ont pour fonction de faire progresser le droit positif, c'est-à-dire le droit d'une société donnée à un moment de son histoire.

Les concepts de «droits de l'homme» et de «droits des peuples» n'ont de sens que s'ils projettent, sur un ordonnancement juridique imparfait, l'image de ce qui reste à accomplir. C'est bien pourquoi toute autostatisfaction est, dans ces deux domaines, ou sotte ou odieuse. Face aux ordres juridiques positifs — qui sont, pour l'essentiel, ceux des Etats —, la doctrine des droits de l'homme apporte nécessairement des critères autonomes d'évaluation de ces ordres juridiques. La question fondamentale — et l'on revient ainsi à l'objet même de cette contribution — est de savoir à quel ordre juridique supérieur il faut emprunter de tels critères. Un instrument interétatique, telle la Convention européenne de sauvegarde des droits de l'homme et des libertés fondamentales (*annexe C*), peut procurer pareille évaluation. Il ne faudrait cependant pas en surestimer l'efficacité. D'une part, la Convention n'a pas réussi à dépasser la phase historique des «droits de la première génération», c'est-à-dire des libertés fondamentales et, de l'autre, l'examen du contentieux tant de la Cour que de la Commission convainc du caractère «marginal» des droits dont la transgression a été portée devant les organes supra-étatiques. Les deux difficultés sont liées. La transgression des libertés se prête à un contrôle juridictionnel ou quasi juridictionnel. On n'en saurait dire autant des créances de l'individu sur la collectivité. Qui jugera, et selon quels critères, qu'un Etat n'a pas procuré à toutes les personnes relevant de sa juridiction un travail où un logement adéquats, l'éducation ou les soins de santé auxquels elles ont droit? Si des droits individuels on passe aux droits collectifs, l'insuffisance du droit positif en vigueur est encore plus éclatante.

Force est alors de conclure que les éléments fondamentaux de la doctrine des droits de l'homme s'enracinent dans ce que, faute de mieux, on appellera une forme de droit naturel. L'expression est d'autant moins satisfaisante qu'elle traîne un relent de passé, alors qu'un modèle des droit de l'homme doit nécessairement s'inscrire dans l'avenir. Il n'est rien d'autre qu'un projet, jamais réalisé, qui — au sens le plus pur du mot — est utopique. La seule conception vraiment pernicieuse des droits de l'homme consiste à croire qu'ils se sont incarnés en un lieu de ce monde et au moment présent, et à comparer à l'épure ainsi tracée les réalisations d'autres sociétés, contemporaines ou évanouies.

II. CRIMINOLOGIE

Criminologie et droits de l'homme

F. Ringelheim[7]

1. Introduction

La criminologie, science du crime, est constituée d'une ensemble de disciplines qui s'attachent chacune à l'étude d'un aspect particulier du phénomène criminel: anthropologie criminelle (cherchant à connaître «l'homme délinquant»), sociologie criminelle (analysant les facteurs sociaux de la criminalité), statistiques criminelles, psychiatrie légale, pénologie (définissant les peines et les méthodes de traitement des délinquants), psychologie judiciaire, politique criminelle (dont l'objet est d'élaborer des programmes de prévention et de répression de la délinquance: c'est la lutte contre le crime et, partant, contre le criminel). Dans la mesure où la criminologie est utilisée par le pouvoir pour justifier et moduler des mesures privatives ou restrictives de liberté à l'égard de certaines catégories de personnes, elle touche à la problématique des droits de l'homme.

Le droit pénal, discipline normative, donne la définition juridique et la classification des délits et des crimes, établit les règles de l'imputabilité pénale et dresse la tarification des peines: il demeure le fondement de la justice pénale. Mais le discours pénal et la pratique judiciaire ont progressivement réduit la part du droit, dans l'analyse et dans la décision, pour se référer de plus en plus largement aux explications et solutions proposées par les sciences criminologiques. La criminologie a donné lieu, en l'espace d'un siècle, à différentes écoles de pensée reposant sur une certaine conception de l'homme criminel, derrière laquelle se profile toujours une certaine vision de l'homme tout court. Ainsi, le cours de la justice pénale n'a pas manqué d'être influencé par les schèmes idéologiques projetés par la criminologie. Un des phénomènes les plus marquants que l'on peut observer aujourd'hui est la psychiatrisation de la justice pénale, ce qui entraîne des conséquences importantes sur le traitement des délinquants. Les praticiens du droit pénal semblent, en quelque sorte, avoir été subjugués par le prestige des sciences humaines; le droit recule devant la science... Les plaidoiries des avocats se font l'écho des théories criminologiques. Le juge consulte autant le psychiatre que le code pénal.

Cette prédominance de la criminologie dans le fonctionnement du système pénal justifie que l'on ait choisi de mettre ici l'accent sur les rapports de la première avec les droits de l'homme, plutôt que de s'interroger, plus classiquement, sur leur incidence dans le droit pénal. C'est une simple question de point de vue et, de toute manière, c'est bien de justice pénale qu'il s'agit.

2. Il y a droits de l'homme et droits de l'homme...

La passion pour les droits de l'homme est un trait caractéristique de notre époque. L'idée de publier un volume sur les sciences humaines et les droits de l'homme en témoigne. Dans tout discours de circonstances — académique, politique, économique, historique, philosophique ou tout simplement convivial —, on se croit souvent tenu de réserver une pensée aux droits de l'homme. Cette banalisation de la référence aux droits de l'homme soulève de nombreuses questions et mériterait elle-même une étude. La définition implicite des droits de l'homme est d'une imprécision extrême; son champ d'application s'étend à l'infini au point de perdre tout sens spécifique; il tend à se confondre avec la défense de tout droit quelconque, voire de tout désir légitime de l'homme: protection de la vie privée, droit au travail, à la sécurité sociale, au bonheur, à la santé, à la justice, au logement, à une nourriture saine, à un air non pollué. A force d'investir non seulement les faits juridiques les plus divers mais tous les aspects de la vie sociale, le concept de droits de l'homme, dans une société comme la nôtre, risque de finir par ne plus rien signifier.

Il est notoire que, dans le même temps, d'effroyables violations des droits de l'homme sont perpétrées dans de nombreux pays du monde. Nous n'ignorons rien des tortures, des meurtres commis par les organes de l'Etat dans maints pays d'Amérique latine, des internements psychiatriques en Union soviétique, des massacres de Timor. Mais les ouvrages de criminologie ne s'intéressent que médiocrement aux crimes des Etats. Ils se gardent de classer les chefs d'Etat criminels et leurs complices dans la typologie des criminels ordinaires. La criminologie use de poids et de mesures différentiels pour jauger le crime. Il y a donc droits de l'homme et droits de l'homme. Aux Etat-Unis et en Europe occidentale, ils semblent étayer une idéologie du confort juridique et du bonheur. Dans les régimes de dictature militaire — de l'Est comme de l'Ouest —, ils se réduisent à certains droits fondamentaux de l'individu, sans lesquels on ne conçoit pas de société humaine vivable : droit à la vie, à l'intégrité physique ou psychique, liberté de circulation et de pensée, droit aux moyens de subsistance. Ils marquent la frontière qui sépare la civilisation de la barbarie. Ils sont le degré zéro des droits de l'homme. Leur sauvegarde requiert l'urgence et la mobilisation prioritaire des organisations de défense des droits de l'homme.

Pour autant, la revendication du respect des droits de l'homme dans les Etats démocratiques ne doit pas être considérée comme un luxe. Encore convient-il de leur donner une définition juridique cohérente et d'en préciser les limites, sous peine de s'envoler dans les sphères aux contours flous du droit naturel et de la morale. Il n'est d'ailleurs pas interdit de voir, dans la prolifération de débats sur les droits de l'homme, un avatar de la querelle — traditionnelle depuis le XIXe siècle — entre les juspositivistes et les jusnaturalistes. Michel Villey dénie aux droits de l'homme tout caractère juridique : « Le droit », écrit-il, « est *rapport* entre *des* hommes ». Le concept des droits de l'homme serait édifié sur une absence de relation, puisqu'il renvoit à l'Homme seul avec lui-même. Michel Villey en conclut que les droits de l'homme sont étrangers au droit : « L'apparition des droits de l'homme témoigne de la décomposition du concept de droit »[8].

Cette thèse procède d'une conception trop restreinte du droit. Elle semble en effet exclure du domaine juridique les rapports entre les individus et l'Etat, ce qui constitue précisément l'objet propre tant du droit pénal que des droits de l'homme. Personne ne conteste que le droit pénal soit une discipline juridique à part entière. Les droits de l'homme sont évidemment plus larges que le droit pénal, ils ont une portée universelle. Les déclarations des droits de l'homme du XVIIIe siècle[9] saluent la naissance du sujet de droit et manifestent la volonté des constituants de le protéger juridiquement contre la tyrannie des Etats. En tête de la Déclaration de 1793, il est proclamé: «Le peuple français, convaincu que l'oubli et le mépris des droits naturels de l'homme sont les seules causes des malheurs du monde, a résolu d'exposer, dans une déclaration solennelle, ces droits sacrés et inaliénables, afin que tous les citoyens pouvant comparer les actes du gouvernement avec le but de toute institution sociale, ne se laissent jamais opprimer et avilir par la tyrannie, afin que le peuple ait toujours devant les yeux les bases de sa liberté et de son bonheur, le magistrat la règle de ses devoirs, le législateur l'objet de sa mission».

Mais le respect des droits de l'homme n'est pas limité au rapport de l'individu à l'Etat: il s'impose dans les rapports entre personnes privées. Après la deuxième guerre mondiale, les Etats ont voulu ressusciter les droits de l'homme des cendres d'Auschwitz. Il en est sorti la Déclaration universelle des droits de l'homme des Nations Unies de 1948 et la Convention européenne des droits de l'homme de 1950[10]. Ces droits fondamentaux ont été inscrits dans des préambules à la Constitution de nombreux Etats, ou — comme en Belgique — dans le corps même de la Constitution, ce qui interdit au législateur d'adopter des lois qui y porteraient atteinte. Bien plus, la Convention européenne des droits de l'homme contient des dispositions normatives obligatoires pour les Etats qui l'ont ratifiée. En cas de conflit entre une norme de la Convention ayant des effet directs dans l'ordre juridique national et une norme de droit interne, la jurisprudence belge décide que le juge doit appliquer la règle établie par la Convention. En outre, le particulier qui s'estime lésé par une violation de la Convention dispose contre l'Etat d'une possibilité d'action devant la Commission européenne des droits de l'homme. Celle-ci peut saisir la Cour européenne des droits de l'homme siégeant à Strasbourg, laquelle prend des arrêts qui ont, en principe, force obligatoire pour les Etats parties au procès.

Par la mise en œuvre de ces pactes internationaux, les droits de l'homme se détachent de la sphère du droit naturel pour s'intégrer dans le droit positif des Etats. Et le procès pénal offre naturellement un terrain de prédilection pour l'application des normes assurant la protection des droits de l'homme (interdiction des peines et traitements inhumains, des arrestations arbitraires, règles relatives à la détention préventive et aux conditions de l'enfermement pénitentiaire, etc).

3. Un exemple: théorie des droits de l'homme et doctrines criminologiques de la peine

Sur un plan plus fondamental peut-être, la théorie des droits de l'homme a influencé les différentes conceptions de la peine qui ont prévalu au cours de l'histoire et auxquelles correspondait une certaine vision de l'homme. On peut en suivre l'évolution à travers l'histoire des doctrines criminologiques.

Les supplices de l'Ancien Régime manifestaient le pouvoir absolu du Souverain sur le corps de ses sujets; la punition trouvait son fondement dans l'expiation. Les réformateurs du XVIIIe siècle fondent la punition sur la théorie du contrat social: le criminel doit être puni parce qu'il a rompu le pacte social originel. Pour l'école utilitariste de Beccaria et de Bentham, la punition a pour fonction essentielle la prévention du crime par l'intimidation. Au XIXe siècle, l'école positiviste de Cesare Lombroso et de Enrico Ferri, dédaignant la recherche des fondements de la peine, considère avant tout celle-ci comme un moyen d'amendement. Séduits par le discours criminologique, nombre de juristes de la fin du XIXe siècle mettent entre parenthèses les interrogations sur le libre arbitre de l'homme et conçoivent la peine comme une méthode de réadaptation sociale: ils fondent le droit de punir sur les nécessités de la défense de la Société. L'école de la défense sociale nouvelle, créée en 1947 par Filippo Grammatica, propose de remplacer le droit pénal et la punition par un système curatif et éducatif: les délinquants sont des malades, il faut les soigner; la criminalité est un problème de socialisation. Si l'on observe les tendances actuelles à la psychiatrisation de la délinquance, les théories de Grammatica paraissent prophétiques. La peine tend en effet, de plus en plus, à se dissiper sous le traitement psychiatrique.

Le code pénal de 1810 trace une frontière nette entre la raison et la folie. Mais cette frontière sera, à partir des années 1870, le lieu d'une guerre de cent ans entre le médecin aliéniste et le juge. Dans cette lutte pour l'exercice du pouvoir dans l'instance judiciaire, on verra le premier envahir, pied à pied, le domaine du second. La justice pénale sera désormais influencée par les modèles médicaux sur lesquels s'élabore la criminologie. Ainsi, la théorie de la dégénérescence, développée par le neuropsychiatre Morel (1809-1873) pour expliquer l'apparition de certaines maladies mentales, est appliquée par l'anthropologue Lombroso à l'étude de son «homme criminel». Le père de la criminologie tient les criminels pour des dégénérés biologiques, des tarés ataviques.

Comment ne pas être frappé par l'analogie entre, d'une part les classifications lombrosiennes fondées sur les traits physiques et moraux — conception qui fait du criminel un être d'essence inférieure — et, d'autre part, l'anthropologie raciste qui fleurit en Europe dans la première moitié du XXe siècle, atteignant son apogée dans l'Allemagne nazie[11]?

4. *Pouvoir et perversion de la psychiatrie*

Le problème majeur de la criminologie consiste à neutraliser le danger social que représente le criminel. Pour déceler ce danger, le mesurer, le circonscrire, indiquer à la justice les mesures adéquates pour le combattre, l'expert-psychiatre se verra reconnaître progressivement une compétence quasi exclusive. L'expertise psychiatrique, l'analyse psychologique et l'enquête sociale sont devenues des mesures d'instruction courantes en matière pénale. Il n'est pas sûr que la justice, ni les droits de l'homme, en soient renforcés. Car les questions posées au psychiatre et les réponses qu'il apporte ont pour effet de transférer l'objet et les enjeux du procès pénal hors de la sphère du droit. Le juge peut être tenté de s'en remettre au psychiatre pour le soin de déterminer la sanction. En glissant de la répression des interdits juridiquement spécifiés à un dépistage des psychopathologies, et de la punition au traitement des comportements déviants, la justice pénale remplit une fonction qui n'est plus la sienne, poursuit une Vérité qui est étrangère au droit.

Le fait de sanctionner des écarts de conduite par rapport à des normes sociales ou morales heurte des principes fondamentaux du droit pénal (*nulla poena sine lege*) et comporte une menace pour les libertés. L'exemple des internements psychiatriques de dissidents politiques en Union soviétique montre à quel degré de perversion peut conduire l'utilisation policière de la psychiatrie par un système judiciaire qui n'obéit qu'à la raison d'Etat totalitaire. La situation dans un pays comme le nôtre n'est évidemment pas comparable. On y observe toutefois un mouvement de psychiatrisation de la justice qui participe d'une volonté analogue de normalisation des comportements individuels[12]. Une telle analogie, pour excessive qu'elle soit, mérite réflexion.

5. *Pour conclure*

A l'heure où l'on songe à la réforme du code pénal, il conviendrait de repenser le droit pénal en profondeur et de définir une nouvelle légitimité de la punition. Il n'est pas bon de considérer *a priori* le délinquant comme un anormal. Hegel disait qu'en punissant le criminel on l'honore comme un être rationnel. Il ne s'agit pas d'en revenir à la sévérité des châtiments mais au principe de la punition et de la responsabilité. Une Société ne peut se passer d'interdits. Il faut séparer ceux qui doivent relever du droit et ceux qui ne ressortissent qu'à la morale, et déterminer les sanctions qui frapperont les premiers. La punition juste, davantage que la mise sous tutelle psychiatrique, respecte la liberté et la dignité du sujet de droit. Reste à instituer entre sujets de droits ce minimum d'égalité qu'implique l'idée de justice dans un ordre juridique respectueux des droits de l'homme.

Considérer la délinquance comme le symptome d'une déficience mentale ou d'un dérèglement de la personnalité masque les causes économiques et sociales de la criminalité. L'usage inconsidéré de la psychiatrie en justice constitue le délinquant en malade imaginaire. Les diverses formes de psychothérapie appliquées systématiquement aux déliquants les plus communs risquent de produire une population d'handicapés psychologiques lestés d'un sentiment d'irresponsabilité et d'inutilité sociale. En regard, la punition paraît libératrice. Elle vise un acte et non une conduite présumée pathologique: une fois qu'il a «payé» son acte délictueux, l'auteur de l'infraction est quitte et libre envers la société. Il serait peut-être utile de retrouver la portée symbolique de la rétribution pénale qui institue, entre l'infracteur et l'Etat, un rapport juridique. Il me semble souhaitable de rendre le délinquant à la justice, laquelle est fondée sur le droit, non sur la médecine. Face à la pathologisation de la délinquance, la punition est révolutionnaire. Le droit d'être puni figurera bientôt, sans paradoxe, dans le catalogue des droits de l'homme.

NOTES

[1] Cela ne signifie pas qu'aucun droit fondamental ne sera jamais enfreint et que toute injustice sera nécessairement réparée. Le droit positif tolère des zones plus ou moins intenses d'ineffectivité. Mais il y a un seuil à ne pas franchir si l'on ne veut pas passer du droit à l'utopie, laquelle précisément n'a pas de lieu où se déployer.
[2] On peut inclure dans le groupe les immigrants d'Australie, de Nouvelle-Zélande et de quelques îles de l'Océan Pacifique, qui ont découvert les droits et la culture spécifique des aborigènes après qu'ils en ont confisqué les terres. En revanche, ce n'est pas par inadvertance que la société blanche d'Afrique du Sud a été omise: les dirigeants que

la majorité de cette population s'est donnés n'ont encore rien appris. Ces réflexions suggèrent aussi — mais ceci nous ferait dévier vers la science politique — que la «reconnaissance» des droits de l'homme n'est jamais pacifique: elle est toujours un combat et, dans son élaboration, s'accommode de beaucoup de simulacres.

[3] A cet égard, on ne saurait assez recommander la lecture du dernier ouvrage de Todorov (1982).

[4] Le verbe *définir* a ici deux acceptions: la notion plus matérielle de délimitation (domaine spatio-temporel de la norme) désigne aussi un élément constitutif du droit positif, à savoir qu'il comporte nécessairement pareille limitation, qui *le définit* comme catégorie de la science juridique.

[5] Voir l'*introduction* du présent ouvrage, et les chapitres de Seron et Haarscher.

[6] *Documentation catholique*, 1983.

[7] Quelques semaines avant la fin de préparation de ce volume, Foulek Ringelheim a assumé de nouvelles tâches professionnelles qui l'ont empêché de mener à bien la rédaction de la version finale de son manuscrit. Nous publions ici ses notes, avec son accord. Il s'agit d'un texte inachevé, qui indique l'orientation générale d'une recherche à poursuivre (*R.B.*).

[8] Villey, 1983, p. 154.

[9] Voir l'annexe A.

[10] Annexes B & C.

[11] Voir notamment Montandon, 1940 et Lombroso, 1895.

[12] Voir également, dans cet ouvrage, les contributions de Feyereisen, de Martens et de Cassiers dans le chapitre 4.

Chapitre 4
Etude et modification du comportement individuel

I. RECHERCHE EN PSYCHOLOGIE

Psychologie scientifique et droits de l'homme, un voisinage obligé ?

X. Seron

Partons d'une provocation : il existerait, entre l'esprit actuel des droits de l'homme et la psychologie, une sorte de connivence implicite qui tiendrait dans leur commune centration sur l'individuel. La mobilisation des esprits qui s'est récemment développée autour des droits de l'homme nous paraît en effet se faire au profit des droits individuels plutôt que sociaux ou politiques[1]. Dans le regain d'intérêt pour la Charte (*annexe B*), c'est aujourd'hui l'héritage libéral qui est à l'avant-plan. Résultat d'un épuisement relatif des idéologies progressistes et socialistes, les droits de l'homme se présentent moins comme un projet politique de remplacement que comme une morale d'attente. Déçus par l'après-Vietnam, ébranlés par les Goulags, sans illusion sur l'après-Nicaragua, les progressistes occidentaux n'osent plus ni esquisser, ni adhérer à aucun projet collectif qui ne prenne en compte — et d'entrée de jeu — le respect des droits des individus. Aucune utopie, aucune Raison d'Etat ne méritent qu'on leur sacrifie, ne fût-ce qu'un instant, l'intégrité mentale ou physique d'un individu.

Face à ce repli sur l'individuel, la psychologie se sent à l'aise : son objet prioritaire — on le lui a assez reproché — n'est-il pas depuis toujours l'individu ou, plus précisément, les conduites et les processus mentaux qui ont pour siège un organisme vivant (c'est-à-dire une entité repérable et limitée par son enveloppe biologique)? Certes, dans sa démarche interprétative, la psychologie sait qu'aucun organisme ne peut se concevoir hors d'une histoire, d'un habitat, d'un groupe social, bref de l'ensemble de l'environnement physique et humain qui le définit. On dira même plus : l'objet de la psychologie c'est la conduite, c'est-à-dire l'ensemble des rapports (observables ou non) d'un sujet à son environnement. Il n'en reste pas moins vrai qu'il s'agit, pour la psychologie humaine, de comprendre les conduites d'une entité organique précise, limitée dans l'espace, dotée d'une locomotion bipédale et d'un pouce opposable aux autres doigts, munie d'un larynx qui supporte le langage articulé, et surmontée d'un cerveau d'une complexité évidente. C'est de sa centration sur l'individu que la psychologie tire son originalité, c'est d'elle aussi que résulte son inconfort. Tour à tour sollicitée par la biologie — qui traite de la structure matérielle des organismes vivants — et par les sciences sociales — qui investiguent à un niveau supra-individuel les paramètres de l'environnement social —, la psychologie semble avoir survécu à deux attractions opposées et également réductrices. Elle a progressivement défini le champ de ses observables, et élaboré un discours autonome et cohérent.

En acceptant ce cadrage particulier de la psychologie, il faut à présent se demander si l'homme dont il est question en psychologie présente quelque ressemblance avec celui de la Déclaration ou, à défaut, examiner quelles interrogations réciproques peuvent surgir de la confrontation des deux champs.

Dans cette comparaison, nous ne procéderons pas en premier à une analyse des discours théoriques en psychologie : nous examinerons, au niveau des pratiques, le statut réservé au sujet humain tel qu'il apparaît dans le déploiement de la recherche psychologique. Cet examen des pratiques de recherche nous aidera à mieux comprendre la nature du travail théorique en psychologie et nous permettra d'examiner dans quelle mesure les élaborations théoriques des psychologues constituent ou non une menace pour nos libertés.

1. Le « sujet » d'expérience en psychologie

a) Quel est le sujet de la psychologie scientifique ?

Dans la recherche en psychologie scientifique, les sujets humains (ou animaux) ne sont habituellement jamais considérés ni dans leur totalité ni dans leur singularité. Le sujet qui participe à une expérience de psychologie est un individu parmi beaucoup d'autres possibles, qui n'a été sélectionné que parce qu'il présente, par rapport à l'objet de la recherche, un certain nombre de caractéristiques jugées pertinentes. Il suffit pour s'en convaincre d'examiner comment sont présentés les dits «sujets» dans les travaux de recherche. Généralement, on les découvre dans les publications juste après l'exposé des objectifs, sous la rubrique «Population». Prenons, à titre d'exemples, la présentation de ces sujets dans deux recherches récentes:

- Dans un travail de psychologie développementale:

«quatre groupes d'âge ont été examinés, comprenant chacun un nombre égal de garçons et de filles; les enfants ont été vus dans des écoles maternelles et primaires, les sujets adultes sont pour la plupart des étudiants. Chaque groupe comprend 20 sujets. Dans le premier groupe d'enfants, les sujets ont de 4.6 ans à 5 ans, dans le second, de 6.6 ans à 7 ans, et dans le troisième de 8.6 ans à 9 ans. Les adultes de 20 à 30 ans»[2].

- Dans une recherche de psychopathologie:

«Les sujets sont 20 enfants arriérés mentaux profonds fréquentant deux centres de jour. Leurs caractéristiques sont les suivantes: âges chronologiques: 13 mois 22 jours à 7 ans 2 mois; A.C. moyen: 4 ans 2 mois. Ages de développement calculés au moyen du test de Brunet-Lézine: 3 mois 24 jours à 17 mois; âge développemental moyen: 8 mois 24 jours. Quotients de développement = .07 à .37; Q.D. moyen: .19. Les étiologies organiques se répartissent comme suit: atrophie cérébrale (4 sujets), paralysie cérébrale (2 sujets), microcéphalie (2 sujets), séquelles de traumatisme crânien grave (2 sujets), hydrocéphalie (3 sujets), étiologie organique non précisée (7 sujets)»[3].

Ces deux passages, relatifs à la population de deux expériences choisies au hasard, explicitent clairement les critères habituellement en usage pour définir les sujets. Certains, d'ordre quantitatif, renvoient aux conditions mathématiques de traitement des résultats (le nombre de sujets et leur répartition dans les différents groupes). Les autres, relatifs à l'âge, au sexe, au quotient intellectuel, à la scolarité, aux différentes étiologies, etc., sont introduits parce que l'on pense qu'ils pourraient avoir une influence sur les résultats (selon des hypothèses, généralement issues d'une lignée de travaux antérieurs ou d'une idée nouvelle introduite dans la recherche). Ainsi, un adolescent de 18 ans sera sélectionné pour une recherche sur la latéralité parce qu'il est gaucher, ou pour une recherche de psychologie du langage parce qu'il est bilingue. Mais personne ne s'intéressera, par exemple, au fait que cet adolescent aime la musique de Jimmy Hendricks ou joue de la flûte traversière à ses moments perdus, du moins si, au sein de la recherche à laquelle il est invité à collaborer, ces dimensions sont jugées sans intérêt. Un sujet n'intéresse donc le psychologue qu'à titre d'exemplaire prototypique de la sous-classe des individus auxquels s'adresse la recherche en cours, et tout sujet ne présentant pas les critères adoptés sera purement et simplement éliminé du groupe expérimental. Cette démarche est classique en science et procède du réductionnisme méthodologique[4].

b) Où les droits de l'homme interviennent: le recrutement des cobayes!

La morale sous-tendant les droits de l'homme interpelle à présent la psychologie: comment sélectionne-t-on les «sujets» d'une expérience? Seront-ils libres consentants et que va-t-il leur arriver? A ces légitimes interrogations, les codes déontologiques écrits (et réécrits tous les 10 ans!) par la plupart des Sociétés de Psychologie s'efforcent d'apporter une réponse formelle moralement acceptable. Mises à part de minimes variations de formulation on trouve, dans la plupart des codes déontologiques, l'énoncé de principes volontiers (ou volontairement?) flous et lénifiants qui, pour l'essentiel, se bornent à affirmer qu'aucun sujet ne peut être contraint à se prêter à une expérience, que celle-ci ne peut mettre en danger sa santé psychique ou physique et qu'il doit être informé des objectifs poursuivis. Libre consentement, respect de l'équilibre de la personne et droit à l'information: telles sont, pour l'essentiel, les règles écrites. Mais, hors de l'étage des principes généraux, la réalité semble infiniment plus marécageuse.

c) Les déterminations du libre consentement

Bien sûr, dans nos régimes démocratiques aucun sujet n'est physiquement contraint à participer à une expérience de psychologie. Ceci n'équivaut cependant pas à dire que les sujets soient toujours clairement invités à donner leur accord. Tout d'abord les psychologues s'adressent, dans un nombre non négligeable de cas, à une population qui n'est pas en mesure d'émettre un avis circonstancié: ce sont les enfants, les arriérés mentaux profonds, certains psychotiques gravement perturbés, bref les sujets incapables de donner un consentement, par défaut de moyens de communication ou suite à une oblitération grave de leur rapport au réel. Dans ce cas, la stratégie la plus habituelle consiste à s'en remettre aux autorités légales représentant le sujet déficient (institutions de soins ou proches parents). Ce consentement n'est alors généralement obtenu que parce que le chercheur est perçu comme quelqu'un qui apportera un jour un bénéfice à l'éducation ou au bien-être du sujet. Cette espérance, si elle est légitime, est cependant souvent en porte-à-faux avec les objectifs réels de la démarche: résoudre un problème théorique dont l'incidence concrète n'est ni évidente ni obligatoirement recherchée.

De plus, en allant chercher ailleurs que chez le sujet concerné l'autorisation d'entreprendre une recherche, les psychologues s'installent nécessairement (et souvent à leur insu) dans l'ensemble des rapports de force qui régissent les relations des adultes aux enfants, des normaux

aux déviants, des soignants aux soignés. Ils reproduisent et renforcent de la sorte des clivages, dont le moins qu'on puisse dire c'est qu'ils ne sont ni naturels ni évidents.

Dans le cas où les psychologues s'adressent à des adultes théoriquement à même d'accepter ou de refuser l'expérience, certaines variables interviennent dans la détermination des réponses. Il y a tout d'abord les rapports institutionnels qui unissent le chercheur à ses sujets : beaucoup de sujets d'expériences sont en effet des étudiants en psychologie, et les chercheurs occupent, dans la même institution, une position d'autorité intellectuelle et parfois académique. Dans d'autres cas, c'est l'argent qui sert d'adjuvant.

d) L'information : oui, mais après et très partielle

La recommandation d'informer les sujets quant aux objectifs poursuivis est sans doute le critère le moins facilement rencontré. La participation à une expérience de psychologie exige le plus souvent un acte de confiance préalable et obligé, parce qu'inscrit dans la nature même de l'expérience. Dans la plupart des cas, le chercheur expliquera aux sujets, après et non avant, les objectifs poursuivis. Cette règle est d'application chaque fois que le chercheur pense qu'être informé des objectifs risque d'avoir un effet direct sur la conduite du sujet. Qu'on se souvienne par exemple des expériences sur l'obéissance[5], qui consistaient à inviter des sujets à délivrer des chocs électriques (non réels) à un sujet-cobaye mimant la douleur. Il va de soi qu'avertir à l'avance les sujets que les chocs ne sont pas effectivement délivrés et que le partenaire est un comparse, aurait rendu l'expérience impossible. En fait, les informations présentées au sujet avant l'expérience n'ont le plus souvent pour objectif que de le mettre dans une disposition particulière, prévue par le schéma expérimental. Cette disposition est généralement induite par des informations qui masquent ou trompent délibérément le sujet sur les objectifs réels de la recherche. Dans d'autres cas, non moins nombreux, les sujets ne sont simplement pas avertis que l'expérience a lieu : c'est le cas des recherches d'observation, où caméras cachées et miroirs sans tain rendent invisibles les opérations d'observation. Bien sûr, l'utilisation de tels documents est ensuite le plus souvent soumise à l'approbation des sujets, mais seulement *a posteriori*. Le sujet idéal de l'expérimentation ou de l'observation en psychologie n'est donc pas un sujet averti et conscient des enjeux de la recherche : au contraire, la logique scientifique commande, dans un nombre non négligeable de cas, qu'il ne soit pas au courant des objectifs, qu'il en accepte d'autres volontairement induits, ou encore que l'expérience se déroule à son insu.

L'information vient donc après! Mais de quelle nature est-elle? Le moins qu'on puisse dire est qu'elle est très partielle. Ceci, non que le chercheur ne désire pas informer correctement le sujet: simplement, il est le plus souvent incapable de faire autre chose que d'indiquer au sujet la teneur générale des objectifs de la recherche. Or — et ce paradoxe, tout sujet d'expérience l'a expérimenté —, ce qui intéresse le «cobaye» c'est non seulement l'objectif général de la recherche mais surtout la manière dont il s'est personnellement comporté. Cela, le chercheur ne le saura le plus souvent que beaucoup plus tard, quand il interprétera l'ensemble des résultats. Mais le sujet est alors bien loin, et les résultats seront consignés et condensés dans une publication scientifique distribuée aux quelques spécialistes du domaine et, en tout état de cause, la conduite d'un sujet particulier n'y sera généralement pas mentionnée.

e) Les risques encourus...

Le respect des personnes et de leur équilibre physique et psychique est requis par tous les codes et, même si c'est le point le plus chaud de la pratique de la recherche en psychologie, il nous semble exagéré d'accuser ici les psychologues dans leur ensemble de légèreté. Bien sûr, on garde en mémoire quelques souvenirs pénibles, comme les névroses expérimentales provoquées et corrigées ensuite par Watson aux fins de démontrer l'efficacité des théories du conditionnement[6]; il y aurait aussi beaucoup à dire sur l'expérimentation psychopharmacologique et les recherches et pratiques psychochirurgicales. Mais, d'une part ces problèmes spécifiques sont traités ailleurs dans ce livre[7], d'autre part c'est un des domaines sur lequel les psychologues ont le plus discuté et réfléchi: leur responsabilité n'a été le plus souvent qu'indirecte, les médecins (neurochirurgiens, psychiatres) ayant souvent été les maîtres du jeu!

Il ne s'agit pas ici de décharger les psychologues de toute espèce de responsabilité: simplement, dès que dans certaines recherches il y a eu modification de la santé physique des individus, c'est la responsabilité des médecins qui s'est surtout trouvée engagée; les psychologues, dans de tels programmes, ont le plus souvent vu leur intervention limitée au rôle de testeurs. Les problèmes éthiques dans les recherches psychothérapeutiques n'ont en fait vraiment concerné les psychologues de l'intérieur qu'avec l'apparition des techniques de modification du comportement[8].

La question reste cependant délicate dans bien des domaines. Certains sujets, informés de leur conduite après leur participation aux expériences de Milgram, ont découvert avec effroi l'étendue de leur soumission à l'autorité; d'autres, parmi ceux qui furent les premiers à participer à des expériences d'isolement sensoriel quasi total, ont éprouvé dans les jours qui suivirent des désordres affectifs. Chaque fois qu'une expérience touche des aspects privés de la vie psychique et chargés émotionnellement, des précautions sont donc à prendre. Elles consisteront le plus souvent à n'accepter que des sujets entraînés, à leur laisser à tout moment la possibilité d'interrompre l'expérience, éventuellement à les soumettre à des tests préliminaires dont on pense qu'ils seront de bons prédicteurs de catastrophes éventuelles, enfin à discuter longuement avec les sujets de la nature de l'expérience en en dédramatisant les conséquences éventuelles. Cet ensemble de dispositifs préventifs et d'accompagnement n'est certes pas parfait, mais nous aurions plutôt tendance à gratifier ici les psychologues d'une bonne note! Il reste qu'en certaines circonstances la tentation de jouer les apprentis sorciers est bien présente, et nous reviendrons sur ce point quand nous aborderons le problème du contrôle social de la recherche[9].

f) Mais d'où vient qu'il y ait tant de cobayes?

Comment se fait-il que, non informés à l'avance des objectifs d'une recherche, à peine plus éclairés sur leur propre comportement après, il y ait tant de sujets qui acceptent de prêter leur concours à des expériences dont ils ne tirent apparemment aucun bénéfice? Il y a certes les variables institutionnelles dont nous avons fait mention plus haut, mais elles ne fonctionnent guère sur le mode de la contrainte et la plupart des chercheurs vous le diront: les sujets se prêtent volontiers aux expériences.

En Europe, il est même plutôt rare qu'ils soient financièrement dédommagés. Aux Etats-Unis cependant, dans certaines institutions universitaires, la participation à des expériences est obligatoire, et en Europe, comme beaucoup d'expériences sont réalisées au cours de travaux pratiques d'étudiants, participer à une expérience c'est aussi rendre service à d'autres étudiants: il existe en fait une sorte de collégialité entre étudiants et entre étudiants et chercheurs.

Un autre facteur qui intervient est sans doute l'intérêt que chacun porte à la découverte de certains aspects de son propre fonctionnement psychique: les cobayes sont curieux! Mais l'absence de crainte provient peut-être aussi du fait que les sujets (les étudiants en psychologie en tout cas) perçoivent, un peu mieux qu'on le pense, les enjeux véritables du travail scientifique. La compréhension de ces enjeux a pour résultat sécurisant de savoir qu'on n'est jamais visé, ni dans sa totalité, ni dans toutes ses spécificités. Le sujet testé sait qu'il n'est qu'un maillon dans une chaîne d'expériences, un exemplaire dans un échantillon restreint, un moment au sein d'une interrogation théorique. Toutefois, la réapparition, en psychologie expérimentale, de protocoles visant l'étude approfondie de « cas » uniques pose à l'évidence des problèmes déontologiques d'un autre ordre ! En neuropsychologie par exemple, certains sujets à qui on a (pour des raisons thérapeutiques) séparé chirurgicalement les deux hémisphères cérébraux seront ensuite testés longitudinalement pendant de très nombreuses années ! Certains seront payés, logés et nourris par un Centre de Recherches afin à la fois qu'ils poursuivent leur collaboration, et dans le but de pouvoir à leur mort examiner tout à loisir leur cerveau ! De telles pratiques peuvent devenir douteuses, car être ainsi et aussi longtemps l'objet de la curiosité scientifique pourrait ne pas aller sans modifier la façon qu'ont ces sujets de s'autopercevoir.

2. Du travail en miettes à l'intégration théorique

Ayant identifié le sujet de l'expérience et précisé les conditions de son recrutement, on peut à présent se demander si la mise bout à bout de ces recherches fragmentées conduit, en aval, à quelque lumière globalisante. La réponse paraît devoir être négative, car les données issues de la recherche ne sont aujourd'hui guère unifiées par d'audacieux propos à visée totalisante sur la nature humaine. Les grands systèmes théoriques en psychologie sont en net déclin. Cela tient sans doute au fait qu'au fur et à mesure qu'ils y regardent de plus près, les chercheurs se rendent compte de la complexité insoupçonnée de leur objet ! Les grandes théories de la première moitié de ce siècle se sont progressivement effritées à l'épreuve des faits. Discutées dans leurs conséquences empiriques, réduites à des champs de validité plus restreints, elles ont gagné en précision ce qu'elles ont perdu en généralité. C'est l'époque des micro-théories et des modèles partiels. On n'oppose plus Skinner à Piaget, ou Lorenz à Freud : on discute, à l'occasion d'une expérience précise, du bien-fondé de tel aspect particulier d'une théorie. L'avenir nous dira s'il s'agit là d'un silence bénéfique ou si le génie nous fait défaut. Certes, les débats actuels en psychologie ne manquent pas d'ampleur et on n'a jamais interrogé autant d'aspects divers de la conduite humaine mais, à aucun moment, le discours théorique des psychologues n'atteint ce degré de généralité qui soustend la Déclaration où l'Homme, introduit par une majuscule, est posé comme un absolu. Et tandis que dans la Déclaration on pose au moins à titre de référentiel moral l'existence d'une « nature humaine », la psychologie scientifique élabore petit à petit sa vision de la conduite humaine. Elle ne sait où la conduira son discours, elle connaît simplement les règles actuelles de la démarche scientifique : à travers elles, elle élabore son objet, celui-là même qui est au contraire à l'avance donné comme référence ultime dans la Déclaration. Nous reviendrons plus loin sur cette question, quand nous aborderons le rôle idéologique éventuel des théories dominantes en psychologie.

3. *Du consensus au divorce*

Cet hiatus entre l'Homme de la Charte et le sujet-cobaye de la recherche en psychologie conduit inévitablement à poser comme distincts les deux discours et, à certains égards, comme tendus les rapports entre les pratiques de recherche et les recommandations déontologiques s'inspirant de l'esprit de la Charte.

Si l'on se place au niveau du discours moral prôné par la Charte, la psychologie n'a en fait rien de très utile à nous apprendre sur des concepts tels que liberté, responsabilité, etc. Ces concepts relèvent de catégories morales, par essence étrangères au discours scientifique. Certes la psychologie peut entreprendre, du point de vue et avec les méthodes qui lui sont propres, l'analyse de conduites qui se réfèrent ou se déploient en fonction de valeurs ou de cadres moraux (qu'ils soient ou non explicités par la culture). Elle peut analyser les déterminants et les conditions d'existence des conduites morales, identifier les facteurs favorables à leur évolution, repérer dans l'enfance leur genèse, évaluer dans une société donnée l'écart existant entre les normes affirmées et les conduites concrètes, entre les discours sur la liberté et les contraintes qui modulent les actions des sujets qui s'en réclament. En aucun cas, cela ne revient à évaluer le bien ou le mal-fondé d'un système de valeurs morales.

Mais la distinction ainsi mise en avant entre l'univers moral et la réflexion scientifique a quelque chose d'irréaliste. A l'évidence, la pratique scientifique est en amont déterminée par la culture dont elle est issue, en aval elle rétroagit sur la culture puisque les lois que découvre la psychologie inspirent à leur tour la réflexion morale. On n'aurait ainsi guère de peine à montrer que la plupart des discours moraux sont aujourd'hui devenus des discours psycho-moraux (ceci, qu'ils aient été ou non élaborés avec le concours direct de psychologues). Il ne nous appartient pas ici de faire l'analyse sociologique de tels glissements. Cette récupération à des fins morales de savoirs psychologiques est sans doute inéluctable, les dits « savoirs » étant devenus autant d'éléments constitutifs de notre culture, de la représentation que chacun a de soi-même. Il paraît cependant utile de souligner que, dans cette sorte d'*inter-land* où « réflexion morale » et « savoirs psychologiques » se trouvent entremêlés, la psychologie peut se voir attribuer (souvent avec sa propre complicité) un rôle d'expertise qu'elle n'est le plus souvent pas en mesure de remplir. En fait, la détention d'un savoir se transforme alors en pouvoir, et le risque est grand de voir toute réflexion morale autonome se diluer pour faire place à une quelconque rationalité scientifique (la scientisme nourrit alors un projet de société technocratique).

Le cas de l'expertise psychiatrique dans le cadre juridique est, à cet égard, tout à fait exemplaire. Comme on le sait — mais pour des raisons historiques qui restent à éclairer —, la notion de responsabilité est devenue centrale dans beaucoup d'affaires criminelles[10]. Il n'est pas rare (en fait, il est de plus en plus fréquent) qu'on interroge à ce propos le spécialiste en sciences humaines (psychiatre ou psychologue) et, dans bien des cas, son avis risque d'être déterminant pour l'application de la peine. Or, la notion de responsabilité est par nature étrangère au discours scientifique. La seule chose qu'un spécialiste du comportement puisse valablement entreprendre dans une affaire criminelle, c'est l'élucidation *a posteriori* des principales conditions qui ont favorisé l'apparition de la conduite jugée moralement «criminelle». Au mieux, il pourra en outre émettre quelques fragiles hypothèses sur une possibilité de récidive. En aucun cas, il ne pourra se prononcer sur la responsabilité du sujet. Ce point mériterait de plus amples développements pour être tout à fait clair. Il nous paraît par exemple évident qu'un psychologue ou un psychiatre sont sans doute capables de se prononcer sur le caractère prémédité ou non d'une action criminelle : la notion de préméditation peut être (au moins approximativement) traduite au plan conceptuel en psychologie. Une action préméditée est une action programmée de longue date, diverses conduites mentales et motrices de préparation ont été émises. Celles-ci peuvent être, dans certains cas au moins, rétrospectivement repérables et rapportables à leur but. Une toute autre question est d'établir que l'action préméditée est moralement plus grave qu'une action accomplie en un temps, en réaction immédiate à un événement. Dans une culture qui valoriserait le contrôle des affects impulsifs, la réaction immédiate (parfois qualifiée de «passionnelle») serait jugée plus gravement que celle élaborée lentement et soigneusement conduite à ses fins.

On peut certes réadresser la question au spécialiste en sciences humaines, en maquillant quelque peu les termes de l'interrogation : en lui demandant par exemple non si le sujet est responsable, mais s'il avait au moment des faits une conscience claire de ce qu'il accomplissait et si d'autres possibilités d'action s'ouvraient à lui. La notion de responsabilité se résume alors à l'addition de deux paramètres apparemment plus traduisibles au plan psychologique : «clarté de conscience au moment de l'acte» et «existence d'autres possibilités d'action». Formulée de la sorte la question est, au moins à première vue, susceptible d'un traitement scientifique: l'analyse des niveaux de conscience et le repérage d'alternatives comportementales sont des thèmes de réflexion présents dans la recherche psychologique. Mais, outre le fait qu'il est *a posteriori* techniquement impossible de répondre à ces deux questions, on rappellera à nouveau que décider qu'il y a responsabilité «s'il y a eu conscience claire et si plusieurs possibilités existaient», c'est à nouveau doubler l'analyse psychologique de marquages moraux qui lui sont étrangers. Par ailleurs, les impossibilités techniques d'un traitement scientifique sont ici évidentes: apprécier *a posteriori* le niveau de conscience qui a accompagné un acte accompli depuis un temps plus ou moins long, c'est faire tout à la fois appel aux capacités d'introspection et de rétrospection du sujet et de son entourage, dans une situation où ce qu'ils diront et ce dont ils se souviendront sera à l'évidence conditionné par la situation actuelle (désir d'échapper au jugement, de vengeance, lassitude, etc.). Quant à l'existence d'autres possibilités, une fois l'acte accompli, la question n'a plus aucun sens: on peut bien sûr élaborer *a posteriori* l'ensemble des différents scénarios possibles, mais le seul fait tangible d'un point de vue empirique, c'est l'unique scénario produit; ce que le psychologue peut tenter de comprendre c'est pourquoi, à un moment de l'histoire du sujet, c'est ce scénario-là qui a été sélectionné. Le reste n'est qu'un jeu gratuit et abstrait d'hypothèses.

4. *Contrôle social des pratiques de recherche, ou code déontologique?*

Ces remarques étant faites, il nous faut à présent revenir aux pratiques de la recherche en psychologie. Nous avons à cet égard, d'une part souligné l'existence de cadres moraux minimaux — libre consentement des sujets, droit à l'information et respect des personnes —, d'autre part indiqué les difficultés qui surgissent au niveau des pratiques. Assurément, le caractère ahistorique et idéaliste des recommandations déontologiques leur confère une généralité telle qu'elles paraissent difficilement opérationalisables au plan des conduites. Etant peu identifiables, elles ne peuvent être respectées que pour une frange très limitée de situations: en fait, celles où la transgression de libertés est évidente et explicite (c'est-à-dire lorsque surgissent des pratiques dont le caractère coercitif ou abusif est immédiatement perceptible; c'est-à-dire aussi lorsque leur repérage se réalise sans passer par l'analyse psychologique des variables en jeu, le consensus social sur le caractère répréhensible de ces pratiques étant largement suffisant). Mais, alors que la psychologie aurait pu mener, pour le contrôle de ses propres pratiques de recherche, une réflexion théorique visant à expliciter quelque peu les conséquences de ces préceptes moraux au plan des conduites, les associations professionnelles n'ont rien entrepris de semblable. Les codes de déontologie, élaborés par les sociétés de psychologues, ont été construits sur le modèle de codes existants dans d'autres professions libérales. Or, la visée essentielle de ces codes paraît être surtout d'assurer la reconnaissance légale d'une profession, d'en défendre les intérêts et de régler les rapports clients/thérapeutes dans le cadre d'une pratique libérale.

Les psychologues scientifiques ne disposent donc, à aucun niveau, d'un arsenal déontologique particulier ou spécifique; si l'on ajoute à cela que leur vision de la nature humaine est présentement parcellaire et par nécessité toujours en construction, rien ne les autorise à s'ériger en propres contrôleurs de leurs activités de recherche. Il nous semble donc utile de rappeler que le contrôle des pratiques de la recherche ne peut appartenir aux seuls scientifiques. Un contrôle social et démocratique de leur activité reste donc nécessaire : l'absence d'un tel contrôle ne permet aujourd'hui aucune confrontation véritable entre la représentation des déterminants de l'action humaine, telle qu'elle s'élabore dans les laboratoires et telle qu'elle est vécue dans la société globale. Les codes déontologiques actuels à la fois servent d'autres fins, bloquent toute réflexion de fond et sauvent les apparences.

5. L'idéologie cachée de la psychologie contemporaine

Par ailleurs, le débat amorcé entre les droits de l'homme et la psychologie scientifique ne peut se limiter à l'analyse des pratiques de recherche : on doit aussi le porter au niveau de ses résultats, le discours scientifique. Quel est-il, et contient-il des éléments susceptibles de présenter une menace pour nos libertés ? Ce travail d'analyse est difficile à conduire car, à l'évidence, il existe non un, mais une pluralité de discours au sein de la discipline. Cela tient sans doute à la diversité des champs de recherche et aux tensions provoquées par l'attraction sans cesse renouvelée des deux réductionnismes signalés au début de ce texte : le réductionnisme psychobiologique et le réductionnisme psychosocial. On peut cependant simplifier l'analyse en limitant la question aux paradigmes jugés dominants par certains : « l'homme-comportemental » du behaviorisme et son jeune rival, « l'homme-mental » de la psychologie cognitive.

Pour certains, l'homme-mental serait occupé à remplacer l'homme-comportemental et ce changement de paradigme serait de nature idéologique. L'argumentation proposée est la suivante : alors que le behaviorisme a fourni, à la bourgeoisie américaine du début de ce siècle, un discours adéquat lui permettant à la fois de contrôler les vastes migrations de populations du secteur rural vers le milieu urbain et de garantir l'adaptation des ouvriers au travail en usine, aujourd'hui les nouveaux enjeux pour la domination économique passent par de nouvelles pratiques au sein desquelles la maîtrise de l'information devient un atout capital de domination. Parallèlement à cette évolution, la psychologie scientifique changerait de paradigme : entre le stimulus et la réponse, elle remplirait « la boîte noire » qui prend assez logiquement l'allure d'un gigantesque ordinateur. C'est de cette manière, en tout cas, que Tiberghien[11] décrit l'évolution de la discipline et, selon cet auteur, « Moins d'un siècle après son invention, l'ordinateur est en passe de devenir le modèle idéologique du psychisme humain ». Ce réductionnisme informatique serait une des conditions nécessaires à l'informatisation de la société. La psychologie se transformerait en une psychotechnologie et, à l'homme-terminal désiré par une société techno-informatique, répondrait l'homme-ordinateur de la psychologie contemporaine. Selon cette analyse, la psychologie scientifique fournirait de la sorte le cadre idéologique capable de masquer les finalités économiques des multinationales du *hardware*. Là ou nous n'avions vu que micro-théories et modèles partiels, d'autres décèlent l'émergence d'un nouveau paradigme idéologiquement motivé. Cette analyse oblige sans conteste les chercheurs en psychologie à réfléchir sur l'existence de connivences qui ne sont peut-être pas fortuites. Et il est possible que l'émergence de modèles décrivant l'activité psychique dans le vocabulaire des sciences de l'information ne soit pas sans liaison avec l'explosion récente et prodigieuse d'une technologie informatique. De même, il n'est pas discutable que nombre de programmes de recherche en psychologie cognitive disposent de sources de financement en provenance de multinationales américaines engagées dans la commercialisation d'ordinateurs de tous formats. Prendre conscience de ces voisinages oblige à reconnaître, d'une part que l'activité scientifique est, comme toute autre pratique sociale, soumise à un ensemble de déterminations économiques, politiques et idéologiques et, d'autre part, que les produits du travail de la recherche — le discours scientifique — peuvent se trouver en résonance, voire conforter, un discours idéologique dominant.

Mais la situation est-elle bien telle que la décrit Tiberghien ? La psychologie cognitive contemporaine présente-t-elle au public l'image de l'homme-ordinateur, a-t-elle réellement réduit notre pensée à la logique du calcul binaire ? Nous ne le pensons pas, et les accusations portées contre le behaviorisme et la psychologie cognitive nous paraissent, en partie au moins, reposer sur des analyses insuffisamment étayées au plan historique, et largement simplificatrices quant aux modalités de récupération idéologique du discours scientifique. Il nous paraît donc utile d'examiner un peu plus en détail les deux accusations portées contre les discours scientifiques dominants en psychologie : l'homme-comportemental d'abord, l'homme-ordinateur ensuite.

Les analyses classiques relatives aux conditions qui ont favorisé l'émergence du behaviorisme aux Etats-Unis considèrent que sa naissance a répondu à deux nécessités principales; l'une est externe à la discipline : fournir une vision de l'homme compatible avec les projets de la classe libérale (contrôlant les universités privées); l'autre est interne : rencontrer un besoin d'identité et de scientificité. Pour séduisante qu'elle soit, cette analyse néglige la diversité des courants théoriques qui ont traversé la discipline à cette époque, et ne nous paraît pas tenir suffisamment compte des points forts de l'histoire du behaviorisme américain. Certes, le behaviorisme watsonien a pris naissance dans une société davantage orientée vers le contrôle du comportement que vers la compréhension de nos activités mentales, et ce pragmatisme qui caractérise la pensée américaine n'est sans doute pas dissociable de l'expansion économique du début de ce siècle. Mais est-ce réellement la psychologie scientifique qui fournit l'assise idéologique au développement du capitalisme américain? On peut en douter car, pour une large part, c'est moins la vision watsonienne du comportement qui a garanti le succès de son «manifeste», que l'affirmation quasi militante d'une rupture radicale entre la psychologie et ses deux sœurs aînées, la physiologie et la philosophie. Cette rupture — en gestation depuis la naissance de la psychophysique allemande —, Watson ne fait que la confirmer. Mais, et dans le même temps, l'objet qu'il assigne à la psychologie — l'étude des seules conduites observables et leur prédiction par la manipulation des stimuli — est loin de faire l'unanimité puisque ni la psychologie sociale, ni la psychologie de la perception (où la Psychologie de la Forme fait son apparition), ni la psychologie du développement ne suivront le mouvement. Il n'y a donc pas, à l'époque, dominance d'un modèle : si le behaviorisme a pu paraître un moment dominant dans l'histoire de la psychologie américaine, ce sera bien plus tard, autour des années 50; mais il s'agit alors d'un autre behaviorisme (celui de B.F. Skinner) et qui, lui-même, n'existera jamais à l'intérieur de la discipline comme seul modèle théorique légitime. Il est donc bien difficile de rattacher sans plus le «triomphe» du behaviorisme aux besoins idéologiques et concrets de la société américaine du début de ce siècle. Certes des filiations existent, mais elles sont assurément plus indirectes et plus ténues (et sans doute serait-il plus adéquat de suivre le cheminement de l'influence du néo-darwinisme dans l'ensemble des sciences humaines aux Etats-Unis). En psychologie, le soutien idéologique au pragmatisme américain aura lieu bien plus tard et restera mitigé. Il n'empêche qu'il reste possible de suggérer qu'il s'est produit, en quelque sorte, «un filtrage idéologique» et, par là, une négation des oppositions et des nuances existantes à l'intérieur de la discipline.

Examinons à présent la situation actuelle. Il ne nous paraît ni exact de suggérer que «l'homme-ordinateur» constitue une sorte de nouveau paradigme pour la psychologie cognitive, ni davantage que ce nouveau paradigme coïncide avec l'image que se forge le public de la psychologie scientifique contemporaine. En fait, comme nous l'avons suggéré ailleurs[12], d'une part le courant cognitiviste n'a jamais vraiment disparu du paysage scientifique en psychologie, d'autre part les courants à l'origine de sa résurgence sont multiples et divers. Plus fondamentalement, la renaissance de la psychologie cognitive signifie la réintroduction, dans les analyses psychologiques, des opérations mentales du sujet: l'objet de la psychologie ne se résume plus aux seuls observables (le stimulus et la réponse). S'il y a présentement un nouveau paradigme (mais nous en doutons), c'est de «l'homme mental» qu'il s'agit et non de «l'homme-ordinateur». Qu'à l'intérieur de cette réextension de l'analyse aux événements privés, la théorie de l'information ait joué un rôle important et qu'elle continue à le faire ne paraît guère contestable. Mais d'autres sources d'inspiration furent et restent tout aussi capitales, notamment les travaux de Piaget sur la construction des structures cognitives chez l'enfant, et ceux des psycho-linguistes initialement inspirés par la linguistique chomskyenne[13].

Mais il reste à se demander si les héritages «cybernétique» et «informatique» ne vont pas prochainement triompher et si les analogies cerveau/ordinateur et, du côté du *software*, activité psychique/logiciel informatique ne vont pas définitivement l'emporter. Une telle crainte ne nous paraît guère fondée, car on assiste déjà à la naissance d'un mouvement en sens inverse. Ceci se passe à la fois en neurobiologie où l'analogie cerveau/ordinateur semble avoir épuisé l'essentiel de ses possibilités heuristiques[14], et en psychologie où nos activités mentales ne paraissent pouvoir se réduire à un jeu hiérarchisé de décisions obéissant à la logique du calcul binaire. En fait, ces analogies n'ont jamais fonctionné qu'à titre de démarches provisoires et approchées: s'il est certain que quelques espoirs ont pu paraître démesurés, c'est en marge de la discipline qu'ils ont pris naissance (notamment du côté de la recherche en Intelligence Artificielle).

On peut certes à nouveau contester la portée de notre analyse en soulignant qu'elle reste limitée aux débats internes à la discipline, et suggérer qu'un des rôles de l'idéologie dominante est précisément de sélectionner ce qui lui convient. Ainsi, si «l'homme-ordinateur» vu de l'intérieur n'est qu'un reflet atrophié de la discipline, il n'en serait pas moins aujourd'hui devenu son image officielle dans le public. Il est bien sûr délicat, sans enquête systématique, de répondre à une telle affirmation. On peut cependant avancer certains éléments qui ne cadrent pas avec celle-ci. Lorsque par exemple on interroge 200 étudiants de première candidature en psychologie en leur demandant de définir «la psychologie», on ne trouve dans aucune «copie» ni le terme «ordinateur», ni le terme «information». En fait, la représentation qu'ils se font de la psychologie résulte surtout de leur contact avec les pratiques cliniques: des travaux scientifiques, ils ne savent en fait à peu près rien[15]. Assez curieusement d'ailleurs, il en va de même au sein même de la discipline, qui connaît un écart important entre les théories implicites qui sous-tendent les pratiques cliniques et les cadres théoriques qui inspirent les travaux de recherche[16]. Notre impression est donc bien plutôt que la psychologie, dans ses travaux de recherches, n'est simplement pas connue du grand public. Elle est de plus absente des grands débats qui animent les intellectuels parisiens et francophones depuis la dernière guerre (où la sociologie, l'anthropologie, la biologie, la nouvelle histoire et la psychanalyse ont très largement occupé le terrain). Tant qu'on n'assistera pas à l'émergence en psychologie d'un important travail de vulgarisation, la situation risque d'ailleurs de ne guère évoluer[17].

La faute première des chercheurs en psychologie semble donc surtout de négliger d'informer le public quant à la nature de leur travail et quant aux résultats auxquels ils aboutissent. Dans ce travail de vulgarisation (qu'on devrait «imposer» aux scientifiques), certaines règles pourraient être respectées, comme de rappeler les conditions à la fois théoriques et empiriques dans lesquelles des résultats ont été obtenus. Seul l'énoncé précis de ces conditions devrait permettre de rappeler le caractère particulier et «en marge» du discours scientifique, et éviter qu'il se transforme en diktat conduisant à l'élaboration de principes définis d'action aux niveaux social et moral. Une telle entreprise risque cependant d'être largement insuffisante tant qu'on n'aura pas mieux analysé les causes du fonctionnement idéologique qui fait qu'on se croit autorisé à tirer des conclusions, utiles dans les sphères sociales et morales, de théories que les chercheurs n'avancent le plus souvent qu'à titre provisoire en réponse à des questions qui n'ont de sens qu'à l'intérieur du discours théorique qui les ont fait naître.

Sans une clarification plus stricte des rapports entre ce qui relève de projets éthiques et politiques, et ce qui appartient au discours scientifique, les tentations d'annexion resteront vives : tantôt on voudra imposer au premier terme des contraintes en provenance du second (la morale scientiste), tantôt on se risquera à l'inverse (la science au service de la morale). Maintenir un écart entre ces deux pôles, c'est au contraire à la fois forcer le scientifique à-reconnaître les limites de ses entreprises et empêcher que le discours scientifique se substitue aux discours moraux et politiques. Dans une société où la classe dominante a, pour les besoins de sa domination économique, généré une image mythologique de la science, ce travail de démystification est à entreprendre sans tarder !

II. PSYCHOLOGIE APPLIQUEE

Les bonnes intentions du psychologue

P. Feyereisen[18]

Interrogé sur sa contribution à la défense des droits de l'homme, le psychologue serait tenté, en suivant une opinion largement représentée dans la profession, de définir sa pratique comme fondamentalement liée à la promotion des libertés individuelles. Certains, en effet, sont confrontés à des souffrances qu'ils essaient de soulager, et se donnent pour fonction de favoriser l'autonomie de la personne humaine : leur travail vise à ce que, en fin de compte, le sujet décide de façon responsable de son destin. D'autres pensent que leur travail, qui tend à assurer l'adaptation sociale de l'individu, permet à chacun de trouver harmonieusement sa place dans la collectivité. Ainsi, les psychologues se présentent comme les supports d'une véritable liberté : le but des pratiques psychologiques serait d'aider à l'épanouissement de l'individu, à la réalisation de ses potentialités et au contrôle assumé de son devenir. Et s'ils pensent que les théories actuelles ne permettent pas d'atteindre cet objectif, ils se rallient à un courant thérapeutique qui, en réaction à la froideur savante des psychologies expérimentales ou freudiennes, s'intitule psychologie « humaniste » et s'inspire des spiritualités orientales et de diverses techniques corporelles pour « révéler l'homme à lui-même ». En ce sens, la psychologie défendrait les droits de l'homme sans même s'en apercevoir ; les vues professionnelles et humanitaires seraient à ce point identiques que la déontologie du psychologue coïnciderait avec la sauvegarde des droits de l'homme :

les codes acceptés aux Etats-Unis[19] et en Belgique ou en France[20] adoptent comme principe général le respect de la personne humaine dans des termes qui ne diffèrent pas de ceux utilisés dans la Déclaration Universelle des Nations Unies (*annexe B*).

Est-ce dire que la question des droits de l'homme ne se pose pas pour le psychologue praticien ? Tout travail psychologique est-il marqué du respect de la personne humaine ? Le fait même qu'à un moment donné de l'organisation de la profession il ait paru souhaitable d'établir un code déontologique, fut-ce par souci de respectabilité plutôt qu'en raison de l'étendue des abus, invite à penser le contraire. Plus précisément, on sait que les pratiques psychologiques font l'objet de critiques qui mettent en question l'idée d'une conformité de ces pratiques avec l'esprit des droits de l'homme : ne pourrait-on soupçonner des effets pervers qui, en dépit de la bonne volonté des psychologues, transforment le souci de l'épanouissement individuel en impositions subtiles de normes sociales ? N'existe-t-il pas, dans les marges de la profession, des instruments et des techniques incompatibles avec l'idéal de liberté et d'égalité ? Défendre les droits de l'homme — ce qui implique qu'ils soient menacés —, n'est-ce pas avant tout percevoir les dangers de violation qui surgissent à l'intérieur même de la discipline ? On examinera ces questions pour ce qui semble constituer l'essentiel de la profession du psychologue : l'évaluation des conduites et la modification du comportement. Dans les deux cas, on a choisi d'aborder le problème en évoquant des secteurs périphériques de la profession avant les aspects plus centraux pour, dans un trajet nécessairement trop rapide, dégager les contradictions internes à la psychologie à partir de conditions relativement exceptionnelles de son exercice.

1. Les techniques de contrôle

Commençons par signaler l'intolérable : la participation de psychologues à l'organisation de la torture, au Chili et dans d'autres pays d'Amérique latine[21]. Ces pratiques, malheureusement, ne nous éclairent pas sur les éventuels défauts qui, dans le corps même de la discipline, ont permis de tels excès. D'une part, on connaît mal le détail des techniques utilisées, et on ignore donc les conceptions théoriques qui ont favorisé leur apparition. D'autre part, il semble difficile de dissocier les effets d'une psychologie de l'intimidation, des conséquences plus générales de l'exercice d'un pouvoir totalitaire : torture physique, suppression des garanties juridiques, imposition d'une idéologie,...

En ce sens, l'utilisation de techniques psychologiques d'interrogatoire dans des régimes démocratiques permet de poser plus clairement la question de l'implication des psychologues dans la défense des droits de l'homme. Une controverse s'est levée en Grande-Bretagne à propos des déprivations sensorielles auxquelles étaient soumis les prisonniers d'Irlande du Nord, techniques également utilisées en Allemagne Fédérale [22]. Selon les adversaires de ces pratiques, la responsabilité du psychologue est doublement engagée, même s'il n'intervient pas directement dans les prisons. D'une part, les déprivations sensorielles sont l'application de recherches menées par des psychologues, et il y a lieu de s'interroger sur les motivations qui sous-tendent ces investigations: «mode», politique de la recherche, éventuels débats théoriques (bien que le caractère «fondamental» des études sur la déprivation sensorielle soit aujourd'hui limité). D'autre part, la pratique des déprivations est favorisée par la croyance — que démentent les faits — du caractère bénin des dommages subis par le prisonnier. Le psychologue se doit donc d'informer l'opinion publique des effets à long terme qui résultent de l'anxiété éprouvée lors d'interrogatoires de ce type, effets moins «objectivables» que ceux de la torture physique.

Sans vouloir justifier cette torture psychologique, on peut concevoir que, pour celui qui la défend, elle participe d'un souci d'efficacité exigé par une situation exceptionnelle: l'individu qui par des actions terroristes se serait mis hors-la-loi, s'exposerait lui-même à perdre la protection du droit. Que des arguments aussi fallacieux soient parfois avancés montre la fragilité d'une démocratie qui devrait contredire ses principes pour en assurer la défense, mais montre aussi la sensibilité différente des individus envers des pratiques tolérées par les uns, jugées illégitimes par d'autres.

Une même part d'incertitude entoure l'appréciation de certaines techniques thérapeutiques, visant à supprimer une conduite indésirable par l'administration de «*punitions*» sélectives. A nouveau, ces pratiques font l'objet de débats [23] entre ceux qui appliquent les punitions et ceux qui les considèrent comme traitements dégradants ou simplement inutiles (d'autres procédures de modification du comportement étant possibles). Souvenons-nous-en: les châtiments corporels en usage jusqu'il y a peu n'ont pas suscité de réprobation universelle! Comme dans le cas des déprivations sensorielles, la justification donnée de ces pratiques s'appuie sur les particularités des populations auxquelles elles s'adressent: enfants, débiles ou malades mentaux, prisonniers ou autres catégories surtout caractérisées par un état de sujétion à une autorité. En fait, la punition pose un problème éthique quand le patient ne peut interrompre le «traitement», c'est-à-dire dans un cadre institutionnel. On soulève ainsi une question relativement générale pour l'appréciation des techniques de contrôle, qui est de dégager les relations existant entre pratiques psychologiques et vision politique — entendue au sens large d'un projet de société, ou dans le sens plus étroit des jeux de pouvoir au sein d'une institution donnée.

Fondamentalement, la pratique de la psychologie paraît être l'*exercice d'un pouvoir*. Cela commence dans l'édification des connaissances, qui dépendent d'un droit absolu envers les animaux d'expériences ou d'une bienveillante supériorité sur les sujets humains obligatoirement «naïfs». Dans l'espace clos du laboratoire, les normes éthiques semblent n'avoir plus cours: mensonge commis le temps d'une mise en scène, micros ou caméras dissimulés dans les plafonds, comme si l'innocuité de la procédure et la valeur des résultats escomptés justifiaient la suspension des normes admises dans la vie quotidienne. Ces pratiques ont suscité l'inquiétude des scientifiques eux-mêmes[24] qui mettent sur pied des commissions éthiques évaluant les recherches ou proposent d'inclure ces critères comme conditions de publication d'une recherche.

Ensuite, l'utilisation des procédures de modification du comportement assure au thérapeute un pouvoir tempéré par la déontologie de la profession et librement consenti par celui qui vient consulter, mais parfois moins bien contrôlé: que fait le psychologue partagé entre ses scrupules et les exigences d'une administration qui lui adresse une demande précise concernant un enfant, un malade ou un prisonnier? Quelles indications lui donnent sa formation, ses collègues, ses lectures? Les témoignages des psychologues placés dans de telles conditions font état d'un malaise[25], et les plaintes de certains «consommateurs» de la psychologie manifestent une inquiétude qui contraste avec la tranquille assurance d'une position officielle supposant l'identité de la psychologie et de la défense des droits de l'homme.

2. *Les techniques d'évaluation*

a) *Psychologie et justice pénale*

La collaboration du psychologue avec le pouvoir judiciaire ne possède sans doute pas l'ampleur que certains craignent lui voir prendre: dans le domaine de la protection de la jeunesse notamment, les travailleurs sociaux, chargés des enquêtes dans les familles et délégués par les institutions d'accueil dans leurs relations avec le juge, occupent des positions plus en vue que celle du psychologue. *A fortiori*, les internements psychiatriques pour raison de défense sociale échappent à la responsabilité du psychologue qui, au mieux, est appelé à évaluer l'intelligence ou la personnalité du prévenu. Ce rôle subalterne du psychologue, accentué par la rareté de ce type d'interventions comparé à d'autres, n'implique cependant pas que le psychologue soit absent du terrain juridique. En fait, mais cela demanderait à être confirmé par une analyse détaillée, il semble que les préoccupations psychologiques dominent la scène en l'absence même des psychologues. Le juge cherche à comprendre les mobiles de l'action pour évaluer un degré de responsabilité, il pèse ses décisions à leurs conséquences éducatives; dans certains cas, le traitement psychologique se substitue à la peine, quand le méfait semble correspondre à une pathologie plutôt qu'à un délit (attentats à la pudeur, kleptomanie,...). La police reçoit — ou devrait recevoir —, pour intervenir plus efficacement dans les quartiers, une formation psychologique. Tout le vocabulaire des travailleurs sociaux enfin est imprégné de psychologie. La psychologisation de la justice débute par des procès exemplaires, dans lesquels les psychiatres ont été appelés pour discuter de la responsabilité morale d'accusés soupçonnés de maladie mentale, et atteint aujourd'hui le fonctionnement quotidien du maintien de l'ordre. Thémis a ôté son bandeau pour considérer les individus avant de les juger. On ne peut prétendre que cette évolution de la mentalité juridique ne vise en intention le bien du sujet. L'esprit des droits de l'homme est respecté, et l'on ne pourrait se plaindre de cette hybridation du droit et de la psychologie si elle ne portait les germes d'une perversion. Perversion du droit dans la mesure où, malgré toute la bonne volonté mise en œuvre, les préjugés concernant la psychologie des individus peuvent influencer le cours de la justice qui n'est plus, en l'occurrence, régie par la Loi. Détournement de la psychologie aussi, puisque celle-ci est appelée à rendre un avis qu'elle ne peut émettre légitimement. Cette discipline, en effet, s'est constituée sur la suspension du jugement moral: pour expliquer le comportement, elle s'abstient de le considérer comme bon ou mauvais. Elle en est ainsi venue à «dédramatiser» les conduites comme le vol à l'étalage ou l'«outrage aux mœurs». Mieux, elle fait du jugement moral un objet d'analyse — plutôt qu'un instrument — et interroge ainsi les conditions de fonctionnement de la justice (celui des jurys notamment). Appelé comme expert, le psychologue est souvent conduit à «détourner» l'entretien du but assigné (l'expertise devient l'occasion d'une relation thérapeutique, lieu d'«écoute» du délinquant, une possibilité d'ouverture à un autre discours). Mais cela est-il clair pour ceux qui engagent des psychologues? Peut-on longtemps travailler sur base de malentendus?

b) La mesure de l'intelligence

Cette contradiction entre l'esprit de la psychologie et celui de l'institution qui y recourt apparaît dans d'autres secteurs d'activité, comme celui de la psychométrie scolaire. On connaît la longue controverse qui entoure les tests d'intelligence[26]. Un aspect de la polémique concerne directement la défense des droits de l'homme. En effet, s'il était démontré que le test utilisé fournit un avantage sélectif à une catégorie sociale particulière (les blancs par rapport aux noirs, les enfants issus de la bourgeoisie par rapport à ceux du prolétariat), se fonder sur le résultat du test pour attribuer une place dans une école supérieure ou un emploi constituerait un traitement discriminatoire.

Il importe au préalable d'éliminer une question qui interfère souvent avec le problème des biais systématiques et qui constitue un faux problème: celui de l'origine innée ou acquise des différences intellectuelles. La confusion provient de ce que, pour les partisans d'une position innéiste, l'existence d'un instrument de mesure objectif est indispensable; parallèlement, les défenseurs du test pensent se trouver en meilleure posture si les différences manifestées possèdent un fondement biologique. En réalité, les deux problèmes sont logiquement indépendants. Si on considère la différence statistique entre le Q.I. des blancs et celui des noirs, une question est de savoir si ce résultat dépend d'un déterminisme génétique (à la limite, quelle que soit la signification de la mesure effectuée: le problème est identique si l'on considère la taille, ou l'intérêt pour la peinture abstraite) et une autre est de déterminer dans quelle mesure le test d'intelligence favorise un groupe donné, en fonction des *a priori* qui ont présidé à sa construction. Ce thème a été largement développé, notamment par M. Tort[26]: le Q.I. correspondrait à une conception bourgeoise de l'intelligence; la mesure résulterait en partie d'une interaction sociale non analysée entre l'examinateur et l'examiné, dans laquelle tous ne manifestent pas la même aisance; le test ne concernerait donc pas l'intelligence, mais l'appartenance de classe. Ce genre de critique qui invalide l'instrument a suscité de nombreux contrôles, qui amènent à plus de nuances. Ainsi, il apparaît que l'ordre de difficulté des questions du test ne diffère pas chez les noirs et les blancs d'Amérique, alors que l'on aurait pu supposer que la culture influence spécifiquement la probabilité de réussite de certains éléments de tests comparés à d'autres. De même, la comparaison des tests verbaux et non verbaux ne confirme pas l'hypothèse d'un biais culturel plus important pour les parties du test faisant appel aux compétences linguistiques. Enfin, l'analyse de l'influence éventuelle des facteurs relationnels au cours de l'examen (appartenance sociale de l'examinateur, langage utilisé, effet Pygmalion) ne conduit pas à des résultats univoques; ces variables ne jouent donc pas de manière identique dans toutes les conditions expérimentales.

On serait tenté de conclure l'examen de ces différents travaux par le constat que le test met en évidence des différences objectives. Et de fait, la réussite scolaire puis professionnelle des individus varie selon leur origine sociale. Le Q.I. ne ferait que refléter cette situation, de manière peut-être moins biaisée qu'une note d'examen scolaire ou qu'un rapport d'évaluation professionnelle. Le problème est d'identifier la nature de cette différence. La critique essentielle qui s'adresse alors à la psychométrie est moins de mal mesurer, que d'ignorer ce qu'elle mesure. Une part essentielle du débat autour du Q.I., reflétée dans les critiques suscitées par l'article de Jensen[26], concerne la nature du facteur général d'intelligence. D'un point de vue psychométrique, cette notion de facteur général dérive d'une part des corrélations élevées observées entre les éléments du test (validité interne), d'autre part de la corrélation entre le Q.I. et des mesures de réussite sociale (validité externe). Ces arguments, toutefois, ne peuvent être tenus pour décisifs dans la mesure où la construction du test résulte d'une procédure empirique non systématique: les auteurs n'ont pas, selon toute vraisemblance, dressé l'inventaire hypothétique des facultés supposées intervenir dans le comportement intelligent, ils n'ont pas cherché à répertorier les diverses formes d'intelligences possibles; au contraire, il s'agissait essentiellement de se doter d'un instrument commode pour prédire les chances de réussite d'un individu dans un système d'enseignement ou pour une fonction sociale donnée. Le paradoxe auquel on aboutit ainsi est le suivant: le Q.I., qui résulte de l'amalgame de performances disparates, se prétend mesure de l'intelligence mais ne se montre pas plus précis, dans la prédiction d'un niveau de réussite scolaire, qu'un test de vocabulaire qui mesure une aptitude plus limitée; parallèlement, des tests réputés plus abstraits et supposés s'adresser plus directement à l'intelligence générale ne fournissent pas des indications supérieures à celles du Q.I. Il y aurait donc une certaine honnêteté scientifique à refuser l'étiquette d'intelligence accolée au résultat des tests psychologiques car si, pour le spécialiste, cette notion possède un caractère relatif — celui de toute mesure opérationnelle ou de toute construction conceptuelle —, les connotations du terme dans le langage ordinaire lui confèrent un statut excessif d'explication des différences, pour ce qui n'est qu'un constat.

Qu'implique cette discussion pour la défense des droits de l'homme? L'absence d'évidence claire d'un biais culturel dans le résultat du test apaise la conscience du psychologue: le préjudice dont peuvent souffrir certains groupes n'est pas simplement l'effet de la pratique psychologique, qui ne fait que mettre en évidence une inégalité qui a d'autres origines. Mais la responsabilité du psychologue est engagée dans l'interprétation donnée aux résultats du test et dans le rapport transmis aux utilisateurs. En effet, la proposition «le sujet obtient un score de 80 à l'échelle de Wechsler» est ambiguë : d'un côté, elle objective un niveau de performance inférieur à celui d'une population de référence (Q.I. «normal» = 100) et permet de prédire des difficultés d'adaptation scolaire ou professionnelle; mais d'un autre côté, elle risque d'être comprise comme «ce sujet n'est pas intelligent», proposition fort vague qui, d'un point de vue psychologique, est dénuée de signification. Le reproche qu'encourt le psychologue est donc celui d'une faute par omission : celle de n'avoir pas précisé la manière dont il faut entendre son énoncé qui est relatif à des conditions particulières d'examen. Celle aussi d'avoir «oublié», dans des pratiques de routine, la distance qui sépare la construction théorique de son opérationnalisation. Le psychologue risque alors de figer une réalité dynamique, et de rendre le changement plus difficile. Il masque le risque d'erreur, négligeable au niveau de la population (supposons un diagnostic correct dans 95 % des cas), mais dont les conséquences pour la victime individuelle sont considérables. En ce sens, le psychologue joue un rôle idéologique en appuyant des pseudo-évidences contre la recherche d'une vérité. Car pour se faire comprendre et accepter, il partage l'univers de référence de l'utilisateur: la notion d'«intelligence» construite dans le test est, en gros, celle que propose l'Ecole, et non celle qui découle d'une théorie psychologique.

3. Que faire ?

Ce qui précède met en question l'identité de la psychologie et de la défense des droits de l'homme. D'une part, il apparaît que des sensibilités différentes se manifestent envers diverses techniques d'évaluation ou de contrôle, dont la légitimité fait l'objet de débats. D'autre part, il semble que le psychologue placé dans un cadre établi ne contrôle pas toujours le sens de ses actes et de ses dires, détournés de leur visée initiale par les besoins propres de l'institution (à supposer que le psychologue n'adhère pas entièrement aux objectifs de celle-ci).

Le malaise que l'on éprouve en ces circonstances provient en partie du flou des notions utilisées, aussi bien dans les codes de déontologie que dans les déclarations des droits de l'homme. Que veut dire «promouvoir l'autonomie de la personne humaine»? Les réflexions inspirées par le retour récent dans la pensée politique du thème des droits de l'homme signalent toutes cette difficulté à penser les distinctions, pourtant bien sensibles, entre démocratie et totalitarisme, entre autonomie du sujet et vie en société, entre droits de l'individu et contraintes légitimes[27]. D'un côté, il importe d'éviter l'amalgame entre les régimes qui respectent les libertés et ceux qui sont fondés sur la Raison d'Etat. Il n'y a pas de commune mesure entre la pratique de la torture ou l'utilisation répressive de la psychiatrie, et la limite du droit d'expression qu'apporte le pouvoir de l'argent. Mais d'un autre côté, la défense des droits de l'homme dissimule une certaine impuissance à formuler un projet de société et à définir les limites du pouvoir de l'Etat. Le droit à l'éducation ne passe-t-il pas par le décret de l'instruction obligatoire? Le droit aux soins de santé ne s'accompagne-t-il pas d'une imposition supplémentaire?

Cette impression suscite des réactions contradictoires. Pour les uns on a trop longtemps oublié de voir que, selon l'expression de M. Gauchet[27], «l'émancipation de l'individu-homme et les droits qui la sanctionnent ne sont pas séparables d'une aliénation collective qu'ils tendent à alimenter». Individu et société ne sont pas des pôles antagonistes, mais des notions corrélées. De même, pour qui souligne le caractère contemporain des sciences humaines et du thème des droits de l'homme, l'individu affranchi de l'autorité divine et royale se trouve déterminé dans sa pensée et son comportement et peut être manipulé par qui en connaît les ressorts. Défendre les libertés demanderait donc une analyse politique plus approfondie, qui commence par la prise de conscience que les droits de l'homme ne sont pas chose évidente. Mais d'un autre côté, l'«innommé» dans la recherche d'une plus grande démocratie permet symboliquement à des mouvements d'opposition d'exister sur le terrain des luttes sociales, et de se développer. Les droits de l'homme, dans leur imprécision même, sont générateurs de liberté en ce qu'ils reflètent la conscience qu'ont les individus des limites du pouvoir. Les sciences humaines participent à ce mouvement en permettant d'humaniser les rapports sociaux, de traquer les formes subtiles d'inégalité et de dénoncer les erreurs des discours ignorants (racistes, par exemple).

La pratique psychologique se trouve confrontée à ce paradoxe dans la façon — à la fois complice et critique — dont elle rencontre la demande sociale. A bien des égards, le psychologue collabore à la conservation d'un ordre établi. Soucieux de pénétrer les milieux de son action ou soumis à l'autorité de ceux qui dans les institutions exercent le pouvoir, il utilise un langage «banalisé», satisfait aux demandes, fait preuve d'efficacité. De ce point de vue, la contribution essentielle de la psychologie est d'avoir développé un savoir technique, plus codé que celui du «bon sens» et plus opératoire, en ce qu'il fonde un type de pratique différente. Ainsi, la psychologie cherche à substituer, sans toujours y parvenir, une approche «scientifique» et technologique des relations humaines aux conceptions morales jadis en vigueur. Mais ce langage — on l'a vu à propos de diverses formes d'expertise — n'est pas neutre par rapport à ses conditions d'utilisation. Plus rigoureux par certains côtés il perd, dans le contexte des institutions, le sens précis que lui donnent les techniciens de la mesure; inévitablement, toutes les nuances qui s'imposent dans une publication scientifique ou dans un rapport détaillé sont gommées quand l'utilisateur du savoir-dire psychologique y cherche la réponse à ses propres interrogations. De même, l'efficacité des techniques de manipulation du comportement ne peut être isolée de ce qui l'entoure, les buts poursuivis par les différents acteurs en présence, les moyens matériels attribués à ces fins.

En même temps, le psychologue ne peut entièrement adhérer à la demande des utilisateurs. Son langage, ses techniques comportent des limites, dues au caractère même d'une démarche scientifique et à l'inachèvement perpétuel de la recherche. La constitution de la psychologie en domaine du savoir particulier et en champ d'action spécialisé implique une rupture par rapport aux façons de voir et de faire antérieures à la discipline. La position d'expert ne peut être tenue que dans une extériorité par rapport à l'objet. Bref, le psychologue est toujours un peu inadéquat, son langage fermé sur un projet distinct de celui de l'utilisateur, son intervention en deçà de ce que l'on en eut attendu. En ce sens, les progrès vers des pratiques plus démocratiques ne dépendent pas d'un renoncement au professionnalisme ou à la rationalité, qui précisément permettent une décentralisation par rapport à la demande sociale (à condition bien sûr d'échapper au scientisme).

Il existe donc, pour le praticien de la psychologie, un certain jeu possible pour, en fonction de positions idéologiques, se glisser plus étroitement dans le rôle d'un gardien de l'ordre — avec les risques d'abus de pouvoir que cette fonction comporte — ou, au contraire, tenter d'user de son statut d'étranger afin d'accroître les marges des libertés individuelles.

La défense des droits de l'homme implique l'abandon d'une certaine naïveté et la prise de conscience du caractère contradictoire de l'intervention psychologique : c'est au prix d'une démission du sujet, qui s'en remet à des spécialistes pour ce qui le concerne le plus intimement, que l'on espère promouvoir son indépendance; c'est à travers une manipulation, plus ou moins subtile et plus ou moins explicite, dans une langue étrangère et en fonction d'un savoir non partagé (même se prétendrait-il non savoir), que l'on souhaite voir le sujet retrouver le fil de son destin. Tout comme cet expérimentaliste qui doit mentir pour atteindre la vérité, le psychologue doit contraindre le sujet — souvent consentant, faut-il le dire ? — pour lui permettre de s'épanouir.

Son intervention en faveur de l'autonomie de la personne s'exprime en un langage qui enferme l'individu dans un univers rationnel, dont on ne connaît pas les limites même si l'on en sait le caractère limité (la psychologie s'intéresse à tout dans l'homme, mais l'homme garde une part hors psychologie).

Constater la polarité de la psychologie, soucieuse d'un côté du respect de la personne, complice de l'autre des modes les plus avancés du contrôle social, permet de développer un point de vue *critique*, qui analyse les enjeux sociaux des pratiques et des discours[28], et qui encourage au renouvellement des instruments techniques et théoriques. Cette vigilance, écoute des mises en question externes et sensibilité aux débats qui animent la discipline, permettra de percevoir ce qui, dans les pratiques, contredit l'idéal de liberté ou favorise son épanouissement.

III. PSYCHOTHERAPIE

Elémentaire, mon cher Watson[29]

F. Martens

1. Avant-propos

Le dernier inventaire systématique des techniques psychothérapeutiques[30] en dénombrait 250. Si leurs fondements théoriques avoués paraissent des plus divers (et quelquefois des plus pittoresques), il demeure, selon l'enquête exhaustive de Parloff[31], que *l'action psychothérapeutique* est en général bénéfique. Chertok[32], dans la foulée de ces auteurs, verrait volontiers dans l'énigmatique notion de « suggestion » le commun dénominateur possible à l'hétérogénéité de surface des diverses *pratiques*: « la relation médecin-malade est le fil rouge qui parcourt toute l'histoire de la psychothérapie ».

Côté *théorique*, par-delà l'émiettement des discours, résistent deux branches maîtresses originales, la *psychanalyse* et le *behaviorisme*. Elles ont trouvé, au fil du temps, à s'étayer de la problématique gestaliste, systémique ou structuraliste. Si leurs divergences demeurent marquées, elles ne s'en inscrivent pas moins — il est important de le noter — dans la communauté idéologique de fait de ce qu'on pourrait appeler *un projet psychothérapeutique général*, projet qui ne va nullement de soi et qui s'avère une des spécificités majeures de notre époque. En effet, si la *fonction* psychothérapeutique semble bien avoir toujours et partout existé, c'est à notre culture qu'il appartient de l'avoir tout récemment thématisée, décrite, laïcisée, et systématiquement développée. Tout cela n'a pu se faire que dans le cadre d'une mutation socio-historique d'ensemble, dont la Nouvelle Histoire[33] commence à peine à nous laisser entrevoir les lignes de faîte. Un survol rapide d'une fraction de ces paysages potentiels ne paraît dès lors pas superflu à l'orée d'une réflexion sur les ambiguïtés de la fonction psychothérapeutique.

Les sciences humaines naissent, à partir du déclin de l'âge classique, dans l'espace progressivement laissé libre par l'exil des dieux puis des philosophies, ainsi que dans les jachères créées, dans la société nouvelle, par le *remembrement des pouvoirs entre la Famille et l'Etat*, au bénéfice exclusif de ce dernier. La tendance croissante de l'Etat moderne sera en effet de traiter directement avec l'individu, par-dessus l'ancienne autorité du Père de Famille. Perdant du terrain du côté du *juridique* et de l'*économique*, la famille — unité fondamentale jusqu'alors de reproduction de l'ordre social — se verra peu à peu cantonnée dans la gestion du seul registre affectif. L'intimité, l'amour du couple, deviendront ainsi des valeurs premières tandis que, silencieusement, se referment les volets bourgeois sur une vie en très petit nombre, «entre soi».

Simultanément, s'est déplacé le centre de gravité de la cellule familiale du père vers l'enfant, en même temps que se privilégiait, avec de plus en plus d'intensité, la relation entre la mère et son nourrisson. Tout cela n'a pas été sans une véritable *dramatisation* de l'éducation qui a vu l'enfant devenir la proie de plus en plus tendre de professionnels aussi neufs qu'inquiets, dont tout le souci sera désormais de le «réussir» ou, mieux, de ne pas le «rater», afin que ne se dilapide pas en de mauvaises mains (par exemple masturbatrices) le patrimoine de la modernité.

Cette nouvelle spécificité de l'enfance[34] et la pédagogie qui l'accompagne ne sont bien sûr pas étrangères au développement de la psychologie, surtout quand celle-ci se donne pour objectif premier — comme le *behaviorisme* — de modifier pour l'optimiser le comportement humain, avec le ferme espoir de prendre bientôt la place des lois (Watson) et la relève de notions morales désuètes (Skinner).

Le nouvel état de la famille (rapports affectifs intenses en vase clos, sollicitude inquiète pour les premières années de la vie, préoccupations sexuelles obsédantes) n'est pas sans rapport, par ailleurs, avec l'éclosion de la *psychanalyse*, laquelle s'est constituée tout entière autour de la métaphore de l'*inceste*. On sait comment la structure même de la famille Freud a favorisé la découverte de l'Œdipe, et comment le père de la psychanalyse a mis *l'enfant* au centre de sa problématique, en en faisant à la fois (au scandale de ses contemporains) le «père de l'homme» (Wordsworth) et un «pervers polymorphe», c'est-à-dire un ensemble peu policé de «pulsions partielles». On sait aussi comment la transmission de la psychanalyse a fonctionné — et fonctionne encore — selon le registre familial et passionnel du transfert. Mais ce qu'il importe surtout de bien apercevoir, c'est que tout s'est historiquement passé comme si la psychanalyse, tant comme théorie que comme pratique, avait émergé dans un environnement socioculturel précis comme une tentative de réponse à une nouvelle pathologie des rapports humains, elle-même issue en dernier ressort d'une modification des rapports entre la Famille et l'Etat, c'est-à-dire d'une péripétie du Pouvoir.

Il n'est, dans l'histoire connue, de Pouvoir qui ne se légitime d'un Savoir, ni de savoir, aussi détaché puisse-t-il paraître, qui éclose hors d'une sphère de pouvoir. L'avènement des sciences humaines s'est vu lié dans le temps à celui de l'Etat moderne (constitutionnel et démocratique) et a contribué grandement à l'émergence d'un nouvel ordre social. Nonobstant leur fonction critique, les sciences humaines ont justifié cet ordre de leur savoir, autant qu'elles l'ont garanti — et continuent de le garantir — de leurs techniques, le savoir sur l'homme allant de pair avec le contrôle de son comportement. Ainsi que l'a montré Foucault[35], les modalités du maintien de l'ordre ont subi en deux siècles une métamorphose radicale, passant de l'éclat sauvage des supplices au *panoptisme* feutré de l'univers carcéral, et de la prévalence de la Loi à celle de la Norme.

2. *Behave yourself!*

> «*Psychology as the behaviorist views it is a purely objective experimental branch of natural science. Its theoretical goal is the prediction and control of behavior*»[36].

Pour le praticien de la psychanalyse et le fervent de la littérature psychanalytique, le nom de Sigmund Freud marque un commencement qui fait rupture avec tout un déploiement médical et psychologique.

La grande césure épistémologique de la pensée freudienne, où vient mourir comme vague en grève le sujet philosophique européen, se voit même quelquefois convertie en lieu de pèlerinage et de concélébration épiphanique d'un Père créateur *a nihilo*. Toute mise en perspective historique ou sociologique est alors révoquée avec commisération, et toute mise en question de la pratique congédiée au regard de l'ineffabilité foncière de l'expérience analytique. Et certes la psychanalyse, quand elle a lieu, peut mener l'être humain aux confins de l'identité, au lieu inquiet où se noue la possibilité même du langage et du désir, en ce rivage de tumulte et de silence qui ne tolère d'autre voix que celle de l'aède. Il est vrai que le «savoir» du psychanalyste est rien moins qu'un corpus théorique, que sa formation ne s'apparente que de très loin (au moins idéalement) à un cursus professionnel. Il est cependant non moins vrai que la psychanalyse, comme pratique, ne peut exister qu'en tant que métier — métier d'art peut-être mais métier — et ce, entre autres, pour des raisons strictement psychanalytiques. En outre, bien que la qualité première du praticien soit de pouvoir garder une neutralité *technique* attentive, le maintien même de cette position implique une visée tant éthique que scientifique. Il n'est dès lors de psychanalyste que profondément engagé dans sa pratique et, partant, de lucidité analytique qui de temps à autre ne se nimbe de l'éblouissant aveuglement de la passion. Si la psychanalyse (comme ensemble de pratiques: cliniques, institutionnelles, scripturaires) est la fille d'un moment très précis de notre culture, le psychanalyste quant à lui n'est jamais que le rejeton de la très singulière rencontre — au sens le plus affectif de ce terme — entre son histoire, celle de Freud, celle enfin d'un maître analyste dont il est quelquefois malaisé de ne pas demeurer vassal. Tout discours sur la psychanalyse qui (au nom d'une conception puriste de «l'être analyste», lointain écho du «*sacerdos in aeternum*», ou d'un structuralisme d'emprunt) prétendrait faire fi de cette dimension historique s'exposerait naïvement à faire le jeu de la plus massive des idéologies: celle-là même de ceux qui se font les plus ironiques détracteurs de la psychanalyse et, au nom d'une pratique «purement scientifique», s'imaginent ne charrier avec eux aucune idéologie. De même, toute apologie de la psychanalyse qui prendrait argument d'une totale solution de continuité entre la pratique «virginale» du divan et le mésusage institutionnel, pédagogique, littéraire,... de la chose, entraînerait des ripostes trop faciles: supprimer d'un mot l'un des pôles de la contradiction n'est une solution qu'au sens pataphysique du terme.

S'il est vrai que l'écoute psychanalytique ne peut fonctionner véritablement que dans la plus grande extra-territorialité, n'opérer que dans le suspens idéal de tout jugement, de toute manipulation, de toute intrusion dans la réalité, il demeure que cette écoute ne prend de sens que dans sa référence à la pensée freudienne — bien marquée, elle, au coin de l'histoire occidentale —, et n'a d'existence que par son insertion dans un espace socio-économique concret, délimité notamment par les figures du prêtre, de l'artiste, du philosophe, du médecin. L'«être analyste» donne quelquefois l'impression de ne se nourrir que de «signifiants», son fauteuil n'en a pas moins et un style, et un prix. Quant aux Sociétés de psychanalyse, elles sont traversées par les mêmes crises, les mêmes enthousiasmes, les mêmes conflits de personnes que les amicales colombophiles ou les groupuscules politiques: on n'est pas plus analyste dans son groupe que dans sa propre famille. Par-delà l'irréductibilité existentielle de chaque péripétie et les spécificités des enjeux, l'histoire des sociétés de psychanalystes (sur laquelle se développe de nos jours une littérature héroïque) n'offre rien, du point de vue des mécanismes institutionnels ordinaires, qu'une très classique oscillation entre le bureaucratisme et la mystique du chef. L'ironie veut même que plus les analystes tentent de rendre «analytiques» leurs institutions, plus celles-ci deviennent la proie d'un arbitraire quelquefois histrionesque.

Le psychanalyste se rêve artiste, est souvent bon artisan, s'avère en tout cas professionnel, et plus: titulaire de profession libérale. Il met beaucoup de coquetterie à ne pas en convenir, infiniment de savoir à se réfugier derrière le non-savoir, et quelque puérilité, certaines fois, à se voiler de l'ineffabilité de sa pratique. Pourtant rompu à l'écoute — et contrairement au Roi Nu — le psychanalyste, c'est dommage, entend rarement l'enfant sur le bord de son cortège. C'est que la psychanalyse est un curieux métier où l'on entre parfois comme en religion et d'où l'on ne sort jamais indemne. Intrinsèquement «professionnel», le psychanalyste n'est pas pour autant fonctionnaire de l'Inconscient. Le registre même de la psychanalyse, où bouillonnent dans le chaudron des mots le sexe, la vie, la mort, le désir, la nudité et le semblant, n'est pas sans l'affecter profondément: le côtoyement du délire ébranle tout autant que celui du corps mort ou blessé (les mécanismes de réassurance peuvent fonctionner comme autant d'occultations). De plus, les franges de la «tache aveugle» (qui constituent le lieu d'élection de la réflexion psychanalytique: là où le regard se regarde regarder et où la recherche n'a plus comme objet que ce qui la pousse à chercher), si elles offrent une vue imprenable sur «l'animal malade», prêtent en outre un terrain délicatement favorable à tous les courts-circuits du sens. Enfin, l'importance, pour le client, des enjeux contraste avec la modestie réelle de la position d'analyste: le praticien a surtout le pouvoir qu'on lui prête, son savoir est sans commune mesure avec celui qu'on lui suppose. Il peut dès lors être tentant pour lui (qui, par ailleurs, ne se supporte d'aucune illusion technologique ni d'aucun langage formalisé) de compenser dans le social et l'écrit ce décalage de puissance, voire d'accentuer complaisamment la facette magique ou homilétique de son office.

Le psychanalyste est ainsi une proie trop facile pour l'idéologie, et l'écueil est glissant qui souvent le fait choir dans la maîtrise et la suggestion, hors toute visée éthique et scientifique un peu consistante. Si, d'autre part, l'analyste (quand il ne s'est pas brisé sur tous ces récifs) reste l'exégète des fausses évidences, le garant d'un écart par rapport au reste de l'espace et du temps social, le gardien d'un «vide» où le sujet pour se trouver se puisse déprendre du désir des autres (y compris celui même de le guérir), alors il navigue évidemment à contre-courant et l'on peut postuler que la société qui fortuitement l'a fait naître fera également tout pour aseptiser sa pratique. La même logique historique qui a permis la naissance de la psychanalyse (celle du panoptisme et du contrôle social) se doit de la désamorcer, de la noyer dans le sarcasme ou le triomphalisme. Il n'est en tout cas pas douteux que la démarche psychanalytique puisse, en tant que modèle d'intelligibilité, soit occulter, soit manifester la dimension collective des problèmes individuels auxquels dans sa pratique elle répond. S'il est vrai, par ailleurs, que la psychanalyse (officiellement) se garde bien d'édicter des normes positives, la psychologie qui se réclame d'elle s'en charge largement, et elle-même ne cesse, en réalité, d'exercer une fonction normative subtile à travers l'invalidation de fait de nombre de comportements jugés pathologiques ou pathogènes. Ceci sans parler du maintien interne de l'ordre où les groupements d'analystes — fonctionnant alors comme des sociétés endothérapeutiques autoritaires — semblent quelquefois vouloir rivaliser avec les sectes *stricto sensu*.

Déjà nantie des pieds d'Œdipe, la psychanalyse aurait-elle fait main basse sur le talon d'Achille ? Il est indéniable qu'elle offre aux rieurs de tous bords un terrain d'exploits faciles, et à ceux qui la prennent au sérieux matière à détresse épistémologique quotidienne, quand il ne s'agit d'incrédulité pure et simple face à la dérision de l'éthique psychanalytique la plus élémentaire que constituent, par exemple, les «présentations de malades» où se commettent certains praticiens.

A la suite de Groddeck, la psychanalyse considérera toujours la maladie comme une création de tout l'être — à *interroger* (pour aider à son éventuelle déliaison) — plutôt que comme une altérité pathologique à *réduire*. Tout comme la démarche artistique (ou religieuse), la démarche psychanalytique prête plus à la mystification qu'au contrôle rigoureux: cela n'entame nullement, en droit, son pouvoir de vérité.

Une mystification d'un autre ordre serait d'opposer aux ténèbres psychanalytiques la transparence des techniques thérapeutiques issues de la psychologie scientifique (entendons: expérimentale). Cette confrontation spéculaire trop fréquente des deux disciplines repose tant sur la croyance naïve à leur radicale hétérogénéité, que sur une suite de confusions touchant notamment la notion (glissante) de *guérison*, la *scientificité* des pratiques thérapeutiques behavioristes (qui, bien que n'ayant — et pour cause — qu'un rapport analogique avec les procédures expérimentales, ne s'en font pas moins délivrer par elles leurs lettres de créance), la question enfin de l'*évaluation* objective des effet des différentes techniques en cause. Notons simplement ici que, hors les discussions oiseuses sur le «déplacement du symptôme» (qui relèvent le plus souvent de la pétition de principe chez les psychanalystes), le terme de «guérison» présente un contenu sémantique très différent en psychanalyse et en thérapie comportementale. Vouloir trancher en faisant appel au verdict du patient (ou d'un tiers) qui se (le) déclare «guéri» n'est par ailleurs que la mise en œuvre subtile de l'argument d'autorité. Du point de vue de la psychanalyse, comparer divers «degrés» de guérison représente une tâche aussi quantitativement impossible que le serait, par exemple, l'évaluation *objective* du génie pictural à l'œuvre dans deux toiles de maître. Si le *changement* est comportementalement repérable, et porteur d'informations précieuses quant aux possibilités d'*adaptation* d'un patient — lesquelles ne sont pas sans rapport avec sa guérison possible —, il ne renseigne que fort peu sur le degré d'*aliénation* du sujet «changé». Cette notion d'aliénation (intérieure) n'est bien sûr pas pertinente dans le système de référence behavioriste, et c'est tout à fait légitime; mais cela rend précisément aussi illégitime que possible la comparaison, sauf à réfuter *d'avance* la vérité potentielle de la psychanalyse (à ne pas confondre avec sa scientificité) et à ne faire une confiance de principe qu'aux critères — en réalité tout empiriques — du behaviorisme. Plus mystificateur encore s'avère le recours «statistique» à la méthode des «groupes-contrôle» pour juger de l'efficacité respective de la psychanalyse, de la thérapie comportementale, du placebo, et du simple décours des ans; comme si l'on avait affaire, en pratique clinique, à des populations homogènes de rats blancs, soumis à une névrose expérimentale standard bien étalonnée, afin de tester tel ou tel moyen thérapeutique aux paramètres parfaitement maîtrisés... En réalité, dans ces approximations statistiques, les variables parasites sont tellement nombreuses et peu maîtrisables que la procédure n'est jamais rendue possible que par une simplification outrancière allant, bien évidemment, dans le sens du schématisme behavioriste, lequel (pour des raisons de pragmatisme expérimental importées du laboratoire) n'a jamais su faire autrement — et c'est capital — que de réduire la notion de *signe* (médiateur imaginaire multivoque du penser) à celle de *signal* (médiateur sensoriel univoque de l'agir).

Il semble évident à tout clinicien point trop ingénu que les effets produits par la psychanalyse et la thérapie comportementale reposent sur une bonne part de suggestion et d'effet placebo, que l'une et l'autre, dans les faits, mettent en œuvre des processus qu'elles ne privilégient pas dans leur approche théorique : séquences de conditionnement pour la psychanalyse et phénomènes transférentiels pour la thérapie comportementale. Comme on l'a déjà mentionné, elles proviennent d'un même humus; par-delà leurs divergences techniques et leurs polarités heuristiques opposées, les unissent des liens idéologiques subtils où le souci de l'autonomisation et celui du contrôle s'entrelacent inextricablement; l'une comme l'autre apparaissent comme des moments féconds de configuration d'éléments depuis longtemps en attente dans le mouvement moderne des idées (il n'est de reproche plus naïf — et plus foncièrement «religieux» — fait à Freud, que celui de n'avoir point créé à partir de rien); l'une comme l'autre enfin sont essentiellement des pratiques *empiriques* qui, si elles relèvent de modèles scientifiques différents, divergent surtout par leur conception de la relation thérapeutique. La psychanalyse a ceci de remarquable qu'elle est tout d'abord (au moins idéalement) une *éthique*, et secondairement une technique de la relation clinique : au cœur de cette éthique se trouve le refus absolu de manipulation et d'objectivation du sujet humain, ce qui la distingue très nettement de la plupart des pratiques sur l'humain issues des sciences humaines et positives. Pour elle, il n'est de thérapeute qui puisse prétendre à quelque extériorité objective, ni de «folie» qui ne fasse signe pour chaque être humain en particulier, et sens pour la condition humaine en général. A ses yeux, le clivage normal/anormal est dépourvu de pertinence véritable : tout qui a sur un autre un projet de changement est d'abord renvoyé à ses propres valeurs, ses propres désirs, sa propre aliénation.

La perspective du behaviorisme est tout autre : thérapie comportementale y est rigoureusement synonyme de *modification du comportement* (objectivement observable), celle-ci se basant sur une théorie de l'apprentissage qui repose avant tout sur la théorie psycho-physiologique du réflexe conditionné. Le rêve du behaviorisme (qui sert de label à tous les tenants d'une psychothérapie «scientifique») est d'appliquer à l'étude et à la modification du comportement humain un modèle rigoureux fondé sur le schéma stimulus-réponse. En réalité, par la force des choses, les thérapeutes s'écartent notablement du modèle strict en faisant appel latéralement à des éléments beaucoup moins expérimentables tels l'empathie, les processus cognitifs, etc.

Pour Watson — père fondateur de la psychologie comportementale et opérateur, par là, d'une césure radicale avec la psychologie philosophique et avec la vieille croyance en la prévalence de «l'instinct» — s'offrait, au début du siècle, la possibilité d'étudier enfin objectivement le comportement de l'homme en observant les réactions déclenchées par des stimuli aux paramètres soigneusement mesurés. Il bénéficia pour ce faire de l'appoint providentiel de la découverte pavlovienne. Par la suite, Skinner (plus proche de Bechterev) devait mettre en place un type de modèle particulièrement fécond, faisant appel au conditionnement dit «opérant». Il y met en évidence la façon dont un être humain peut, en quelque sorte, s'autoconditionner et — dans un environnement donné — modeler, à son propre insu, ses conduites par la production de séquence comportementales dont les effets peuvent être agréables ou désagréables, et *renforcer* ou non, en retour, les comportements associés. Le modèle skinnérien vient compléter celui de son devancier et permet d'expliquer avec plus de finesse la genèse de pas mal de conduites. Moins choquant dans le domaine thérapeutique que celui de Watson-Pavlov (qui a fréquemment recours aux stimuli aversifs: chocs électriques, nausées,...), il propose une méthode douce où c'est le sujet lui-même, dans l'environnement que lui ménage le thérapeute ou l'expérimentateur, qui renforce ou non son comportement selon les récompenses obtenues. L'esprit des deux procédés cependant reste identique: modelage du comportement basé sur les techniques de conditionnement (opérant ou pavlovien) issues de recherches de laboratoire sur les chiens, les rats, les pigeons, et transposées tant aux névrosés (conditionnement pavlovien) et aux psychotiques (conditionnement opérant) qu'aux criminels et aux écoliers («économie des jetons», machines à enseigner). Les critères de modification ou de modelage du comportement, quant à eux, procèdent d'une exigence individuelle ou/et sociale de conformité, ils peuvent donc revêtir — suivant les moments et les lieux (tolérance, par exemple, à l'homosexualité) — des aspects très divers et collaborer efficacement au maintien de l'ordre institutionnel. N'offrant au praticien qu'une technologie scientifique de modification du comportement, le behaviorisme thérapeutique ne peut, en droit, qu'épouser l'éthique «moyenne» de la société: son parti pris d'extériorité objective lui interdit, par définition, toute prise de position sur le sens et les valeurs.

Néanmoins, comme aurait pu dire le cher Freud, «les behavioristes sont aussi des êtres humains»: passant insensiblement de la recherche expérimentale à la spéculation littéraire (et à la gestion d'une agence de publicité) — et habilitant, comme c'est communément le cas, l'arbitraire de la seconde de la rigueur de la première —, Watson se mit bientôt à prophétiser et annonça la suppression du droit pénal et le remplacement prochain des juges par des praticiens du behaviorisme. Il rêvait parallèlement d'un univers éducatif — enfin libéré de l'agressivité entre parents et enfants ainsi que de l'incohérence des *mères* — où l'environnement et les objets porteraient en eux-mêmes leur sanction (telle une table électrifiée qui apprendrait elle-même à l'enfant à ne pas toucher tel beau vase: il ne dit malheureusement rien des critères behavioristes qui font considérer comme beau et intouchable tel objet plutôt que tel autre). En bref, il se mit à programmer un univers idéal où l'on n'aurait littéralement plus rien à dire, où le réel serait enfin conforme à un modèle univoque excluant tout conflit, toute souffrance, toute discussion. Skinner de son côté, en marge de ses travaux sur les pigeons, a tenu des propos messianiques et élaboré des plans utopiques pour la société à venir. En des termes mi-inspirés, mi-rationnels, il démontre l'inanité — et pour tout dire l'actuelle nocivité — des notions périmées comme celles de «liberté» et de «dignité»; il déplore en outre l'hétérogénéité de l'environnement social ordinaire qui — en rendant le contrôle des contingences de renforcement des plus malaisés — interdit en fait, pour le moment, la mise au point harmonieuse de véritables communautés skinnériennes. La technologie cependant est déjà en place, qui ferait du monde une gigantesque «boite de Skinner» aux procédures de renforcement judicieusement élaborées. La panoplie technique du «meilleur des mondes» est pour ainsi dire à la portée de n'importe quel écolier (ce qui ne laissa d'inquiéter un certain Huxley): les seuls obstacles sont éthiques et politiques.

Il s'agit en fait — comme souvent dans les écrits et les pratiques behavioristes — d'un usage mythologique de la science, hérité du XIXe siècle, qui mêle dans le discours les descriptions de séquences expérimentales rigoureuses aux pétitions de principe les plus grossièrement idéologiques, les premières venant lester les secondes des connotations scientifiques qui leur donnent autorité. Cet usage est typique de notre époque. Bien que ce ne soit pas ici le lieu d'épiloguer sur le clivage (sans précédent) du profane et du sacré opéré par notre civilisation, sur la régression officielle de celui-ci vers des zones de plus en plus circonscrites et spécialisées (en même temps que son ironique résurgence au sein même des instances ayant contribué à son refoulement), il faut noter que la question — pour l'être humain inesquivable — du

Sens (de la vie, de la mort,...) débouche presque inéluctablement sur un réinvestissement de ce «sacré», d'autant plus diffus que les lieux traditionnels de son exercice font défaut. Dans cette perspective, tant la psychanalyse que le behaviorisme offrent à la fonction mythique d'agréables points d'ancrage : à la question du Sens peut venir tout naturellement s'accrocher une «psychologie des profondeurs» faisant figure de nouvelle gnose — Dieu est mort, vive l'Inconscient, réservoir de tous les sens! — tandis qu'une science expérimentale passe sans difficulté pour ce qui croît paisiblement dans l'intimité ponctuelle du Vrai, ce qui touche le réel du doigt. On voit qu'il ne manque ni pour le behaviorisme, ni pour la psychanalyse, de matrices idéologiques virtuelles disponibles; et l'on comprend en outre que, là où celle-ci se contentera d'offrir à l'éclosion de nouvelles normes un terrain délicatement favorable, celui-là sera tenté de suppléer à la déficience d'une idéologie un peu fruste par une technologie du contrôle très étudiée. Un exemple particulièrement éloquent du type d'amalgame ci-dessus évoqué est offert par le livre consacré par Watson à l'éducation[37], lequel mériterait une analyse détaillée. Si Watson y témoigne à l'égard des femmes de sentiments tout «freudiens» et suggère de remplacer les mères — à jamais défaillantes — par des techniciens du conditionnement, il n'en dédie pas moins son ouvrage à la figure mythologique — digne d'un millénarisme laïque — qu'est cette *«first woman who brings up a happy child»*.

La cité watsonienne ou skinnérienne n'étant sans doute pas pour demain, il peut être tentant — en attendant — d'expérimenter ce nouvel ordre feutré dans le champ clos d'une thérapie ou d'un asile. Certains praticiens ont beau prendre leurs distances par rapport aux extrapolations politico-thérapeutiques des deux principaux penseurs du behaviorisme, demeure l'idéologie du *contrôle* sous-jacente à toute pratique de ce type. En définitive, le visage humain de la thérapie comportementale n'est jamais dû qu'à l'humanité personnelle des thérapeutes, en aucun cas à la lettre d'une doctrine basée essentiellement sur l'objectivation, et qui ne fait qu'apporter à des critères purement subjectifs de modification du comportement le secours d'une technologie anonyme et bon marché.

Le stade suprême de l'objectivation, c'est la réduction à l'état de cadavre. Vers 1925, Watson écrit que si le déconditionnement s'avère inopérant pour certains fous, rien n'interdit d'envisager leur suppression : *«(...) on ne peut rien opposer à cette idée, sinon un sentimentalisme exagéré et des convictions religieuses médiévales»*[38]. Cette opinion est restituée telle quelle, sans nuance, depuis 1942, par P. Naville dans un livre constamment réédité (augmenté et préfacé par l'auteur en

1963) et devenu quasiment un «classique» obligé pour l'étudiant en psychologie[39]. Notons, au passage, combien 1942 est une année intéressante pour l'extermination des fous et autres «autres». La psychanalyse est certes souvent caricaturale et récupérée, mais ce n'est sans doute pas un hasard si, aujourd'hui, les successeurs des idéologues de la violence et du mépris invoquent fréquemment les behavioristes et jamais Freud à l'appui de leurs conceptions sociales.

De par la position très particulière de l'observateur, la relation thérapeuthique n'offrira jamais à la science expérimentale que des données marginales. Nul ne songerait à faire grief au behavioriste de justifier sa pratique thérapeutique par un ensemble de considérations où se mêlent inextricablement le sens commun, les découvertes expérimentales, et ses propres avis et valeurs, s'il ne prétendait justement à l'objectivité scientifique et à la désimplication personnelle du praticien. Pour la psychanalyse, par contre, la question du désir du thérapeute, et donc de la société (bien qu'ici le terme «désir» soit bien sûr métaphorique), est tout à fait centrale. Et pourtant si le behaviorisme, quand il se fait thérapie, se situe bien aux antipodes de l'éthique de la psychanalyse, il paraît difficile de nier que cette dernière procède de la même souche: celle qui a vu croître, à partir du XVIIIe siècle, les sciences humaines en général et la psychologie en particulier, tandis que s'inaugurait l'incoercible glissement, mis en lumière par Foucault, de la Loi vers la Norme. A quelques nuances près, psychanalyse et behaviorisme (enrichis des modèles structuraux ou systémiques, et flanqués de quelques accentuations corporelles et collectives) fournissent d'ailleurs les deux grands axes de référence pour toutes les formes contemporaines de psychothérapie, et ce avec des points d'intersection non négligeables comme, par exemple, dans certains types de relaxation. Rien d'étonnant donc à ce que, par-delà leur opposition manifeste, leurs types de fonctionnement idéologiques se complètent ou se recoupent en certains endroits.

Pratique de silence et de langage, la psychanalyse tente de créer un espace sûr et neutre où soient mis dans la fiction d'une parenthèse ce «désir» de la société et celui du thérapeute, d'ouvrir ainsi une plage dans les marges du quotidien où se puisse dire et découvrir le désir dans le champ de la parole: champ où se déploie la multivocité des signes comme lieu possible de médiation entre l'être humain et son destin, où l'histoire enfin — et ses marques sur le corps — arrive quelquefois à se délier et s'évader des rets de la répétition. La position critique — centrée par la notion d'Inconscient — qui lui est propre, le respect de l'individu qui la caractérise (même quand elle vient déconstruire la notion de «sujet»), peuvent faire de la psychanalyse la conscience récalcitrante de toute pratique clinique; tout aussi bien pourtant, l'espace de secret et le mode opératoire individuel qui règlent son exercice peuvent l'incliner non plus à *mettre en suspens* mais à *éluder* le politique, et à devenir de fait la complice silencieuse de la violence institutionnelle. Elle peut avoir, autrement dit, aussi bien fonction de mise à jour que d'esquive — voire d'entretien — du pôle politique de la contradiction qui a suscité son éclosion (et que l'on pourrait figurer par une phrase mise dans la bouche de l'Etat «surveillant» et «providence»: «Je ne vous libère comme citoyens que pour mieux vous enfermer dans l'enfance»). Lieu de retrait, la cure psychanalytique n'est pas en effet pour autant lieu de confinement: siégeant au chevet le plus intime de l'aliénation la psychanalyse peut, au niveau de théorisation qui est le sien, soit manifester, soit occulter la part de tensions sociales (et de médiations institutionnelles) à l'œuvre dans toute souffrance individuelle, celle-ci interpellant toujours peu ou prou la société dans son entier et témoignant d'une contradiction jamais réductible à la généralité de la condition humaine ni à la spécificité de conflits intra-individuels ou intrafamiliaux isolés.

Foncièrement critique et aussi a-normative que possible, la psychanalyse, si sa démarche a quelque pertinence, porte en elle les germes de sa propre élimination ou récupération. De cette dernière, la popularité dans les media est un signe certain, mais non moins la vigueur charismatique de ses hérauts les plus intransigeants (répercutée par les orphelins des grands systèmes de pensée dont ils constituent la dernière bouée du «sens»), ni surtout l'illusion d'une extra-territorialité idéologique. Récupérée ou non, la pensée freudienne garde pourtant suffisamment de tranchant pour critiquer Freud lui-même en ce qu'il a pu avoir de conventionnel, pour ne pas être tout à fait dupe de l'usage qui est fait d'elle, pour préférer le nomadisme de l'esprit à la solidité des doctrines, et pour ne créditer aucun maître, thérapeute ou système qui voudrait «mon bien» ou «ma vérité» à ma place.

Si le paradoxe premier de la démarche analytique est de ne jamais glaner autant de sens que dans le champ du «non-sens», le second n'est pas moindre: c'est de ne pousser, dans la cure, le solipsisme introspectif à son comble que pour mieux laisser se remettre le sujet dans le circuit de l'*échange* (sexuel, économique, métabolique, langagier). C'est en ce sens que «guérison» et «interprétation» vont de pair en tant que remise, précisément, dans un circuit d'échange: la psychanalyse est toujours un jeu de société. C'est en ce sens aussi qu'on peut quelquefois «interpréter» sans rien comprendre: au regard de la pratique freudienne, le *sens* s'apparente autant à la circulation qu'à la signification. C'est en ce sens dès lors que ce qui abolit l'échange est antipsychanalytique, et partant toute maîtrise, tout arbitraire, toute univocité : s'identifier à Freud c'est tout le contraire de s'y soumettre. C'est en ce sens enfin que tout ce qui favorise l'échange est, en soi, thérapeutique : il n'est pas douteux que divers traitements symptomatiques, par le soulagement subjectif qu'ils apportent, suffisent souvent à remettre le sujet dans les circuits biologiques et sociaux où viendra se négocier sa guérison « vraie ».

Nul doute ainsi que beaucoup de traitements ne produisent des *effets* : il importe de ne jamais omettre la question de leur *prix*. Qui dira le coût d'aliénation des systèmes de modification du comportement basés sur « l'économie des jetons » (appliquée indifféremment aux repris de justice, aux fous, aux conjoints en péril,...) ? Qui évaluera l'enlisement de tel enfant énurétique machinisé (par *kit* montable à domicile, branchable sur piles ou sur secteur) ? Qui parlera le prix de la parole coupée ? A scruter trop exclusivement les conditions psychophysiologiques de la marche, à polir trop finement les prothèses, on risque de perdre le *sens* de la promenade. A vouloir modifier le comportement des hommes en faisant l'économie d'une interrogation sur l'ordre humain, on s'expose à ne plus être que le gardien inhumain de l'Ordre... Les rats blancs savent là-dessus tout un catéchisme car, à vouloir épurer les conduites humaines complexes (comme le langage) pour les réduire à des schèmes correctement expérimentables, on scotomise précisément la « petite différence » entre le rat de laboratoire et « l'animal malade » tout en glissant ingénument dans le plus *analogique* des savoirs. Moins ingénu sans doute est le savoir-faire qui en découle : à défaut d'éthique explicitée, la technologie comportementale risque de participer sans plus d'une idéologie du dressage et du musellement.

3. *Epilogue*

Evoquer l'euthanasie préconisée par Watson pour certains malades mentaux, les positions politico-thérapeutiques totalitaires de Skinner, certaines visées behavioristes qui font penser à une version « goulag » du bonbon et de la fessée, tout cela peut paraître rien moins qu'injuste au praticien circonspect de la thérapie comportementale. N'empêche que cela *est*, et qu'il semble difficile d'évacuer, sans plus, ces aspects gênants d'une œuvre qui constitue véritablement la colonne vertébrale théorique de la technologie behavioriste. Tout projet thérapeutique implique — qu'il en ait ou non conscience — une vision philosophique de l'homme. Force est bien de constater que nombre des applications thérapeutiques « objectivement observables » issues du behaviorisme relèvent d'une conception simpliste et autoritaire de l'être humain. En fait, une position thérapeutique purement behavioriste est difficilement tenable, et les praticiens ont tôt fait d'aménager subjectivement leur savoir-faire en y réintroduisant empiriquement nombre d'éléments aussi classiques et peu contrôlés que ceux mis en œuvre par la psychanalyse.

A l'absence d'éthique spécifique déclarée, est sans doute préférable l'étrange franchise du professeur Léon Michaux (La Salpêtrière) dans sa préface à «Conditionnement et névroses»[40]. Le professeur Michaux ne rend certes pas service à Eysenck (lequel — bien que professant à l'endroit de la psychanalyse des opinions apparemment modelées par une thérapie aversive — s'efforce parfois de rester nuancé), mais sa préface vaut bien une conclusion:

«Un traitement qui repose sur l'apprentissage suscite des indications autant préventives que curatives. La pédagogie, la prophylaxie de la délinquance, la rééducation des jeunes criminels en dépendent: ils sont affaire de conditionnement avec ses différentes techniques sans omettre ni l'aversion ni le découragement. Un espoir est dans les méthodes issues du behaviorisme et il réside dans une restauration de la discipline».

— «Bizarre...»
— «Bizarre? vous avez dit bizarre?... mais c'est *élémentaire* mon cher Watson!»

Elémentaire en effet, que le *projet psychothérapeutique* s'inscrive dans un ordre de valeurs particulier. Elémentaire que ni la «neutralité» du psychanalyste, ni «l'objectivité» du behavioriste n'échappent à cette inscription. Elémentaire donc que le thérapeute se souvienne de ce que rien ne lui est plus «naturellement» étranger que la notion de «nature humaine», de ce qu'aucun «modèle» rigoureux ne vient aseptiser les ambiguïtés de sa pratique.

En psychothérapie comme ailleurs, la démarche scientifique est fondatrice de normes. En psychothérapie plus encore qu'ailleurs, le savoir n'est jamais qu'asymptote de la vérité.

IV. NEUROLOGIE, NEUROCHIRURGIE, PSYCHOCHIRURGIE

Autant savoir... [41]

R. Bruyer [42]

Introduction

Les deux contributions qui viennent à ce moment de l'ouvrage traitent des aspects de la médecine qui sont les plus apparentés aux sciences humaines: il s'agit en effet de la modification de conduites pathologiques, mais par les moyens médicaux (essentiellement la chimiothérapie — médicaments — et la chirurgie). A ce titre, ces disciplines relèvent bien évidemment d'abord des questions relatives aux droits de l'homme qui sont propres à la médecine. On pense par exemple au droit à l'information, à l'accès au dossier médical, à la santé, à la formation, à la prise de décision quant aux thérapeutiques majeures, etc. Ces éléments ne relèvent pas du présent ouvrage et le lecteur est invité à consulter les publications spécialisées [43].

Il s'agit cependant d'une médecine un peu particulière. En effet, la pathologie à laquelle elle se trouve confrontée concerne le comportement proprement dit: le symptôme à traiter n'est ni une fracture de l'humérus, ni un estomac qui déraille, ni une cataracte débutante, mais plutôt un langage devenu incohérent, une mémoire défaillante, une détérioration des fonctions mentales, une humeur surprenante... On est au bord de — ou en plein dans — ce que le langage commun étiquette de «folie». Ces comportements pathologiques relèvent, dans un certain nombre de cas, d'une atteinte cérébrale objectivable: ces troubles seront alors du domaine de la neurologie qui élabore un traitement médicamenteux, ou de la neurochirurgie lorsque le traitement implique une intervention chirurgicale au cerveau. D'autres comportements pathologiques ne sont pas immédiatement imputables à une anomalie cérébrale visible: ils relèveront alors de la psychothérapie ou de la psychiatrie, disciplines qui sont traitées dans d'autres points de ce chapitre. Cependant, dans certains cas, une «hypothèse» est parfois émise qui conduit à attribuer à une anomalie cérébrale non visible la cause de l'anomalie comportementale. C'est le domaine de la «psychiatrie biologique» qui sera soit médicamenteuse, soit psychochirurgicale (empruntant à la neurochirurgie ses pratiques opératoires). Cet aspect de traitement des conduites déviantes relève alors du présent article (d'autant plus que les articles de «psychiatrie» et «psychothérapie» abordent principalement l'aspect non biologique des traitements).

1. Neurologie, neurochirurgie

Pour ces disciplines, peu de questions délicates se posent de prime abord. En effet, dès l'instant où on peut repérer la lésion cérébrale responsable des troubles comportementaux, il reste tout naturellement à soigner le patient en s'attaquant aux causes de la pathologie : chirurgie qui enlève la tumeur cérébrale, corrige l'anévrysme qui vient de saigner, dérive le liquide en excès, évacue un hématome, etc., ou traitement médicamenteux qui s'attaque aux causes et/ou aux effets physiologiques de la lésion cérébrale. Nous sommes donc ici en présence d'une pratique tout à fait «ordinaire» de la médecine.

Néanmoins, quelques problèmes aigus procèdent de la spécificité de ces disciplines. Voyons-en quelques-uns et les délicates questions qu'ils peuvent soulever eu égard aux droits de l'homme.

a) Une première facette de la problématique tient à la *nature même des troubles*. D'une part, il existe tout ce halo de mystère et de respect autour de ce cerveau qui, paraît-il, constitue le substrat biologique des pensées et comportements. Ceci entraîne, à l'égard du «spécialiste», toute une série de conduites rituelles faites de soumission à l'autorité qui sait. Ici pointe une difficulté qui peut être lourde de conséquences, sous deux aspects. Le premier est la confiance aveugle envers l'homme de science, ce qui confère à celui-ci un pouvoir redoutable sur le patient et son entourage et, *de facto*, un risque d'abus de ce pouvoir; le second aspect c'est que le spécialiste peut lui-même se laisser prendre au jeu et devenir convaincu qu'il sait (ceci procède sans doute à la fois d'un réflexe personnel de sécurisation et du jeu social entretenu par la clientèle): or, la recherche nous indique combien nous connaissons mal à ce jour la physiologie et la pathologie cérébrales.

D'autre part, et cet élément est directement lié au précédent, il faut savoir que les cellules nerveuses sont à ce point spécialisées qu'elles sont dépourvues de reproduction: ceci entraîne que la lésion cérébrale a un caractère d'irrévocabilité, les cellules détruites étant bel et bien définitivement perdues. Il n'en faut pas davantage pour considérer que dès lors les troubles comportementaux sont eux aussi définitifs, et cette inférence de l'opinion — souvent implicitement soutenue par les spécialistes avec toutes les conséquences que cela peut entraîner — conduit à des décisions généralement néfastes sur le plan relationnel (familial,...) ou thérapeutique. Or, une telle inférence n'est qu'hypothèse : la recherche commence à montrer que le cerveau peut s'adapter et quelque peu compenser la déficience entraînée par la lésion, et la revalidation des troubles cognitifs secondaires aux lésions cérébrales est une démarche en plein développement[44].

b) Un autre élément important de la problématique est que, au stade actuel de l'évolution de la médecine, la «*décision de mort*» est d'ordre neurologique. Au sens courant du terme, il y a diagnostic de décès à la suite de toute une investigation clinique qui ressort de la neurologie : disparition de réflexes végétatifs et autres, niveau de conscience, etc. Dans un sens plus technique ensuite, on retient la survenue du décès lorsqu'il y a mort cérébrale, c'est-à-dire lorsqu'à ces critères cliniques s'en ajoutent qui proviennent exclusivement des technologies annexes de la neurologie (électroencéphalographie, potentiels évoqués cérébraux). Cette procédure est redoutable à deux égards. D'une part, elle concentre la décision — ou la non-décision — dans le chef d'un spécialiste ou d'une discipline. D'autre part, elle est de ce fait tributaire du progrès des connaissances découlant de la recherche : par exemple, un électroencéphalogramme plat pendant une longue durée à longtemps été interprété comme signe de la mort cérébrale, mais on constate aujourd'hui les limitations et difficultés de cette approche trop grossière, cette «mort» étant parfois loin de concerner l'ensemble de l'encéphale.

Ces remarques conduisent de surcroît à toutes les difficultés liées au maintien ou non de la «vie» de corps qui ne sont plus vivants que métaphoriquement. Cette immense problématique ne peut qu'être évoquée ici.

c) Troisième aspect du dossier, celui de ceux que nous appellerons *les «non-responsables»*. De par sa nature même, la neurologie est une discipline qui s'adresse souvent à des patients dont les symptômes sont tels que l'échange «normal» d'informations avec le médecin est rendu impossible. On trouve en effet souvent, dans ces populations, des malades dont le niveau de conscience est très réduit (coma ou formes moins graves de déficit), qui présentent un grave retard mental ou une détérioration majeure des fonctions intellectuelles (démences), une absence de prise de conscience de leur handicap (anosognosie, héminégligence), une perturbation de l'humeur ou des conduites émotionnelles, une atteinte de la compréhension ou de la production du langage (aphasie), sans compter le cas des enfants (mais ceci n'est pas spécifique à la neurologie). Dans toutes ces situations, les échanges malade-médecin sont pratiquement abolis, ce qui renvoie les prises de décision au seul médecin et/ou à l'entourage du patient. Outre qu'il s'agit là de transferts de responsabilités qui peuvent être pour eux-mêmes lourds de conséquences, il faut de plus en marquer avec insistance la relativité : cette absence de communication peut être seulement apparente (et liée aux connaissances actuelles en la matière), ne peut que rarement être déclarée définitive et, plus foncièrement, ne relève d'aucun critère précis permettant de conclure à l'irresponsabilité.

d) Sans prétendre à l'exhaustivité, nous aimerions enfin aborder quelques difficultés qui sont plus spécifiques à la *neurochirurgie*.

Un premier problème à indiquer concernera ce que nous appellerons un peu cyniquement le «choix des symptômes». Il n'est en effet pas rare que le chirurgien se trouve en présence d'un patient chez lequel des symptômes relativement bénins (maux de tête, crises épileptiques occasionnelles,...) ou plus invalidants (paralysie d'une partie du corps, trouble de la vision,...) ont permis de diagnostiquer une souffrance cérébrale justiciable d'une intervention (tumeur maligne à ôter, par exemple) qui supprimera la «cause» des symptômes — et parfois les symptômes — et prolongera la vie du patient mais en générant d'autres handicaps. Comment alors résoudre le dilemme — et qui prendra la décision? — lorsqu'il se pose, par exemple, en ces termes: vivre encore six mois avec une moitié du corps qui est paralysée, ou bien vivre encore dix ans mais sans disposer du langage? Cette situation lève les difficiles questions du critère de décision, de la personne qui décide, de l'information proposée, des pressions morales éventuelles, des éléments financiers, etc.

Une seconde série de problèmes tient aux techniques d'intervention et à leur évolution, et nous soulignerons plus particulièrement trois types d'opération. En premier lieu, une partie importante des gestes neurochirurgicaux consiste à l'ablation de tissus pathologiques. Or, il est pratiquement exclu, pour des raisons techniques et anatomiques, d'ôter uniquement du tissu malade: le trajet d'approche dans le cerveau passe au travers de zones saines et l'extraction des régions atteintes s'accompagne de l'ablation d'une partie intacte — la plus réduite possible — entourant la zone déficiente. Par conséquent, on court en permanence le risque de réduire certains symptômes tout en en créant des nouveaux; ceci nous ramène à la question du choix des symptômes (ci-dessus).

En deuxième lieu, les progrès techniques font en sorte que certaines interventions consistent en la création chirurgicale de lésions «thérapeutiques» dans du tissu cérébral sain. Nous pensons ici à deux catégories d'interventions. La première consiste à sectionner les fibres nerveuses qui relient les deux hémisphères cérébraux («commissures») afin d'enrayer certaines crises épileptiques qui prennent naissance dans un des hémisphères et se propagent ensuite à l'autre: cette procédure («commissurotomie») a pour objectif de limiter la crise à un seul côté. Elle présente cependant diverses difficultés, même si elle a permis de spectaculaires développements dans notre connaissance du substrat cérébral des activités cognitives[45] : outre des critiques d'ordre technique et internes à la psychologie expérimentale ou à la neuropsychologie, on indiquera: a) le côté relativement décevant des effets observés sur le plan épileptique, b) la nature expérimentale de ces interventions, c) l'exploitation scientifique des quelques patients qui ont subi ces opérations, d) la nature du geste opératoire qui consiste à créer une lésion irréversible, e) le fait que ces lésions soient de surcroît produites dans du tissu cérébral sain, f) la large ignorance des effets que l'intervention était susceptible d'entraîner. La seconde catégorie d'opérations procède de développements techniques relativement récents, qui réduisent l'ampleur de la destruction des structures cérébrales saines: il s'agit des procédures dans lesquelles de très fines électrodes sont introduites dans le cerveau jusqu'à ce que leur extrémité atteignent une zone très délimitée («stéréotaxie») qui sera alors détruite par électrocoagulation, car on a des raisons de croire que le dysfonctionnement de cette région est à l'origine des symptômes comportementaux observés. Pour l'essentiel, les critiques formulées à l'égard de la démarche précédente restent applicables.

En troisième lieu, cette même technique stéréotaxique commence actuellement à être utilisée afin d'exciter (de stimuler) certaines zones cérébrales au lieu de les détruire (la différence tient simplement au type de courant électrique appliqué). Généralement, les électrodes sont multiples, implantées pour une longue durée et contrôlées par le patient lui-même après un certain temps. Cette procédure a diverses applications, notamment le contrôle des douleurs chroniques intolérables ou de certaines crises épileptiques. C'est cependant ici toute la question — qui reviendra sous une forme pus aiguë dans la suite du texte — du contrôle du cerveau d'un individu par d'autres individus[46].

2. Psychiatrie biologique

Il existe toute une catégorie de troubles du comportement qui ne peuvent être imputés à une lésion cérébrale: ce sont les symptômes psychopathologiques ou psychiatriques, relevant de la psychiatrie. Un courant de pensée dans les milieux de cette discipline énonce que ces anomalies comportementales sont cependant explicables par une déficience dans le fonctionnement (la physiologie ou la biochimie) du système nerveux central — pourtant exempt de toute lésion décelable —; la thérapie de ces troubles consistera donc logiquement à venir modifier ce fonctionnement cérébral.

Plusieurs procédures sont utilisées dans ce contexte. La plus largement répandue depuis une trentaine d'années est la psychopharmacothérapie (1952: découverte des propriétés psychotropes du Largactil): il s'agit ici de l'immense registre des modifications de comportements par la voie des médicaments. Une autre technologie, en voie de disparition (mais toujours utilisée), est l'électrochoc qui repose sur les propriétés électriques des informations nerveuses circulant dans le cerveau; il s'agit en quelque sorte de provoquer une crise convulsive en excitant de l'extérieur (courant électrique) les cellules cérébrales, et cette méthode est surtout appliquée aux états mélancoliques (après une période initiale d'utilisation dans des cas de schizophrénie). Enfin, il existe la technique d'intervention chirurgicale dans le cerveau: c'est la psychochirurgie sur laquelle nous allons revenir.

Tout ce dispositif conceptuel ressort d'abord bien évidemment des remarques relatives à la pratique médicale en tant que telle et qui ont déjà été formulées. Ensuite, en tant que psychiatrie, cette discipline est sujette à diverses remarques qui lui sont spécifiques et qui sont développées dans d'autres parties de ce chapitre (psychothérapie et psychiatrie). Deux notes importantes sont à souligner. D'une part, il y a ici l'immense question de la définition du caractère pathologique du comportement: les critères de cette définition sont — et c'est là le danger — étroitement liés à la culture, à l'époque et aux personnes qui décrètent la nature pathologique ou non de la conduite. Il n'est donc pas surprenant d'y voir un grave risque d'abus, tout autant qu'il est plus que séduisant pour toute autorité de disposer de moyens de contrôler le comportement de tiers. D'autre part, on soulève ici l'importante discussion concernant la nature des troubles psychopathologiques: sont-ils entièrement explicables par une anomalie dans un cerveau qui est pourtant dépourvu de lésion (visible) et, sinon, faut-il aborder la thérapie par voie biologique? Ces remarques participent en outre du contexte de médicalisation parfois hâtive de la pathologie comportementale.

3. *Psychochirurgie*

a) Sans entrer dans les détails techniques relatifs à cette définition ni les controverses qu'elle a pu susciter, on peut décrire la *psychochirurgie* comme la destruction chirurgicale d'une région cérébrale en vue de réduire des troubles psychiatriques sévères résistant aux autres thérapeutiques[47]; d'aucuns mettent l'accent sur le caractère non nécessairement pathologique du cerveau avant l'intervention et, inversement, n'accentuent ni la gravité des troubles ni le fait qu'ils aient résisté aux thérapies plus classiques[48]; d'autres mettent par contre l'accent sur le caractère vague de la définition, arguant de la multiplicité des techniques opératoires, des cibles cérébrales, des indications et des procédures diagnostiques[49].

Le lecteur intéressé trouvera une présentation de la psychochirurgie, ses méthodes, son historique dans des textes comme ceux de Delgado, Valenstein ou Jaubert[50]; les zones frontales constituant la cible favorite — quoique non exclusive — des psychochirurgiens, l'ouvrage de Fuster[51] est une bonne présentation des fonctions des lobes frontaux; enfin, l'ouvrage édité par Valenstein[52] représente une bonne revue critique de la psychochirurgie. D'autres examens critiques contemporains sont disponibles dans la littérature[53]. Ce n'est évidemment pas le lieu, dans ce chapitre, de retracer l'histoire de la psychochirurgie ni de décrire les techniques utilisées[54]. Notons enfin que contrairement à l'opinion qui veut que la pratique psychochirurgicale soit aujourd'hui en nette diminution[55] par suite des diverses difficultés liées à cette pratique et sur lesquelles nous allons revenir, il semble bien plutôt que, malgré ces difficultés, la psychochirurgie ne soit aucunement en voie de disparition[56]; on trouve aussi une position plutôt intermédiaire : le nombre d'interventions ne s'accroît pas, mais on assiste à un regain d'intérêt des professionnels pour cette pratique[57]. On pourrait en outre considérer que devant les critiques suscitées par la psychochirurgie, la pratique de cette dernière est devenue plus «confidentielle». Remarquons d'ailleurs au passage le caractère troublant de cette impossibilité qu'il y a à connaître clairement le nombre d'interventions, précisément dans le domaine de la psychochirurgie. Il est vrai qu'elle soulève de vives discussions dans de multiples registres : justification scientifique, technique opératoire, aspects légaux et domaine éthique. Il est vrai aussi, comme l'a observé Jaubert[58], que les spécialistes n'aiment pas (n'aiment plus?) parler de la psychochirurgie à ceux qui sont extérieurs à la secte, et notre impossibilité à trouver un spécialiste pour rédiger cette partie du présent ouvrage en témoigne.

b) Voyons à présent les *difficultés* qu'a soulevé la psychochirurgie. N'étant pas un professionnel de la démarche, nous ne pourrons être exhaustif ni discuter à fond de ces problèmes. Nous relèverons simplement ceux inhérents à la psychochirurgie dans ce qu'ils ont d'inquiétant pour les défenseurs du respect des droits de l'homme. On distinguera assez arbitrairement les problèmes internes à la discipline et ceux qui relèvent d'un point de vue plus extérieur[59].

Sur le plan interne, observons trois séries de difficultés majeures. En premier lieu, la plupart des commentateurs s'accordent pour souligner le caractère extrêmement ténu des fondements scientifiques qui servent à justifier la pratique psychochirurgicale : les arguments physiologiques sont plus que faibles[60] et on se prend à léser des structures cérébrales dont la fonction est mal connue[61]; de plus, il n'existe à ce jour aucune relation théorique claire entre telle zone cérébrale et telle sémiologie psychiatrique[62]. Jaubert[63] n'hésite pas à écrire que les fondements scientifiques de la psychochirurgie sont à ce jour aussi flous qu'en 1935! En deuxième lieu, il apparaît que les résultats de la psychochirurgie sont extrêmement difficiles à évaluer. Sur le plan thérapeuthique d'abord, il est loin d'être évident que la démarche soit efficace : il n'est pas sûr que les symptômes préopératoires ont disparu, des effets secondaires d'ordre psychiatrique sont souvent produits par l'intervention et l'opération conduit à d'importantes modifications de la personnalité[64]. Il semble que les techniques stéréotaxiques actuelles ne provoquent plus les réductions de réactivité émotionnelle des premières interventions, mais ceci n'est vérifié que pour certaines opérations[65]. Bref, les «guérisons» sont pour le moins ambiguës, sans compter les nombreux résultats négatifs[66]. Sur le plan scientifique ensuite, les résultats sont loin d'être clairs[67] : l'évaluation psychologique des fonctions intellectuelles est très inégale en fonction des auteurs et pose deux problèmes délicats. D'une part, les conclusions peuvent différer notablement selon que l'on compare l'état postopératoire soit à l'état immédiatement préopératoire, soit à l'état intellectuel du patient antérieur à la survenue du syndrome psychiatrique; d'autre part, les auteurs recourent essentiellement à la psychométrie traditionnelle[68] alors que la recherche neuropsychologique contemporaine montre qu'elle est largement inadéquate à évaluer les fonctions cérébrales[69]. En troisième et dernier lieu, l'interprétation des effets de la psychochirurgie est très difficile pour des raisons méthodologiques[70] : les gestes opératoires diffèrent beaucoup en fonction des auteurs, et les indications opératoires sont extrêmement variables en ce qui concerne la nature des troubles, leur intensité, leur durée et leur adéquation à une notion fluctuante d'incurabilité.

Sur le plan externe ensuite, on peut mettre en exergue quatre catégories de difficultés. En premier lieu, notons l'existence d'une utilisation abusive dans les premières années, imputable à l'enthousiasme militant dérivé de l'apparition d'une nouvelle méthode thérapeutique[71], et heureusement largement atténuée actuellement. Une deuxième hésitation tient aux «cibles» visées par les psychochirurgiens, sous deux aspects : d'une part, l'évolution inquiétante des indications sémiologiques qui, après une période initiale visant principalement la schizophrénie, a ensuite glissé vers les tableaux compulsifs ou obsessionnels majeurs pour se diriger plus récemment vers les comportements jugés déviants sur le plan de l'agressivité ou dans le domaine de la sexualité[72];

d'autre part, sous un angle davantage sociologique, il apparaît que les principales populations visées sont des minorités à pouvoir amoindri : les femmes, les enfants, les noirs américains, les prisonniers[73]. Un troisième volet des critiques habituelles à l'égard de la psychochirurgie est l'écart très vaguement défini entre l'acte chirurgical à but thérapeutique et l'expérimentation[74]. Cet aspect expérimental souvent non avoué du geste opératoire nous conduit au quatrième élément de critique : l'aspect juridique.

Un nombre important de voix[75] réclame une législation spécifique pour la psychochirurgie. A quelques détails près, en effet, ces lois n'existent pas[76]. Par conséquent, la pratique psychochirurgicale n'est contrôlée que par les textes juridiques en usage pour la pratique de la médecine, principalement destinés à protéger le patient contre une éventuelle incompétence du praticien et à garantir un « consentement informé » du patient dans la décision d'intervention. Cette notion de consentement informé (voir également ci-dessus à propos de la neurologie) semble avoir généré bon nombre de controverses[77]. Ainsi, mise à part cette protection minimale du consommateur, les aspects éthiques, déontologiques, scientifiques et légaux propres à la psychochirurgie demeurent à la discrétion du cénacle des spécialistes. Or, cette arme redoutable qui fait partie de l'arsenal croissant des méthodes de contrôle du comportement devient de plus en plus susceptible, avec d'autres, de devenir un puissant agent de contrôle social[78] et beaucoup réclament l'instauration d'un contre-contrôle, assuré par la société (lois), afin de neutraliser quelque peu le pouvoir des « spécialistes » qui sont souvent juges et parties. Ceci semble d'autant plus aigu que la psychochirurgie souffre d'un nombre impressionnant de difficultés internes (ci-dessus) : d'autres disciplines, « quasi scientifiques » elles aussi et moins redoutables, sont sans doute davantage contrôlées. Il est vrai que la psychochirurgie bénéficie de tout le respect et de la dévotion que l'opinion voue à la médecine, et plus encore à l'acte chirurgical (« merci docteur »)...

Notons cependant en terminant que la discussion demeure largement ouverte. Bien entendu, les praticiens de la psychochirurgie s'opposent à un contrôle extérieur et sont satisfaits du secret dont ils s'entourent ; nous n'insisterons pas sur cette conduite normale. Mais un regard plus objectif conduit aussi à montrer la complexité de la question. Il semblerait en effet que la promulgation de textes légaux concernant exclusivement la psychochirurgie ne s'impose pas nécessairement. Il faudrait sans doute davantage une législation visant l'ensemble des techniques — médicales et paramédicales — de contrôle du comportement. Ainsi par exemple, Carnahan et Mark résument en six points les arguments utilisés pour réclamer une législation propre: le caractère tout à fait unique et particulier du cerveau humain (exigeant des mesures spéciales de protection juridique), le caractère financièrement très fructueux de l'intervention pour le chirurgien, la délimitation floue entre expérimentation et traitement, l'irréversibilité des lésions produites par l'intervention, le rapport avantages/inconvénients (pour le patient) qui n'est pas nécessairement favorable, la question du consentement informé. Pour les auteurs, la première information mérite au moins une discussion détaillée et les cinq suivantes ne sont en rien spécifiques à la psychochirurgie [79].

V. PSYCHIATRIE

Les épistémologies psychiatriques et leurs pentes éthiques

L. Cassiers

La psychiatrie se réclame du champ scientifique. Même si ceci fait parfois problème, la plupart lui accordent bien d'y appartenir. Elle bénéficie dès lors très généralement des préjugés de neutralité et d'objectivité qu'on attribue habituellement à la science. Et du prestige d'exactitude, voire de vérité, qu'on prête volontiers aux énoncés scientifiques.

Mais le psychiatre dispose de vastes pouvoirs: il peut dire qui est fou, qui ne l'est pas, et même interner. Le profane a toujours ressenti quelque effroi devant une telle puissance. Il a souvent réagi en déclarant le psychiatre fou lui-même, et parfois l'a soupçonné d'internements abusifs.

Or, voici qu'apparaît en pleine scène publique le problème des internements psychiatriques politiques en U.R.S.S. Plus discrètement, il apparaît que quelques psychiatres américains ont stérilisé, sans leur consentement, quelques dizaines de malades mentaux. On se souvient que les nazis en faisaient autant. On se souvient du remous tout récent, et en sens opposé, de l'antipsychiatrie parlant au nom du politique.

La sérénité de la psychiatrie comme scientifique est ainsi secouée. Nous voudrions décrire ici comment cela est possible, et spécifique à la nature du champ psychiatrique et de ses épistémologies propres.

1. Champ de la psychiatrie

Pour quiconque s'en est approché, il est évident que la psychiatrie définit difficilement le champ de son action. En termes simples, son objectif est la guérison des maladies mentales. Ceci implique la descriptions explicite de la pathologie et, au *minimum*, une idée implicite de l'état psychique normal.

Or, comme le constatent par exemple Mayer-Gross *et al.*[80], nous devrions en principe tenter de tracer l'étendue des variations normales avant d'être sûrs de ce qui est anormal. Malheureusement, disent-ils, «très peu de chose a été fait dans ce sens». Presque toutes les théories ont été construites à partir des états pathologiques, et étendues ensuite vers les comportements normaux. De ce fait, ce sont plutôt les variations normales qui sont couramment tirées vers le pathologique: le vocabulaire de la pathologie est utilisé pour décrire les comportements usuels, créant ainsi une confusion considérable, et une tentation permanente pour le psychiatre de discourir indûment sur l'état normal.

L'état pathologique, de son côté, n'est pas tellement mieux défini. Nous prendrons ici comme paradigme les idées de K. Schneider[81], car elles nous paraissent préciser avec un maximum d'honnêteté la démarche psychiatrique de loin la plus répandue.

Schneider précise un premier champ pathologique: les maladies à fondement corporel. Ici des lésions cérébrales vérifiées accompagnent les anomalies psychiques. La répétition de certaines corrélations entre ces deux groupes de phénomènes permet de les relier et de les déclarer pathologiques.

Schneider y associe un deuxième groupe de maladies, les psychoses (dépressions importantes et groupe des schizophrénies). Ici la pathologie se décrit exclusivement dans le champ psychique. Les phénomènes de dépression, d'angoisse, d'idées délirantes, de coupure d'avec la réalité, etc. lui paraissent assez massifs pour être, en eux-mêmes, indiscutablement pathologiques. Il y a comme un changement de structure ou d'état du psychisme lui-même, dans ses fondements constitutifs, au-delà de toute variation individuelle courante. Schneider prend grand soin à décrire strictement les changements pertinents de ce point de vue. Il en conclut que ces maladies ont sûrement un corrélat métabolique cérébral, même si on ne peut encore le trouver dans la plupart de nos analyses.

Enfin, un troisième groupe pathologique se définit encore différemment: il s'agit des variations excessives de traits par ailleurs normaux. Ceci concerne des réactions d'ampleur exagérée à des événements vécus, par exemple un deuil pathologique, ou encore des accentuations excessives de traits caractériels normaux en eux-mêmes: angoisses invasives, orgueil excessif, paresse excessive, etc.; ce sont les névrosés et psychopathes. Ils sont pathologiques, *in fine*, du fait de la souffrance qu'ils s'infligent à eux-mêmes et/ou aux autres, et qui les conduit à nos consultations.

On voit tout de suite que les critères du pathologique se distribuent sur au moins trois niveaux différents: lésions cérébrales, structures psychiques altérées, variations «quantitatives» (mais non quantifiables) de l'état normal. Les deux derniers niveaux au moins posent des problèmes considérables quant à la précision et à la vérification des observations cliniques.

Une telle impossibilité de cerner avec précision le champ pathologique provoque des réactions en sens divers. Les uns tentent d'objectiver ce champ par des tests (Rorschach, Szondi, T.A.T., M.M.P.I., etc.) et, de façon plus moderne, par des questionnaires standardisés (Hamilton, Beck, etc.). Cet effort reste impuissant à maîtriser le problème: les résultats sont imprécis ou ne concernent qu'un champ ultra-limité de symptômes. D'autres étendent ou rétrécissent tour à tour le champ des symptômes pathognomoniques des affections (par exemple, pour la schizophrénie, les différences entre Bleuler, Schneider, l'ICD10, le DSM III, etc.)[82], tout en essayant de standardiser leurs descriptions sur les parties les plus visibles des états émotionnels, idées et comportements. Des consensus temporaires se créent et se bouleversent ainsi constamment.

La situation passe de l'imprécision au débat passionnel lorsqu'on introduit des notions d'étiologie et de traitement, comme par ailleurs il est évidemment nécessaire de le faire. Nous voyons l'antipsychiatrie définir la folie comme une pathologie sociale, référée aux abus des pouvoirs en place: le malade est une victime et la thérapeutique est d'ordre politique. Th. Szasz écrit des ouvrages sur le «Mythe de la maladie mentale»; H. Ey essaie de tout ramener à la stricte notion médicale de la maladie avec sa «Défense et illustration de la psychiatrie»; la thérapie familiale, de Bateson à Selvini-Palazzoli, définit la schizophrénie comme une transaction familiale pathologique[83]. Le siège de la pathologie psychiatrique est ainsi, selon les écoles, situé dans le malade, dans la famille, dans la société, ou dans l'imagination du psychiatre. Inutile de souligner que, parallèlement, varient les traits pathognomoniques et les traitements.

Le plus remarquable pour notre propos, ce sont les trois observations suivantes. En premier lieu, on voit que la psychiatrie n'est pas en état de préciser, avec quelque rigueur, les limites du pathologique; en outre, elle ne s'accorde même pas sur l'identité du porteur de la maladie : individu, famille ou société. En deuxième lieu, il est assez évident que les polémiques qui s'élèvent autour de ces questions dévoilent explicitement l'implicite idéologique des théories psychiatriques. En troisième lieu, on voit apparaître l'hypothèse selon laquelle des personnes, situées à divers niveaux de pouvoirs, pourraient créer ou entretenir chez d'autres des maladies mentales pour se réserver des intérêts psychologiques ou politiques. Il ne s'agit plus ici du seul fait que certains régimes policiers profitent des imprécisions de la science psychiatrique pour opprimer très consciemment des gens normaux.

Cette idée se développe en profondeur et va jusqu'à voir, dans les abus inconscients de pouvoir, la genèse de certaines maladies mentales. Notre réflexion doit donc se poursuivre bien au-delà du simple constat du manque de développement d'une science encore trop jeune. C'est son épistémologie même que nous devons analyser.

2. *L'objet de la psychiatrie*

L'objet de la psychiatrie, comme science, est le psychisme humain pathologique. En filigrane se pose nécessairement la question de définir la nature, ou au moins les composantes essentielles, de ce psychisme en tant que tel.

Or, cet objet scientifique n'est pas observable. On peut cerner des éléments matériels, par exemple neurophysiologiques, qui le modifient. On peut décrire et parfois mesurer des comportements qui en résultent. On peut écouter un sujet parler de ses idées, rêves, émotions. Mais il reste toujours impossible d'observer de façon directe une idée, une image mentale, une émotion, etc. en tant que phénomènes psychiques. La psychiatrie a pour objet une réalité dont l'accès lui reste, nécessairement, toujours indirect. L'« appareil psychique » ou les structures psychiques dont elle tente de décrire les perturbations sont toujours d'ordre déductif, et falsifiables seulement au second degré mais jamais directement. Si on admet ceci, s'ouvre la question de savoir si l'imprécision décrite plus haut du champ psychiatrique se résoudra jamais clairement par la seule démarche scientifique. Ne serait-elle pas une imprécision propre à la nature de l'objet considéré ?

Nous le pensons, pour deux ordres de motifs. Le premier tient au statut épistémologique de toute science du psychisme. Non seulement, comme nous venons de l'indiquer, le fait psychique n'est pas directement observable (mais seulement certaines de ses conditions et conséquences), mais en outre l'outil d'observation et de modélisation du psychisme comme objet scientifique est le psychisme lui-même. Il est impossible ici de creuser, entre la modélisation scientifique et son objet, un écart suffisant pour assurer la relative indépendance de l'observateur par rapport au niveau observé, comme on peut le faire dans les sciences de la nature.

Le scientifique en effet, devant un phénomène naturel, bénéficie d'un double écart, ou extériorité, qui lui garantit assez largement l'objectivité des modèles logiques qu'il se construit. Le premier écart lui est donné par la différence de nature entre les phénomènes qu'il considère et sa propre entreprise de modélisation logique. Il peut, avec assez bien de sécurité, poser le postulat que son activité conceptuelle n'interfère pas dans le champ naturel étudié. Ce dernier se meut donc avec indépendance. Le deuxième écart lui est donné par sa structure propre de conscience réflexive, qui lui permet d'occuper deux positions différentes: celle d'observateur, et celle d'acteur. Or, celle d'observateur a la capacité de définir les règles d'action de lui-même, comme acteur. C'est-à-dire qu'il peut s'imposer à lui-même de n'intervenir qu'en fonction des règles logiques de la modélisation souhaitée, et définies à partir de sa position d'observateur. Il est capable ainsi, par exemple, de se refuser les interventions émotionnelles ou orientées par d'autres intérêts que ceux de la construction logique recherchée. L'histoire des sciences nous montre d'ailleurs que l'exercice de cette activité demande au chercheur une discipline personnelle qui fonde, précisément, et sa rigueur et son mérite scientifique.

En sciences humaines, il est impossible d'établir le même degré d'écart ou d'extériorité. La modélisation est une activité psychique et l'objet étudié est le psychisme, donc se situe dans le même champ. Nous savons très vite, de plus, que le psychisme n'est pas clos sur lui-même, mais se construit et se modifie par la relation établie avec d'autres psychismes. Il y a donc tout lieu de croire que l'activité scientifique de l'observateur modifiera directement, dans la plupart des cas, l'évolution des phénomènes psychiques observés. Enfin, comme le montrent aussi bien la psychologie expérimentale que la psychanalyse, la discipline d'un écart strictement ramené aux règles logiques entre observateur et acteur dans le champ réflexif du chercheur est sans cesse battue en brèche par des phénomènes inconscients lorsqu'il étudie le psychisme. Ceci a lieu parce qu'il est personnellement concerné dans ses émotions, et surtout dans les images et représentations qu'il se donne de lui-même précisément dans son champ réflexif, justement à partir des phénomènes psychiques qu'il étudie chez autrui. Ceci ne signifie pas qu'aucune objectivité scientifique n'est possible ici, mais qu'elle est relative et toujours tributaire d'une réduction déformatrice du modèle psychique élaboré. Ceci nous conduit à considérer une deuxième série de faits, concernant les modélisations possibles du psychisme.

Si le psychisme comme tel est fait de concepts, images mentales, affects, émotions, etc., bref de phénomènes non directement observables de l'extérieur, les faits accessibles les plus proches de cette réalité sont de trois ordres, à la fois différents et interdépendants. Les premiers se décrivent comme faits neurophysiologiques. Les seconds sont de l'ordre de nos mises en scènes et en action dans le champ relationnel social; on peut penser que ces faits sont très corrélés avec nos représentations imaginaires mentales. Les derniers sont de l'ordre du langage au sens large: les systèmes combinatoires langagiers que nous sommes capables d'élaborer et d'observer plus ou moins largement. Ces trois types de phénomènes constituent, en quelque sorte, à la fois les éléments de base dont l'interaction produit cet effet que nous appelons «le psychisme», et les trois voies d'accès dont nous disposons pour observer et éventuellement modifier précisément ce psychisme.

Idéalement donc, toute modélisation du psychisme devrait tenir compte en même temps de ces trois champs, selon la logique propre à chacun et les transcodages logiques de l'un à l'autre. De surcroît, rien ne permettant de poser la prééminence d'un de ces champs sur les deux autres, il faudrait concevoir un tel modèle selon une logique circulaire de rétroactions constantes. Or ceci est impossible jusqu'à nouvel ordre: nous sommes incapables de maîtriser des modèles logiques d'une telle complexité. Force nous est donc de choisir et de privilégier des phénomènes appartenant à un champ déterminé, et de concevoir les interactions principalement à partir d'un champ vers les deux autres, sitôt que nous voulons expérimenter ou agir pour modifier le psychisme.

En d'autres termes, toute recherche et toute action psychiatrique va toujours sélectionner tantôt le neurophysiologique, tantôt l'imaginaire socialisé, tantôt la combinatoire langagière pour intervenir sur le fait psychique et le modifier. Du même fait, tous les modèles conçus selon ces démarches sont toujours partiels et réducteurs, ne soutenant que très imparfaitement la réalité psychique qu'ils décrivent. Il est donc impossible, à ce jour au moins, de résorber l'imprécision dont fait preuve la psychiatrie. Celle-ci est épistémologique et donc structurelle. La masse extraordinaire de recherches et de faits observés en tous sens, le caractère toujours méthodologiquement plus ou moins contestable des conditions de leur observation et modélisation, les contradictions incessantes qui surgissent entre ces modèles, illustrent à suffisance, nous le pensons, cette faille épistémologique propre à notre champ scientifique.

3. *Le libre-arbitre*

Il ne s'agit nullement pour nous de poser ici la question philosophique du libre-arbitre, ce dont nous n'avons pas la compétence. Nous voudrions insister sur l'aspect subjectif et clinique de cette question, et nous en servir comme d'un fil conducteur pour analyser les pentes éthiques des diverses théories psychiatriques.

Dans le champ subjectif de sa conscience réflexive, tout être humain s'attribue un certain libre-arbitre. Occupant à la fois la position d'organisateur de son action (mentale et matérielle) et celle d'acteur en train d'agir, il lie subjectivement ces deux positions. Il estime à partir de la première être maître de choisir, dans certaines limites au moins, ses idées, ses comportements, voire ses sentiments. Cette conviction subjective d'être gestionnaire de soi-même ne peut être considérée comme simple illusion sans conséquence. En effet, c'est bien à partir d'elle que se développe tous les problèmes du choix des critères de l'action, donc des échelles de valeurs, du sentiment de responsabilité, du sentiment d'exister comme sujet et, plus largement, toute la question d'une éthique tant individuelle que sociale. Ces problématiques ont déjà fait couler assez d'encre, et surtout de sang, pour qu'il puisse paraître un peu léger de les évacuer simplement. En face de cette conviction d'autogestion, sans doute limitée mais fondamentale dans notre subjectivité, apparaît donc le déterminisme inhérent à toute psychiatrie. Quelle que soit la théorie envisagée, en effet, chaque psychiatrie a pour visée une thérapeutique. Dans son champ propre elle doit donc prévoir les résultats de ses actions et implique ainsi un présupposé déterministe, fût-il limité.

Ceci entraîne des conséquences considérables quant à la pratique clinique. Lorsqu'un état, un comportement, est évalué comme pathologique, il est ipso facto suspect d'échapper à la zone du libre-arbitre du sujet. Les situations d'expertise psychiatrique en témoignent clairement: un vol est puni, mais le vol pathologique est justifiable du psychiatre; un sujet violent relève de la justice, mais si sa violence est délirante ou épileptique il relève de l'asile; etc. La qualification d'un comportement — qu'il soit subjectif ou objectif — comme appartenant au champ de la pathologie psychiatrique amène donc le psychiatre sur la scène, et lui confère des pouvoirs considérables allant jusqu'à l'internement. De façon plus subtile, les gestes et dires définis comme pathologiques justifient que l'entourage les disqualifie: il n'a plus à les prendre au sérieux, sinon pour s'en protéger ou aider le malade à guérir. Ceci va, pour le sujet lui-même dans le champ de sa propre conscience réflexive, jusqu'à devoir mettre en doute la validité de ses propres idées et comportements. C'est bien sur cette cascade de conséquences que joue l'usage politique de la psychiatrie : pour autant qu'un contestataire soit reconnu fou, son discours devient sans valeur. Les pouvoirs n'ont donc plus à se mettre en question, le public n'a pas à s'interroger, l'opposant lui-même se verra — on l'espère tout au moins — plongé dans le doute sur sa propre cohérence psychique.

Il est ainsi inquiétant de voir la psychiatrie russe décrire une forme de délire paranoïde politique, mais il est tout aussi inquiétant de voir des psychiatres nazis, et plus récemment des psychiatres américains, s'autoriser de leur science pour stériliser des malades mentaux. Il est inquiétant de voir les thèses psychanalytiques généralisées en pédagogie pour éduquer des «*uncomplexed children*». Il est inquiétant de voir Skinner expliquer au Congrès Américain comment réduire les désertions au Vietnam et dire, au nom de sa science, que les Vietnamiens valent moins que les Américains. Il est inquiétant toujours de lire Skinner ou les sociobiologistes disqualifiant comme illusions pures les sentiments de liberté, de dignité, d'éthique enfin [84]. Mais il est tout aussi inquiétant de voir nos juges se décharger trop souvent du contrôle social sur les psychiatres, à travers le système des expertises. On n'en finit pas de relever les frontières incertaines du pathologique et du normal, qu'arpentent avec assurance les spécialistes «psy» de tous ordres.

Quelle parade possible ? Il nous paraît tout à fait essentiel qu'elle provienne de l'extérieur du monde psychiatrique : que par exemple des organismes comme la Ligue des Droits de l'Homme, *Amnesty International* et bien d'autres s'érigent en témoins des périls éthiques que l'imprécision de la psychiatrie permet de développer. Toutefois, comme psychiatres, nous avons aussi à rechercher d'autres voies de prudence, dans le champ même de notre science. C'est pourquoi il nous paraît utile de prendre conscience des pentes propres à nos théories, et d'analyser ici brièvement comment, dans chaque champ théorique, se traite et éventuellement s'obscurcit la question du libre-arbitre subjectif.

4. *Les pentes éthiques des théories psychiatriques*

Nous avons vu plus haut que l'épistémologie propre au champ psychiatrique oblige pratiquement à se choisir un domaine privilégié d'accès au phénomène «psychisme». Ce faisant, le psychiatre s'oriente *a priori* de façon préférentielle vers une thèse étiologique, une méthode thérapeutique et un certain réductionnisme dans sa compréhension du fait psychique. Trois champs d'accès, usuellement, départagent ce choix entre trois groupes de psychiatries.

a) Les psychiatries rationnelles

Ce premier champ choisit de partir d'observables mesurables et se réclame ainsi avec le plus d'assurance d'une démarche scientifique. Nous y trouvons les abords biologiques et behavioristes stricts. Les comportements pathologiques (subjectifs et objectifs) y sont mis en rapport avec des mécanismes de conditionnement ou des perturbations biologiques. La possibilité de mesurer ces phénomènes assure, dans l'esprit de la plupart, une assise objective à cette psychiatrie. Elle se pense ainsi couramment mieux à l'abri de glissements idéologiques ou de perversions éthiques.

Il faut cependant rester tout à fait attentif au fait qu'une telle assurance est inexacte. Si la démarche psychiatrique rationnelle est bien légitime, elle ne protège pas pour autant des erreurs éthiques que nous avons esquissées plus haut. En effet, on ne peut oublier qu'en mettant en parallèle des phénomènes psychiques et des faits expérimentaux mesurables, on n'évite pas, dans le premier temps, les imprécisions propres à la définition des faits psychiques. Lorsqu'on les trouve corrélés à une anomalie biologique par exemple, il est banal — mais faux — de procéder à une inversion épistémologique. Tel sujet par exemple est déprimé; on lui trouve un taux anormal de cortisol: cette anomalie physique ne tarde pas à fonctionner comme «preuve» de la réalité de sa dépression, puis comme «preuve» du caractère «endogène» (= physiologique) de celle-ci, et ceci conduit à rendre ladite dépression justiciable d'un traitement médicamenteux. Des séries de cas, précisément sélectionnés dans la ligne de tels raisonnements, viennent bien entendu confirmer leur «validité»: il suffit de lire la littérature psychiatrique la plus actuelle pour voir que ces inversions épistémologiques sont monnaie courante, et d'ailleurs difficiles à repérer. Il en résulte que de tels patients ne seront guère écoutés pour les raisons relationnelles individuelles, sociales et familiales qui peuvent avoir provoqué la dépression. L'hypothèse selon laquelle de tels motifs peuvent être étiologiques et entraîner secondairement des troubles biologiques n'est presque jamais prise en compte, ni théoriquement, ni thérapeutiquement.

Le statut du symptôme psychique, ainsi ramené à son corrélat physiologiquement ou expérimentalement mesurable, quitte dès lors le champ du libre-arbitre du sujet. Qu'il soit angoissé, déprimé, délirant ou caractériel, le patient est perçu comme mû, quant à ce qu'on considère comme pathologique, par sa neurophysiologie et seulement par elle. Le psychiatre, au nom de ses mesures et de l'objectivité scientifique qu'il pense s'être ainsi assuré, se trouve en droit de décider mieux que le patient ou les profanes des conduites à tenir, des normalisations à atteindre. Patients et entourage ne sont plus dans le statut d'interlocuteurs à part entière, ce qu'ils disent est retraduit en termes de symptômes et non plus de désirs, fussent-ils marginaux ou inusuels. Le sujet, du côté du patient, tend à devenir objet.

Ce sur quoi nous voulons ici insister est qu'un tel glissement se trouve dans la pente logique de la démarche d'une psychiatrie «rationnelle», c'est-à-dire objectivante au nom de la science. Nous ne pensons pas qu'une telle pente soit inévitable, et moins encore que les psychiatres qui choisissent l'accès neurophysiologique y tombent fatalement. Mais nous pensons qu'il est nécessaire de bien percevoir dans quelles réductions épistémologiques on est attiré en choisissant cette voie. Ce n'est en effet qu'en en prenant clairement conscience qu'on peut s'en préserver et éviter, au plan éthique, les abus de pouvoir qui menacent ce type de psychiatrie.

b) Les psychiatries de l'imaginaire

Une autre voie d'accès au trouble mental consiste à choisir d'emblée le champ relationnel comme accès au psychisme. Nous y trouvons la plupart des psychiatries dites psychogénétiques et psychothérapeutiques. L'idée est ici de poser qu'un champ essentiel du psychisme se développe dans la relation interpersonnelle et sociale, sous forme de comportements, de discours, de constructions mentales idéiques: c'est la manière dont ces constructions relationnelles se sont développées et fonctionnent encore actuellement qui serait responsable des troubles psychiatriques. Il s'agit donc de trouver un cadre de référence conceptuel, aussi logique que possible, qui permette d'observer et de décrire ce champ relationnel. Une fois ce cadre construit, la pathologie peut être référée aux perturbations de la logique des interrelations ainsi conçues. De même, on peut en déduire des actions psychothérapeutiques, c'est-à-dire des interventions rationnelles définies et correctrices.

Les psychiatres qui choisissent ce champ relationnel savent bien que le caractère abstrait et déductif de leur approche, leur nécessaire immersion personnelle dans ce champ relationnel pour être thérapeutes, et la rareté d'observables mesurables que leur épistémologie apporte, les installent dans une objectivité beaucoup plus fragile que celle dont essaie de s'assurer la démarche précédente. Toutefois, ils essaient de fonder sur la cohérence interne de leurs théories la vérification empirique clinique, et sur les guérisons qu'ils obtiennent l'assurance de leur validité scientifique.

Ceci ne les préserve pas de tentations propres à la nature de leur épistémologie. Ayant construit un cadre logique descriptif du champ relationnel, il définissent la pathologie à partir de ce cadre. Il leur est difficile parfois de ne pas escamoter ce qui ne concorde pas avec leur théorie, tandis que celle-ci, généralement construite à partir de cas pathologiques nets, tente facilement d'attirer dans le vocabulaire de la théorie et de la pathologie les simples variations du normal. En outre, impliqués dans le relationnel, ils doivent logiquement s'y engager selon la logique même de leur cadre conceptuel, pour être thérapeutes. C'est leur personnalité même qu'ils sont ainsi amenés à modifier, mettre en jeu et donc modeler selon leurs théories. On voit d'ailleurs que la plupart de ces thérapies ne s'apprennent qu'en s'y soumettant soi-même plus ou moins longuement, d'où les investissements affectifs souvent très considérables qu'ils y placent. La théorie et la pratique thérapeutique qui en découle tendent ainsi à glisser subjectivement vers le statut d'une croyance: celle d'avoir défini la «vraie» structure des interrelations humaines et la «bonne» manière de s'en servir. La tentation est de devenir séducteur, charismatique ou politique plutôt que thérapeute limité.

Quant à la question du libre-arbitre, elle se pose donc de manière très subtile dans ces thérapies. Le plus souvent, l'autonomie personnelle et la libre gestion de soi-même y sont exaltées, au point qu'on a pu appeler beaucoup de ces pratiques «thérapies de libération». Mais il faut voir aussi que ceci ne se fait pas, dans un certain nombre de cas au moins, sans une sorte de conversion du patient aux croyances du thérapeute. Si le champ d'un libre-arbitre du sujet est mieux respecté que plus haut, il peut être tout autant subtilement subverti vers un certain dogmatisme.

Ici comme précédemment, nous ne décrivons pas ces pentes éthiques comme fatales et inévitables. Les thérapeutes, en général, vont tenter de les éviter. Comme plus haut, nous pensons qu'ils pourront d'autant mieux y parvenir qu'ils prendront conscience des faiblesses de leur épistémologie propre.

c) Les psychiatries du langage

Celles-ci regroupent certaines formes de psychanalyse et de thérapies familiales. Plus difficiles à expliquer brièvement, elles se basent sur la structure combinatoire du langage et sa nécessaire polysémie en tant qu'il véhicule et constitue à la fois la conscience réflexive et le statut de sujet humain. La pratique-type de ces psychiatries consiste à entendre les associations libres formulées par le patient, et à en souligner les accidents apparemment fortuits (coq-à-l'âne, lapsus, répétitions, etc.) d'où surgissent de nouvelles associations qui, peu à peu, dévoilent pour le patient les zones inconscientes de son discours. Il ne s'agit pas ici de lui proposer les interprétations mais bien, tout à la fois, de suivre et de remettre en cause celles que le patient élabore. Ce travail n'est possible que dans le champ d'un transfert, c'est-à-dire sur la base des désirs variés qui se répètent dans le discours du patient parce qu'ils sont projetés sur ou, mieux, adressés au psychanalyste. Rien ne garantit en outre la vérité ultime des désirs inconscients qui viennent ainsi à la conscience : c'est bien plutôt le fait même de l'inconscient, apparu à travers la polysémie de son langage, qui modifie chez le sujet la position qu'il se donne envers lui-même et les autres.

L'aspect logique de la combinatoire du langage, et les positions structurelles des instances conscientes et inconscientes qu'il est possible de dégager à travers l'empirisme clinique des cures, donnent à ces démarches thérapeutiques une assise meilleure que les précédentes, quant à leur solidité scientifique. Cependant, il ne faut pas perdre de vue que le phénomène du transfert est essentiel, et qu'il engage profondément la position et la subjectivité du thérapeute, sans cesse sollicité dans ses propres désirs par ceux du patient. Le thérapeute est, en outre, lui aussi soumis à la structure subversive de l'inconscient.

Cette double position des psychiatries langagières implique une double pente épistémologique possible. La première, du fait de l'engagement personnel du thérapeute, peut se faire comme pour les psychothérapies relationnelles et sortir en fait du champ d'ordre psychanalytique. La seconde, plus spécifique, glisse vers l'illusion de la toute-puissance du langage hypostasié comme seule instance psychique véritable, au risque même de laisser s'y dissoudre le sujet. Quant au libre-arbitre, ces psychiatries l'exaltent en principe, mais avec ambivalence. Le déterminisme du langage n'est nullement comparable à celui du corps, car le langage est précisément le lieu et le support du sujet conscient. L'accentuation de cette position du sujet favorise le droit à la pensée, la parole et l'action autodéterminées. C'est finalement plutôt vers un individualisme extrême et un mythe de la toute-puissance de cette parole du sujet que risque de glisser la psychiatrie du langage, ce qui est, de façon très indirecte et subtile, une manière d'annuler le libre-arbitre en ne lui fixant plus aucune limite [85].

Comme précédemment, nous ne pensons pas que ces défauts soient inévitables et inévités en général. Mais, comme précédemment, nous croyons à l'utilité d'une analyse des germes d'erreur inclus dans les théories mêmes dont se servent ces psychiatries.

5. Pour conclure

Rosenhan et quelques collègues, en 1973, se sont rendus célèbres par une expérience assez impertinente. Ils se sont présentés à des psychiatres, se plaignant d'avoir entendu des voix. Ils ont été hospitalisés, médiqués et, malgré leurs déclarations ultérieures de bonne santé, ont éprouvé quelque peine à quitter l'hôpital (de 7 à 52 jours). Tous ont été inscrits, à leur sortie, comme des schizophrènes en rémission[86].

Bien sûr, on a beaucoup critiqué cette expérience, et pour de multiples bonnes raisons. La principale était qu'ils transgressaient au départ le contrat de confiance *a priori* qui veut qu'un patient ne se plaint pas spontanément de fausses plaintes dans ce type de relations. Par exemple, l'expérience aurait été sans doute assez différente dans ses résultats s'il s'était agi d'examens psychiatriques avant un service militaire. Cependant, ceci ne suffit pas pour écarter simplement les conclusions de ces chercheurs. Ils nous montrent, en scénarios raccourcis et frappants, et les incertitudes du diagnostic psychiatrique, et les conséquences concrètes de ces incertitudes lorsque les psychiatres en perdent la claire conscience. Nous avons tenté ici de montrer, en outre, que le statut épistémologique de la psychiatrie comme science ouvrait à ces incertitudes une faille structurelle. Nous pensons que les recherches dans tous les secteurs de la psychiatrie concourent bien à réduire ce flou. Cependant, même ainsi et jusque actuellement au moins, ce flou persiste et reste large.

Sans limite précise quant à l'objet même de leurs théories et de leurs pratiques, les psychiatres sont tentés de les déborder, et ce d'autant plus facilement que le consensus social et les pouvoirs constitués les y appellent. Or, nous avons essayé de le montrer, tout dépassement des limites de la pathologie se solde, presque fatalement, par un empiètement sur le droit ou la capacité des personnes à la gestion d'elles-mêmes. La prudence s'impose donc, très réellement, aux psychiatres. Il est important, nous l'avont dit, qu'elle leur vienne du dehors, par des organismes veillant aux droits des gens. Il est au moins aussi important que cette prudence leur vienne de l'intérieur même de leurs théories.

C'est pourquoi nous avons pensé utile de rappeler ici les limites et faiblesses des épistémologies psychiatriques. Tout particulièrement nous pensons qu'il faut comprendre que chaque approche psychiatrique est partielle, partiale et réductrice du fait psychique. Nous avons tenté de montrer qu'il est impossible de l'éviter, et que ces réductions sont tout à fait légitimes pour soigner et guérir. Mais, chaque fois, se creuse une faille épistémologique spécifique qui ouvre un champ de perversions idéologiques et éthiques bien caractérisées. Nous pensons que ceci ne doit nullement décourager le travail psychiatrique, mais bien que le meilleur garde-fou du psychiatre est d'en rester conscient, ou au moins de pouvoir s'alerter des critiques qui lui seraient opposées.

C'est à ce moment du travail psychiatrique que nous avons essayé de consacrer ce texte, en espérant qu'à son tour il pourra susciter réflexions et critiques.

NOTES

[1] Voir l'*introduction* à cet ouvrage, ou les contributions de Rigaux et Haarscher.
[2] Baudonnière *et al.*, 1981.
[3] Lambert & Saint-Rémi, 1979.
[4] On notera par ailleurs que, si certains critères de sélection gardent un contact direct avec des paramètres repérables dans la vie quotidienne (sexe, âge, latéralité manuelle, etc.), d'autres n'ont plus cette transparence : les «âges développementaux» et les «Q.D. moyens» du second exemple cité plus haut appartiennent déjà au discours psychologique. Leur signification est donc interne à la discipline, elle résulte de recherches empiriques et de cadres théoriques posés antérieurement à la recherche actuelle.
[5] Milgram, 1974.
[6] Watson & Rayner, 1920.
[7] Cfr. les contributions de Cassiers, Martens ou Bruyer, dans le présent chapitre.
[8] Voir, à ce propos : Seron *et al.*, 1977; les deux numéros de *Autrement* (1976 & 1980 : le premier nous paraît plus nuancé); Richelle, 1977.
[9] Sur les problèmes éthiques de la recherche en psychologie sociale, on lira avec profit l'annexe à Leyens, 1979 et la bibliographie qui s'y rapporte.
[10] Sur ces questions, *cfr.* également la contribution de Feyereisen, *ce volume*.
[11] Tiberghien, 1982.
[12] Seron & Feyereisen, 1981.
[13] Par ailleurs, il serait tout aussi erroné d'imaginer que la psychologie cognitive remplace — au sens de «rend anachronique» — le courant behavioriste : il y a bien plutôt une amorce d'intégration entre ces deux courants et, pour une part, l'héritage behavioriste s'est simplement fondu dans l'ensemble des acquis de la psychologie scientifique contemporaine.
[14] A ce propos, voir Changeux, 1983 et *Scientific American*, 1979.
[15] Questionnaire administré en septembre 1983.
[16] A ce propos, voir Seron & Feyereisen, *op. cit.* et Leyens, 1983.
[17] Il y aurait quelques nuances à apporter à ce constat général nécessairement simplificateur. Ont sans doute émergé du cercle restreint des spécialistes les travaux de Piaget, les recherches sur les tentatives d'apprentissage d'un langage aux chimpanzés, quelques

travaux de psychologie sociale (Milgram,...) et les travaux de neuropsychologie sur le fonctionnement des hémisphères cérébraux. Toutefois, à l'exception des travaux piagétiens, ces études ont eu — comme jadis le behaviorisme — leur origine dans les pays anglo-saxons: leur écho dans les cercles parisiens s'en est trouvé d'autant plus affaibli.

[18] Je remercie R. Franck pour sa lecture attentive du manuscrit et les critiques qu'il a formulées.

[19] Pour la formulation la plus récente, voir l'*American Psychologist*, 1981a. Cette revue fait régulièrement écho aux problèmes éthiques rencontrés dans la profession. Il existe également sur ce thème un numéro spécial de l'*International Journal of Psychology*, 1979.

[20] F.B.P., 1981; Carpentier, 1979.

[21] Vasquez & Resczczynski, 1976.

[22] Shallice, 1973. Voir aussi l'écho à cet article dans *La Recherche*, 1976. Pour une analyse plus détaillée: Tiberghien, 1979.

[23] Matson & Kazdin, 1981. Plus généralement, sur les problèmes éthiques posés par la modification du comportement, voir Querzola, 1975; Neve, 1977; Seron *et al.*, 1977; McNamara & Woods, 1977; Zemlick, 1980.

[24] Sur l'éthique de la recherche psychologique, voir le numéro spécial de *Social Science and Medicine*, 1981. Cette préoccupation pour les problèmes éthiques varie selon les domaines (psychologie clinique, sociale, industrielle): Giacalone *et al.*, 1982.

[25] S.N.P., 1982. Voir notamment l'intervention de Buffard.

[26] Tort, 1974; Jensen, 1980. Voir aussi le numéro spécial de l'*American Psychologist*, 1981b. Nous ne discuterons pas ici des autres critiques adressées aux tests d'intelligence: variation avec l'âge, non normalité de la distribution du Q.I., absence de précision pour la partie centrale de la distribution, etc.

[27] Gauchet, 1980; Lefort, 1980; Ferry & Renaut, 1983.

[28] Point de vue représenté par *Perspectives* (adresse de contact: Alex Neybuch, 15 Hautgné, B4052 Sprimont).

[29] Ce texte est une version remaniée de Martens F., Behave yourself! *In*: Cassiers L. & De Neuter P. (eds), *Nos illusions de psychanalystes*. Louvain-la-Neuve: Cabay, 1983, pp. 165-179.

[30] Herink, 1980.

[31] Parloff, 1980.

[32] Chertok, 1982.

[33] Notamment à travers les œuvres d'Ariès, Flandrin, Foucault, Shorter.

[34] Avant cela, l'enfant était plutôt perçu comme un «petit», un adulte miniature; il se trouvait soumis avant tout à son père et apprenait «sur le tas».

[35] Notamment Foucault, 1975.

[36] Watson, en exergue *in* Eysenck, 1964.

[37] Watson, 1928.

[38] Watson, 1972, p. 132.

[39] Naville, 1942.

[40] Eysenck, 1962.

[41] Ce point du chapitre, ainsi que le point suivant, interrogent des disciplines médicales. Ils s'écartent donc quelque peu du projet général d'un ouvrage axé sur les sciences humaines. Il nous a cependant paru utile d'aborder ces disciplines dans le mesure où elles représentent les aspects de la pratique médicale qui se situent dans cette frange limite et floue où médecine et sciences humaines se rejoignent pour aborder le traitement de comportements ou de «pensées» individuelles pathologiques.

[42] Ce point du chapitre concerne la médecine et l'auteur n'est cependant pas médecin, encore moins spécialiste en neurologie. Il s'agit en réalité d'un auteur «par défaut»:

les neurochirurgiens, et plus encore les psychochirurgiens, sont assez peu nombreux en Belgique francophone et, après quelques propositions infructueuses, il a fallu me résoudre à rédiger moi-même un texte sur ce sujet que les spécialistes refusaient de traiter. (A ma décharge, je signalerai que je suis néanmoins intégré professionnellement dans un milieu de neurologie-neurochirurgie).

[43] Voir par exemple les publications du G.E.R.M., la revue « *Social Science and Medicine* » dont la partie F est consacrée à « *Medical and Social Ethics* » et où Kleinman (1981) vient d'éditer un numéro spécial; voir également André, 1981, etc.

[44] Voir Jeannerod & Hécaen (1979) pour les mécanismes d'adaptation, Seron & Laterre (1982) pour la revalidation.

[45] Voir Gazzaniga (1970) ou Gazzaniga & Ledoux (1978).

[46] Crichton (1972) a publié une vue romancée indiquant les conséquences potentielles de cette démarche.

[47] Valenstein, 1980, p. 12.

[48] Sugar, 1978; pour une discussion: Valenstein, *op. cit.*, pp. 12-14.

[49] Gostin, 1980.

[50] Delgado, 1967; Valenstein, 1973; Jaubert, 1975-76.

[51] Fuster, 1980.

[52] Valenstein, 1980.

[53] Jaubert, *op. cit.*; Seron, 1975-76; Sugar, *op. cit.* (plutôt favorable à la psychochirurgie); Dickson, 1979; Gostin, *op. cit.*; Rasche-Gonzalès, 1980a & 1980b; plusieurs contributions dans l'ouvrage édité par Valenstein, 1980. Cette liste de références est loin d'être exhaustive.

[54] Voir par exemple Jaubert, *op. cit.*, ou Valenstein, 1980, chapitres 1 à 7.

[55] Voir Valenstein, 1980 ou Rasche-Gonzalès, 1980b.

[56] Voir Jaubert, *op. cit.* ou Gostin, *op. cit.*

[57] Valenstein, 1980.

[58] *Op. cit.*

[59] *Cfr.* également Tiberghien, 1982, pp. 20 et ss.

[60] Seron, *op. cit.*

[61] Rasche-Gonzalès, 1980b.

[62] Gostin, *op. cit.*

[63] *Op. cit.*

[64] Rasche-Gonzalès, 1980a; Seron, *op. cit.*; Gostin, *op. cit.*

[65] Gostin, *op. cit.*

[66] Jaubert, *op. cit.*; Seron, *op. cit.*

[67] Seron, *op. cit.*

[68] La psychométrie désigne la procédure qui consiste à évaluer l'état psycho-intellectuel ou psycho-affectif d'un sujet en le soumettant à des tests standardisés qui ont été préalablement étalonnés et normalisés par rapport à une population «normale» de référence («norme»).

[69] Seron, 1977; Bruyer, 1979.

[70] Seron, 1975-76.

[71] Seron, 1975-76; Rasche-Gonzalès, 1980b.

[72] Jaubert, *op. cit.*

[73] *Idem.*

[74] Dickson, *op. cit.*

[75] Voir Gostin, *op. cit.*; Morse, 1980; Rasche-Gonzalès, 1980b.

[76] Il est peut-être intéressant de noter que l'U.R.S.S. fut sans doute un précurseur en la matière puisque dès 1951 une loi y interdit la psychochirurgie (Valenstein, 1980).

Quelques législations à caractère local sont par ailleurs apparues récemment aux U.S.A. (Grimm, 1980; voir également Pizzuli, 1980).

[77] Voir Dickson, *op. cit.*; Annas, 1980; Gostin, *op. cit.*; Shuman, 1980.

[78] Rasche-Gonzalès, 1980b.

[79] Carnahan & Mark, 1980. Au cours de l'impression du présent ouvrage, nous prenons connaissance de Pfaff, 1983.

[80] Mayer-Gross *et al.*, 1970, pp. 7-8.

[81] Schneider, 1957.

[82] Bleuler & Bleuler, 1955; Schneider, *op. cit.*

[83] Szasz, 1975; Ey, 1978; Bateson, 1980; Selvini-Palazzoli *et al.*, 1976.

[84] Skinner, 1971. Pour les sociobiologistes, voir Thuillier, 1981.

[85] Les critiques très fréquentes adressées aux psychanalystes quant à leur insensibilité sociale, et la difficulté dont ils témoignent régulièrement à s'accommoder de toute organisation institutionnelle illustrent ces pentes éthiques.

[86] Rosenhan, *Science*, 1973, *179*, 250-158: cité *in* Leyens, 1983.

Chapitre 5
Le comportement des collectivités

I. SOCIOLOGIE

Sociologie et droits de l'homme
M. Chaumont et M. Molitor

Jean-Marie Domenach: «La société n'est pas faite par Dieu, ni par la nécessité ou le hasard, elle est faite par les hommes. D'où, deux conséquences: premièrement, les hommes sont capables de la comprendre et de la changer (ainsi sont fondés simultanément la sociologie et le socialisme); deuxièmement, les institutions sont des fabrications et n'inspirent plus le respect que l'on porte au sacré; bientôt elles seront ressenties comme arbitraires, étouffantes, insupportables»[1].

Voilà définis lapidairement trois éléments qui précisent la démarche de la sociologie: le *projet scientifique* (la connaissance des mécanismes sociaux, des relations sociales complexes qui forment la société), les *conditions d'existence* de la sociologie comme science (l'autonomie et l'indépendance par rapport aux pouvoirs de tous ordres), son rapport à la *pratique sociale* (la sociologie peut être un outil de libération et aider à la construction d'un monde plus libre et plus fraternel; certaines de ses productions peuvent être utilisées comme instrument de contrôle et de manipulation).

Dans ce chapitre, nous tenterons de rendre compte des rapports entre la sociologie et les droits de l'homme, à travers trois interrogations :
- comment caractériser une société sans droits de l'homme ?
- quel est le projet de la sociologie ?
- quelles pourraient être les utilisations de la sociologie contraires aux droits de l'homme ? Inversement, en quoi la sociologie pourrait-elle contribuer positivement à la promotion de ceux-ci ?

1. Une société sans droits de l'homme

A première vue, il n'est pas difficile de définir une société qui ne respecte pas les droits de l'homme. Une telle société se caractérise par une concentration des pouvoirs, telle qu'au-delà des séparations institutionnelles ou formelles — distinction entre pouvoirs législatif, exécutif, judiciaire — il est impossible au citoyen de jouer un pouvoir contre l'autre ou de développer des contre-pouvoirs. Ainsi, la concentration étatique des pouvoirs politiques, économiques et culturels réduit au minimum la zone d'autonomie des individus et accroît, à l'inverse, la capacité de sanction des dirigeants. Le citoyen peut être privé d'emploi pour contestation culturelle, se voir privé de droits politiques pour comportement économique fautif, etc. Il n'existe pas de garantie concernant les individus ou les groupes contre les atteintes à leur intégrité physique, morale ou spirituelle qui les contraignent à des choix forcés.

Pourtant, ces définitions restent très générales. Il faut donc imaginer un système de repérage beaucoup plus précis de ces situations.

La probabilité est grande de voir les droits de l'homme non respectés là où l'Etat — ou une organisation hégémonique ou monopolistique — envahit tout le champ du politique, de l'économique et du culturel en concentrant tous les pouvoirs et toutes les initiatives légitimes. L'inexistence d'une démocratie «formelle» pourrait être un autre indice important de cette situation, à condition que l'on n'oublie pas qu'elle devient inopérante quand les champs d'action essentiels sont étroitement contrôlés par un pouvoir unique. L'analyse en termes de démocratie formelle peut néanmoins être fructueuse dans la mesure où, pour reprendre les propositions développées par Agnès Heller[2], le caractère formel des démocraties modernes repose sur la *séparation* relative de l'Etat et des structures de la société. Les grands principes de la démocratie formelle sont contenus dans les Constitutions de nombreux Etats modernes :

- le pluralisme, c'est-à-dire la coexistence légitime d'idéologies et la légitimité de l'objectif d'occupation du pouvoir par les groupes engagés dans la compétition politique;
- la liberté de s'engager par contrat et de réviser ces engagements;
- la délégation du pouvoir, en d'autres termes les règles de la représentation ou de la participation politique, garantissant la légitimité des gouvernants quand ils sont désignés par la majorité des citoyens[2].

Cela dit, il faut souligner que la démocratie formelle assure surtout le respect des règles du jeu et la garantie d'une possibilité de remplacer les agents du pouvoir en cas de décalage trop marqué entre les orientations ou les pratiques de la gestion et les aspirations populaires. Néanmoins, les trois principes rappelés par Agnès Heller pourraient être utilisés comme grilles de lecture de systèmes politiques, de manière à mettre en évidence des situations où les droits de l'homme risquent d'être menacés.

Le pluralisme, dans ce contexte, a une double signification. Il peut viser la distinction entre pouvoir politique, économique et culturel et rejoindre par là, indirectement, la distinction à opérer entre l'Etat et la société civile. Il peut s'appliquer aussi au système idéologico-juridique. Dans ce dernier cas, il constitue un critère particulièrement précieux, puisqu'il peut être utilisé aussi bien à propos des idéologies et de leur coexistence, qu'en matière de stratégies politiques (et de leur légitimité), ou encore à propos de la présence ou de l'absence de plusieurs images simultanées de la société. Gérard Fourez[3] a bien montré que la plupart des sociétés ne tolèrent qu'*une* «bonne» interprétation du réel. Une société pluraliste «ne possède pas de définition univoque» du réel; ce faisant, elle légitime les luttes ou les conflits qui la traversent[3].

L'absence de pluralisme idéologique (l'existence d'*une* idéologie officielle orthodoxe), ou l'inexistence d'un pluralisme politique (c'est-à-dire le caractère non légitime de la compétition politique) sont des indicateurs clairs de situations où les droits de l'homme sont directement menacés.

L'analyse des rapports, et surtout des déséquilibres, entre l'Etat et la société civile (c'est-à-dire l'ensemble du tissu social composé des groupes, des communautés, de leurs systèmes d'échanges ou de relations) dévoile aussi des situations de non respect des droits de l'homme. Dans cette perspective, la logique de l'Etat se caractérise par l'autolégitimation (à qui en appeler contre la logique de l'Etat?), l'homogénéisation ou le refus du compromis, la non-acceptation du conflit, la recherche de la puissance maximale. L'Etat se développe sans contrôle et s'impose à tous les secteurs de la vie sociale. Les mécanismes de participation populaire ne fonctionnent pas; il est impossible pour les individus et les groupes de réintervenir dans la gestion de l'Etat et, partant, de la société. En d'autres termes, l'Etat ne poursuit d'autres objectifs que la consolidation de son propre pouvoir, le plus souvent à travers des mécanismes de violence et de force.

Par ailleurs, l'Etat est le canal par lequel transitent toutes les demandes sociales. Il a le monopole de l'offre sociale et définit la légitimité des demandes sociales. L'Etat est le *régulateur* de la vie sociale. La distinction est nette entre l'Etat et l'ensemble des groupes intermédiaires — collectivités, communautés, associations diverses — qui ne peuvent intervenir dans le fonctionnement politique ou à qui l'on ne reconnaît pas de légitimité pour ce faire. Dans ce contexte, la réaction de l'Etat se manifeste surtout à travers les appareils répressifs et de contrôle social, la censure stricte de l'information et des communications.

Une dernière caractéristique des sociétés sans droits de l'homme pourrait ressortir de situations où l'Etat contrôle l'ensemble des actions collectives. Les conflits au sein de la société civile — et spécialement les mouvements sociaux — sont illégitimes au regard de l'unité, de l'intégrité de l'Etat qui ne tolère que les distinctions et les hiérarchies définies par lui (comme l'*apartheid*, par exemple). Dans sa prétention à *produire* la société et le citoyen, l'Etat empêche tout autre mode de production sociale concurrent, particulièrement s'il est fondé sur le conflit. Cette logique connaît son expression majeure dans les systèmes totalitaires où, comme l'a bien montré Raymond Aron, l'Etat a le monopole de la vérité et est inséparable de son idéologie[4].

Notons enfin que certaines configurations sociales manifestent une situation inverse: l'absence totale de l'Etat comme modérateur des relations entre les groupes laisse le champ libre à la violence des rapports politiques (Liban 1984) ou culturels (les sociétés traditionnelles crispées sur des formes sociales archaïques)[5].

2. Le projet de la sociologie

La publicité donnée aux innombrables sondages et enquêtes d'opinion donne de la sociologie une image incomplète et, de ce fait, fallacieuse: comme s'il suffisait de recueillir les opinions des individus pour mettre à jour les mécanismes sociaux, au-delà des impositions idéologiques et culturelles. Le projet de la sociologie est plus sérieux, son ambition plus élevée: *mettre au clair le caché*.

Ceci n'a rien de spécifique aux sciences sociales, mais on l'admet moins facilement pour elles que pour n'importe quelle science de la nature puisque chacun a, du social, une expérience quotidienne identifiée d'emblée à une connaissance du social. Parce qu'elle est une construction passée et présente des acteurs sociaux, la vie sociale serait complètement transparente : les motivations des acteurs seraient identifiables aux sens de l'action, et les conduites collectives la simple sommation des conduites individuelles.

En réalité, les choses sont un peu plus compliquées; en plus des difficultés simplement techniques à recenser l'ensemble des vécus sociaux, rien ne permet d'affirmer qu'on atteindrait de cette façon une compréhension pertinente des mécanismes sociaux. En effet, tout ordre social — du moins pour ce qui concerne les sociétés industrielles ou en voie d'industrialisation — requiert la mise en place d'un pouvoir capable d'assurer l'accumulation, donc de contrôler le prélèvement et l'utilisation d'une partie du travail collectif. Cette capacité de définir les orientations d'avenir des sociétés suppose une légitimité «vécue», suffisante pour faire accepter beaucoup d'inégalités tant en matière de pouvoir, de revenu que de prestige. Le dynamisme de ce type de société est inséparable d'une répartition inégalitaire des biens sociaux, que cherchent précisément à masquer la production idéologique de représentations sociales et leur diffusion à travers les mécanismes de socialisation et de contrôle social. Nous sommes autant «éduqués» aux formes sociales d'exercice du pouvoir qu'à des qualification professionnelles au sens strict. Pour une large part, cette idéologie dominante passe dans la pratique quotidienne : elle rationalise les fondements de l'inégalité, elle cherche à universaliser le particulier, elle substitue au langage du pouvoir celui, plus fonctionnel, de l'utilité sociale. En bref, elle double la pratique réelle des rapports sociaux d'une représentation plus acceptable socialement.

Sans doute, n'y a-t-il rien d'automatique ni d'unilatéral dans ces mécanismes de production symbolique; celle-ci est aussi l'enjeu de conflits dans les champs économiques, politiques et culturels. Il reste que ce qui est donné à voir immédiatement de la réalité sociale est toujours constitué d'un mélange de réel et d'imaginaire orienté, relativement imposé.

Aucune analyse sociale n'est innocente par rapport aux pouvoirs, et si les sciences sociales apparaissent souvent *critiques*, c'est d'abord au regard des pouvoirs dont l'intérêt évident est de ne pas apparaître pour ce qu'ils sont. De façon plus générale, les sciences sociales dérangent dans la mesure où, au-delà des images officielles de l'ordre social, elles réussissent à dégager plus de vérité des rapports sociaux. A ce titre, les sciences sociales sont subversives; leur degré de subversion est à la mesure de leur qualité. A la limite, il s'agit moins d'une option morale ou d'un choix idéologique que d'une exigence liée au projet de connaissance propre aux sciences sociales.

Ce statut des sciences sociales les situe d'emblée dans une relation de «mésentente», non seulement par rapport aux pouvoirs, mais aussi par rapport à ceux qui préfèrent — souvent de façon légitime — l'ordre apparent, plus sécurisant, à toute mise en question de cette pseudo-harmonie.

Dans ce cadre, on comprend mieux la mise à l'index de toute sociologie véritable par les pouvoirs totalitaires de droite — les dictatures militaires — ou de gauche — les pays du socialisme réel. Dans ces sociétés, la seule sociologie acceptable doit se limiter soit à des analyses fonctionnelles en vue d'améliorer le fonctionnement de l'ordre établi, soit à produire une sorte d'exégèse pseudo-scientifique renforçant le discours officiel. Sans doute, cette sociologie existe-t-elle à des degrés divers dans toute société; elle n'est toutefois jamais unique ou même dominante dans les sociétés reconnaissant et acceptant le conflit.

C'est donc bien dans le projet même de la sociologie que se trouve l'articulation entre droits de l'homme et analyse sociale. Dire que les sciences sociales sont de gauche n'a aucun sens si l'on entend par là qu'elles doivent se lier à une stratégie partisane; on sait d'ailleurs assez comment les contre-pouvoirs se transforment radicalement dès qu'ils atteignent leur objectif de contrôle du pouvoir: c'est au nom des valeurs qui soutenaient leur projet qu'ils en deviennent les pires adversaires.

Par contre, la démarche des sciences sociales les rend nécessairement attentives à ce qui est étouffé par la mise en place de l'ordre, de ses organisations, de ses mécanismes de contrôle et de manipulation. Elles sont donc, en quelque sorte, engagées objectivement à côté de ceux qui sont les plus privés de droits.

Sans doute, serait-il imbécile et naïf de condamner toute pratique des pouvoirs comme telle; il est toutefois préférable d'y voir clair dans leur jeu et leur produit. L'Histoire — et tout spécialement l'Histoire récente — nous enseigne avec force que, dans la majorité des cas, les pouvoirs non contrôlés dépassent les limites du compatible avec les droits de l'homme. Même dans les sociétés les plus libérales, à la moindre crise affectant l'ordre social les pratiques de violence se substituent rapidement aux pratiques sociales respectueuses des particularités des individus. Qu'on songe aux violences quotidiennes faites aux immigrés dans nos sociétés, sous forme de tracasseries bureaucratiques, de vexations policières, de mépris, etc. Il est toutefois juste de corriger cette conception «idéale» de la sociologie en lui opposant une partie non négligeable de la production des sciences sociales directement au service des pouvoirs établis ou des stratégies d'organisations visant à s'en emparer.

Dans le premier cas, on a affaire à des produits sans grand intérêt et d'une telle faiblesse intellectuelle que leur capacité d'intervention ou de manipulation est relativement limitée. Avec d'autes productions idéologiques, elles concourent sans doute à rendre familière une certaine image acceptable de l'ordre: il s'agit d'ailleurs le plus souvent de traduction de discours officiels dans une langue pseudo-scientifique. Leur utilisation directe par les pouvoirs est par définition très circonscrite; leur débilité ne permet pas de dégager des leviers d'action susceptibles d'être manipulés. Ainsi en va-t-il pour la plus grande partie des enquêtes d'opinion: on mesure mal un phénomène mal défini (l'opinion), dont on ignore assez largement le mode de production. Dans le cas des travaux soumis à des impératifs partisans, le risque d'abus est encore plus limité: entraîner les organisations dans des stratégies non pertinentes ou créer l'aveuglement chez les militants.

La complexité des processus sociaux, le nombre important de variables intervenant dans chacun d'eux, la nature même des phénomènes animés par des acteurs relativement autonomes, rendent problématique l'utilisation des sciences sociales à des fins de manipulation, sauf dans des domaines secondaires et à très court terme (par exemple, le domaine des choix de consommation). Il est bien difficile de considérer que la connaissance actuelle des phénomènes sociaux permette une assez grande maîtrise pour que les sciences sociales deviennent un instrument puissant de domination. Les pouvoirs totalitaires ne s'y trompent pas, ils choisissent le plus souvent de les interdire plutôt que de les utiliser. Ils craignent plus les débats ouverts par ces modes de connaissance que le profit qu'ils pourraient en tirer.

3. *Sociologie et droits de l'homme*

La sociologie est susceptible de plusieurs utilisations. Certains usages peuvent dénaturer son projet de connaissance et contribuer à renforcer les mécanismes de domination sociale ou de répression. Inversement, au-delà de la connaissance, à partir de la lecture qu'elle propose du monde et des sociétés, la sociologie peut contribuer positivement à diverses formes de libération.

Les *fonctions positives* de la sociologie sont multiples. D'abord, comme on l'a dit plus haut, elle peut contribuer à rendre la société plus transparente pour ceux qui y agissent et, par le fait même, montrer le caractère relatif — donc contestable — des pouvoirs qui la structurent. Le monde est une construction sociale, il est le produit d'une histoire, de rapports de forces présentés comme naturels par ceux qui le dominent et qui justifient cette domination, non à partir d'une position occupée dans des rapports sociaux mais en raison de leur identification à un ordre, légitimé par des facteurs non sociaux.

Rendre la société plus transparente est une démarche qui dérange parce qu'elle met en évidence que le social (les mécanismes sociaux, les relations sociales, les structures sociales) ne va pas nécessairement de soi. Les logiques sociales sont des constructions humaines et, comme telles, sont le reflet ou le produit des relations de pouvoir qui articulent les sociétés. La sociologie de l'éducation, par exemple, en attribuant à des facteurs sociaux (l'origine sociale, le milieu culturel) plus qu'à des facteurs psychobiologiques (l'intelligence) l'origine des échecs scolaires, en arrive à ruiner le discours politique sur l'égalité des chances qui fonde l'idéologie libérale en matière d'éducation, mais qui légitime aussi le pouvoir culturel des dominants, leur qualification reposant sur des bases sociales et non naturelles.

La sociologie ne dérange pas que les dominants. Dans son effort de transparence par la connaissance, elle peut arriver à montrer le caractère très relatif — voire mythique — de certaines affirmations qui sont au départ des démarches de changement social. L'analyse montre bien, par exemple, que les masses du Tiers Monde ne sont pas nécessairement disposées à se battre pour le changement social mais que la pauvreté et le fatalisme dominent largement leurs conduites. Ces mêmes erreurs ont été longtemps commises par les sociologues du monde ouvrier.

Dans son effort de transparence, la sociologie met donc à jour de multiples processus de pouvoir et de domination. Celle-ci repose sur la force politique, économique ou culturelle. Dans les sociétés rationalisées — les sociétés qui maîtrisent le mieux leur propre fonctionnement et qui le définissent socialement —, la sociologie peut être utilisée dans deux perspectives opposées: comme substitut aux légitimations métasociales ou religieuses en donnant une caution pseudo-scientifique à la gestion ou, au contraire, comme instrument de connaissance, de lecture des mécanismes de domination. L'identification des substitutions dans les mécanismes de domination est d'ailleurs une autre fonction positive de la sociologie en cette matière: les nouvelles formes du pouvoir économique et culturel (par exemple, les sociétés multinationales, les grandes agences publiques qui définissent les politiques économiques et énergétiques, etc.) et les nouveaux espaces sur lesquels ces pouvoirs s'exercent. Il en va de même de la mise à jour des multiples mécanismes de légitimation, des discours rationalisateurs (par exemple, le discours patronal au début de la crise présentant le chômage comme «frictionnel», c'est-à-dire le résultat d'un mécanisme d'ajustement qui conduirait à un meilleur état du système).

Ainsi, on qualifiera de *perverse* toute utilisation de la sociologie qui en dénature les objectifs de connaissance ou les asservit à des fins de domination sociale ou d'exploitation. Pour exister comme démarche de connaissance, la sociologie postule la liberté critique. Les régimes totalitaires — en raison de l'orthodoxie requise des pratiques intellectuelles, de l'assimilation de la vérité à l'idéologie du parti ou du groupe dominant, de la fiction de la société sans division donc sans conflit — interdisent la sociologie. Dans les pays «socialistes», plusieurs sociologues ont été exclus de l'université parce qu'ils refusaient de se mettre, comme sociologues, au service du régime. Si l'on excepte la sociologie industrielle en Hongrie et une partie importante de la sociologie polonaise, la production proprement sociologique est rare dans les pays socialistes. Les analyses de la bureaucratie ou de la lutte des classes dans les pays socialistes prennent la forme d'essais de critique sociale (Amalrik, Boukovsky,...), substituts à une sociologie non autorisée ou à la sociologie orthodoxe, plate exégèse de la pensée officielle. Des sociologues ont été emprisonnés en Pologne (en liaison avec la répression de *Solidarité*), en Tchécoslovaquie, en R.D.A. (comme R. Bahro, en raison de son livre *«L'alternative»* qui étudie le «socialisme réellement existant»). En 1933, les membres de l'école de Francfort — Horkheimer, Adorno, Fromm, Marcuse et d'autres — se dispersent, et beaucoup d'entre eux quitteront leur pays, les conditions tolérables du travail scientifique n'existant plus dans l'Allemagne nazie. Il en va de même encore aujourd'hui dans certains pays d'Amérique latine. De nombreux sociologues ont été emprisonnés et exilés dans le Chili du général Pinochet qui a longtemps exclu la sociologie de l'université et qui, aujourd'hui, ne la tolère qu'en liberté conditionnelle. M.A. Garreton, par exemple, a bien montré les stratégies que doit utiliser la sociologie pour survivre dans les régimes militaires[6].

On en conclura donc que, comme instrument de connaissance de la société, la sociologie est refusée par les systèmes politiques qui ne veulent pas dévoiler les mécanismes par lesquels ils assurent le contrôle de la société, risquant par le fait même de mettre en cause leur propre légitimité. Ceci dit, si la sociologie n'existe que peu dans ces sociétés, le pouvoir qui les domine peut très bien utiliser certaines informations ou certains résultats produits par les sciences sociales pour mieux asseoir son contrôle.

Il va sans dire que des pouvoirs politiques autres que totalitaires peuvent aussi faire de la sociologie un usage qui conduirait à certaines entorses du point de vue des droits de l'homme. L'utilisation de sondages électoraux, prédictifs dans certaines circonstances, est susceptible de réduire en fait les possibilités de choix en créant des modèles qui pèseront sur les comportements. Jean Ziegler estime par ailleurs que des sociologues ont mis au point des méthodes de recherche approfondies et fiables, permettant de mettre à jour des mécanismes de motivations collectives inconscientes. On pourra utiliser ces données ou ces méthodes aussi bien pour faire élire un homme politique que pour vendre des cigarettes. Les techniques de persuasion sont de plus en plus élaborées et efficaces, et dérivent directement des progrès de la sociologie, de la psychologie et de la linguistique[7]. Dans un tout autre domaine, Robert Jaulin et d'autres ont bien montré comment les pratiques indigénistes de certains gouvernements d'Amérique latine, officiellement commandées par un souci d'aide à des populations indiennes, visaient en fait à éliminer ces résidus de sociétés traditionnelles. On utilisera indirectement les sciences sociales pour réaliser cet objectif[8].

A la limite, on pourrait s'interroger sur certaines recherches commandées par l'Etat. En matière de politique sociale, par exemple, il est très différent d'étudier les *résistances* de tel ou tel groupe de la population à l'application de mesures particulières, et de *négocier* avec les groupes concernés les conditions de réalisation des recherches les concernant. Certaines recherches peuvent ainsi être détournées très facilement de leurs objectifs. Par exemple, des études dans le domaine de la sociologie du travail, menées dans les années septante par des entreprises multinationales, visaient à étudier les conditions d'apparition de certaines formes de conflits sociaux (les conflits sauvages d'entreprise) et les groupes porteurs de cette conflictualité particulière. L'objectif était d'identifier plus sûrement les éléments de blocage à certains processus de rationalisation. Dans le même ordre d'idées, on a utilisé une série de données psychologiques et sociologiques de manière à réaliser, au moindre coût et sans négociation, une politique de licenciement et de désengagement industriel[9].

Enfin, il est évident que la sociologie, comme d'autres sciences sociales, peut alimenter le discours du pouvoir en le dotant des éléments de rationalisation qui contribueront à l'asseoir. Elle peut —

stade ultime de la perversion de la science — faire cautionner par la science des conclusions non scientifiques mais qui seront admises comme telles. Dans cette dernière acception, les sciences sociales détournées de leur véritable finalité et subverties dans leur objet peuvent arriver à produire une fausse image de la société, fausse image utile au pouvoir.

On conclura sur une idée simple. Comme science, la sociologie n'a pas à être l'auxiliaire du pouvoir. La démarche de la sociologie — et les droits de l'homme ne peuvent qu'y trouver leur compte — doit obéir à une double pertinence : ne se soumettre à d'autres systèmes de recherche et de vérification que la science, et permettre aux groupes et aux société les moyens de leur «appréhension», de leur connaissance et de leur gestion. Toute mise en cause sérieuse de l'exercice du pouvoir joue nécessairement en faveur des droits de l'homme ; elle peut s'appuyer sur une légitime protestation morale, sur un rappel élémentaire des droits de l'individu face aux exigences «fonctionnelles» de l'ordre. Elle gagne du poids à se fonder sur des analyses bien informées utilisant au mieux les ressources techniques et théoriques des sciences sociales.

II. ECONOMIE

Les enjeux de la croissance économique dans la perspective des droits de l'homme

J.M. Wautelet

Quels sont les cas où l'on recourt à la théorie économique comme argument pour une violation ou un renforcement des droits de l'homme ? Se poser cette question oblige l'économiste à s'en poser une autre : quelle est la relation entre le corpus théorique visé et la réalité ?

En réponse à cette seconde question, il est courant d'affirmer que la théorie économique se présente comme anhistorique et se base sur un non-dit dans la mesure où, au nom de la neutralité scientifique, elle s'est coupée de plus en plus des problèmes du vécu quotidien. Ce vide conduit à ce qu'un même corpus théorique serve de support idéologique à des réalités socio-économiques très différentes dans le temps et dans l'espace. Cette constatation est cependant «peu utile» (ou tautologique) et ne soulève pas, entre autres, le voile dressé devant le décideur politique sur le fonctionnement du discours, particulièrement sur l'interaction entre économie normative et économie positive. On peut, en effet, remarquer que parler des droits de l'homme dans le champ de la science économique, renvoie aux concepts de marché et de degré de liberté sur celui-ci, de bien-être et d'exploitation. On mesure directement que ces concepts concernent, à des degrés divers, les écoles qui occupent le champ théorique de la discipline depuis le XIXe siècle : classique, marxiste, néo-classique, keynésien,...

Les trois domaines étudiés ci-après — la théorie de la croissance, la maximisation du bien-être et l'approche monétariste — ont été choisis de manière à rendre compte de cette hétérogénéité.

1. La théorie de la croissance

Un ensemble de modèles de développement économique part de l'hypothèse qu'un passage se fait de l'économie traditionnelle vers l'économie moderne. L'industrialisation, dans ce contexte, doit conduire à une élévation des salaires par baisse de l'excédent de force de travail et augmentation de la productivité dans le secteur de subsistance, et à une intégration économique qui permet au capital de se reproduire localement. Le paradigme néo-classique trouve ici une de ses applications les mieux réussies : celle de la croissance par étapes, où l'industrialisation des pays sous-développés doit conduire à une économie où productivité et salaires ne peuvent que hausser.

En résumé, ce modèle suppose deux secteurs, un secteur agricole et un secteur industriel. Comme dans le secteur agricole on trouve des travailleurs qui ont une productivité nulle ou très faible, ceux-ci pourront être employés dans le secteur industriel avec un salaire égal au salaire institutionnel dans l'agriculture. Dans cette première phase, la productivité du travailleur quittant l'agriculture étant nulle, il retrouve dans l'industrie le surplus agricole que son départ a laissé dans ce secteur (« le travailleur s'en va avec sa nourriture »). Dans la deuxième phase, la productivité marginale du travailleur sortant de l'agriculture est positive, mais reste inférieure au salaire industriel. Le surplus agricole moyen diminue. Dans la troisième phase, le travailleur qui quitte l'agriculture a une productivité marginale égale au salaire réel. A partir de ce point, les facteurs de production sont rémunérés suivant leur productivité marginale dans leur secteur respectif[10]; le pays est entré dans la phase industrielle proprement dite.

Cependant, de nombreux présupposés concrets ne sont pas si neutres dans cette théorie, particulièrement en ce qui concerne la problématique des droits de l'homme, vue bien au-delà d'un seul aspect des libertés individuelles.

a) La centralisation des revenus

Cette théorie de la croissance va plus loin que la théorie marginaliste de l'économie d'échange. Dans la seconde, on s'occupe simplement d'optimiser l'allocation des ressources. Dans la première, intervient la notion de plus grande disponibilité en facteurs rares et dès lors de maximisation du surplus, source du capital considéré comme le facteur de production le plus rare dans les pays en développement. Ceci conduit à privilégier la centralisation des revenus en partant de l'hypothèse profit = épargne = investissement. L'hypothèse presque égalitaire sur la consommation réduit la portée pratique de ce modèle, tout comme l'ignorance des conséquences de l'internationalisation, sur les types d'investissement. Le mimétisme technologique, les stratégies des firmes multinationales et l'étroitesse de la base économique interne des investissements font que les composantes structurelles de ce type d'économie (le maintien d'une élasticité élevée de l'offre de travail, l'exportation des revenus d'investissement, le choix fréquent des bourgeoisies locales de placer leurs revenus dans l'immobilier et le commerce,...) conduisent à un fractionnement dans l'emploi des forces productives, générateur de tensions sociales et politiques.

Les travaux plus récents sur le problème de la redistribution des revenus au cours de la croissance[11] ne modifient pas ce postulat de base. Cependant, ils s'attachent à discerner les obstacles qui limitent la part reçue par les populations à faible revenu alors que le produit national s'accroît, ce qui permet des modèles où les caractéristiques socio-économiques des populations sont mieux prises en compte.

b) Pourquoi casser les œufs?

Si l'on se confine à un critère de maximisation de la croissance, l'atteinte aux droits fondamentaux d'individus ou de groupes de populations (tant au niveau des libertés civiles et politiques que des besoins vitaux) devient un pis-aller nécessaire pour les buts que l'on poursuit. La thèse de l'omelette[12] veut que la croissance ne soit pas possible sans modifier les modes de production traditionnels, ce qui ne va pas sans souffrance, au moment de la transition, pour les groupes sociaux les plus faibles. Cette thèse est de nouveau très proche de la conception de l'histoire économique des pays industrialisés où les coûts de la croissance capitaliste (misère, crise alimentaire, répressions sanglantes des mouvements ouvriers,...) n'ont pas dépassé une cinquantaine d'années (et même, le débat est toujours ouvert pour savoir si une phase de paupérisation absolue — en termes monétaires — a bien eu lieu dans ces pays, permettant ou accélérant l'industrialisation). Cependant, et c'est l'essentiel, l'interaction entre croissance capitaliste, liberté politique et justice sociale qu'ont connu les pays occidentaux au XIXe siècle, est intransposable dans la situation économique actuelle pour les pays en développement où la croissance s'accompagne de l'exclusion d'une grande partie de la population[13].

Cette thèse de l'omelette déplace aussi les problèmes dans le temps. Car la question n'est pas de savoir si, à terme, cette internationalisation aura un effet positif ou non sur la croissance des pays concernés, mais bien de se demander si ce renforcement dans la pénétration des rapports capitalistes (et parfois là où ils étaient peu présents, par exemple dans l'alimentation du monde rural des pays africains et de certaines régions d'Amérique latine et d'Asie) n'entraîne pas des privations dont les causes et les finalités échappent largement aux processus de décision interne.

Le recours obligatoire à la transparence du marché conduit souvent les organisations internationales à favoriser ceux qui peuvent exercer un contrôle centralisé sur la propriété et le capital. Ceux-ci tendent à former des groupes nationaux privilégiés qui sont seuls capables de s'ouvrir aux avantages comparatifs, c'est-à-dire d'ouvrir l'économie nationale aux marchés internationaux. Ceci conduit les groupes politiques dirigeants à rechercher une légitimité internationale qui passe prioritairement par la capacité à s'intégrer dans l'économie mondiale et à y accepter les règles du jeu, et cela d'autant plus sans doute que la légitimité interne de ces groupes est faible. Une étude sur la politique américaine d'aide au développement, pour les années 1975-1977, montre bien que les régimes répressifs d'Amérique latine ont été avantagés, que cette distribution de l'aide représentait un modèle, et que la notion de besoins fondamentaux n'intervenait pas dans cette corrélation positive entre aide et atteinte aux libertés humaines[14]. Cependant, la concurrence internationale, tout comme les rapports de force internes et la nécessité pour la classe au pouvoir d'asseoir sa base économique, font que ces règles ne peuvent être vues de manière déterministe. Dans un même cadre de dépendance structurelle et de crise économique grave, on peut voir des orientations divergentes entre Etats quant à la fermeture ou à l'ouverture de leur système politique[15]. Nous sommes ici dans le domaine du politique, encore que ceci se complique au niveau du champ économique par le fait que, dans de nombreux pays — à peu près toute l'Afrique subsaharienne indépendante —, l'Etat est le vecteur principal de l'accumulation. L'urgence de la mise en œuvre d'un droit des peuples prend ici toute son acuité.

c) Le secteur informel

Le modèle ne prend en compte que deux secteurs, suivant une logique de passage du secteur agricole vers le secteur industriel dans une première étape de la croissance, et ensuite du secteur industriel vers le secteur des services. Le rôle du secteur des services est vu dans la perspective des pays industrialisés où les services permettent l'utilisation du surplus économique. Or, dans les pays sous-développés, le tertiaire se trouve gonflé par l'activité commerciale liée au secteur d'exportation, par le chômage déguisé venant du capitalisme agraire, par la disparition de l'artisanat non remplacé par des emplois que fournirait l'industrialisation, et enfin par les dépenses de luxe. En Afrique, la faible pénétration de l'industrie permet également l'essor dans les villes d'activités concurrentielles à l'industrie. Il existe donc, en interaction étroite et avec l'agriculture et avec l'industrie, un troisième secteur dont il faut prendre en compte la dynamique propre [16]. Par exemple, le panier de consommation est de plus en plus grevé, dans les grandes villes du Tiers Monde, par le coût très élevé des services (transports, éducation, fourniture en eau,...) qui représentent une part considérable des dépenses. De nouveau, il y a une nette distanciation entre cette situation et la théorie économique où la croissance relative des dépenses de services est considérée comme un effet de l'enrichissement individuel (loi d'Engel).

2. Le bien-être hiérarchisé

a) Des perspectives différentes

L'économie du bien-être veut faire entrer dans son calcul : distribution des revenus, qualité de la vie, type de croissance économique, droits de l'homme,... [17]. Cette approche va plus loin que le critère économique conventionnel qui pose qu'une situation économique I est économiquement plus efficace qu'une situation économique II lorsque la valeur monétaire (à pouvoir d'achat constant) des biens de la société est plus élevée en I [18]. Elle s'éloigne donc du critère d'efficacité pour se baser sur un consensus éthique, sur une norme (par exemple, le concept de justice social rawlsien), ou pour se retrancher simplement derrière l'autorité politique.

Sa relation avec la notion d'équilibre est plus ambiguë, dans la mesure où l'on recourt à la notion de Pareto-optimalité [19]. L'*Optimum* de Pareto est un état à partir duquel il est impossible d'améliorer le bien-être de quiconque sans diminuer celui de quelqu'un d'autre (ceci s'appliquant à tout agent économique : producteur, consommateur,...). En l'absence de mesures objectives des utilités, on ne peut recourir ici à des comparaisons d'utilité interpersonnelles, ce qui entraîne une infinité d'*optima* incomparables. De plus, cet état d'équilibre ne dit rien sur la dotation initiale des ressources[20].

Cette approche a souvent été confondue aussi avec un concept des droits de l'homme considérés comme marchandise à l'intérieur d'une analyse coûts-bénéfices (et, de manière marginale, à l'intérieur des relations économiques internationales). Dans ce cadre, les droits de l'homme sont soumis à une mesure en termes monétaires, ou figurent comme contrainte de manière à entrer directement ou indirectement dans l'échange économique. La réduction entraînée par cette analyse fausse le fondement du consensus: «les droits de l'homme ne sont pas dangereux tant qu'ils sont bien tenus en laisse à l'intérieur des préoccupations économiques. Si par hasard ceux qui les défendent ne respectent plus cette convention, ils deviennent dangereux, la détente est menacée, le jeu que l'on a savamment mis au point sera bousculé »[21].

b) Les besoins fondamentaux: une approche limitée, mais interrogatrice

L'économie du bien-être, dans une approche plus empirique, fait apparaître que le développement industriel occidental a engendré une définition des droits de l'homme qui se heurte à l'allocation des ressources telles que définies par ce système économique lui-même. Ceci ressort clairement des recherches récentes sur la théorie des besoins fondamentaux. Dans cette alternative, on ne passe plus par l'interaction agriculture-industrie mais par le maintien, dans le système productif, des couches les plus faibles de la population. On ne parlera plus d'amélioration de la productivité et des salaires, mais d'une meilleure consommation des services (éducation, santé, distribution d'eau,...). L'indicateur du niveau de bien-être n'est plus seulement le revenu que l'on peut tirer de la production, mais la qualité de la vie ressortant de l'offre de services.

Inséré dans la réalité économique internationale, ce couple croissance-besoins fondamentaux, à première vue favorable à la défense des droits de l'homme (principalement les droits économiques et sociaux), est peu convaincant. Il laisse en effet le champ libre aux grandes firmes multinationales, pour remodeler le système productif mondial avec un essai d'harmoniser, dans ce cadre, les problèmes de reproduction à l'échelle nationale. Ainsi, la pénétration de l'agro-alimentaire dans les campagnes du Tiers Monde a plusieurs effets tendant à supprimer les possibilités de choix pour les populations touchées. L'introduction d'une agriculture à haute technologie entraîne une concentration des terres, une importation accrue d'engrais, de semences et de produits phytosanitaires, une réduction accélérée des possibilité d'emploi et une diminution des cultures d'autosubsistance au bénéfice de cultures commerciales le plus souvent destinées à l'exportation[22]. Même là où l'accent est mis sur les cultures vivrières, il est reconnu que les augmentations de production n'ont pas un effet univoque sur l'ensemble des revenus. Ainsi, si la Révolution Verte a permis d'accroître la production des biens alimentaires, ce mouvement s'est fait aux dépens de la réduction de la pauvreté dans les campagnes[23]. De même, dans les zones touchées par la famine il est probant que, dans de nombreux cas, ce n'est pas seulement la disponibilité en biens alimentaires qui est concernée, mais la capacité des populations à se procurer ces biens. Ainsi, on peut voir des biens vivriers exportés d'une région de pénurie, étant donné que les forces du marché poussent les commerçants vers l'extérieur: à ce moment, la faiblesse du pouvoir d'achat prend le pas sur la baisse des disponibilités[24].

Ce type d'études est important, l'attention s'étant trop souvent portée sur les questions urbaines, surtout en Amérique latine. Or, il n'y a pas de séparation essentielle entre le paysan qui manque d'eau, de toit, de nourriture équilibrée et du suivi sanitaire, et le leader politique ou syndical qui se fait emprisonner et torturer. On assiste aussi, dans les pays non industrialisés, à un glissement dans la répression des droits civils et politiques qui n'est plus seulement une question urbaine, mais qui touche avec autant d'acuité les zones exclues de l'industrialisation. Le cas brésilien est certainement le plus frappant étant donné que s'y côtoient zones industrielles, zones soumises à l'exportation de produits miniers et de produits agricoles et zones d'autosubsistance, dans un même espace national. Nombre de pays africains vivent de plus en plus cette situation hors d'une perspective d'industrialisation.

Ces études montrent aussi la nécessité de considérer aussi bien les droits civils et politiques que les droits économiques et sociaux[25]. Sans doute aussi faut-il supprimer la barrière (en termes d'accent et de priorité) qui a été placée entre ces droits: «l'électrode posée sur le sein est un affront à la dignité humaine, de même le sein qui n'a pas de lait pour le nourrisson. Le placement de dissidents politiques dans des institutions psychiatriques est une perversion de la responsabilité professionnelle, de même le manque d'hôpitaux pour soigner les malades. Les arrestations arbitraires et la détention violent l'intégrité de la personne, de même le système impersonnel de tri qui, sous un régime de rareté aiguë, décide de qui doit vivre et de qui droit mourir»[26].

En ce qui concerne la théorie économique, la linéarité des relations entre croissance économique, rareté et allocation efficace est remise en question. L'étude des lois économiques (économie positive) vient informer l'économie normative de ce que le concept de rareté (insuffisance d'une ressource par rapport à un besoin; dans un sens plus restrictif, insuffisance de la quantité existante par rapport à la quantité demandée) n'est pas équivalent entre la sphère de la production et celle de la consommation.

c) L'économie sociale

L'approche par les besoins fondamentaux ne suffit pas, à elle seule, à créer un espace économique qui permette une vision non autoritaire du développement. Dans un de ses dossiers[27], la *Fondation Internationale pour un Autre Développement* se penche sur les changements profonds que pourrait apporter la norme suivante de développement: «satisfaire les besoins humains fondamentaux de la grande majorité de la population par le moyen d'un processus économique guidé par des forces nationales autonomes». Des alternatives plus spécifiques existent également, comme la recherche d'une dimension géographique et démographique appropriée pour la prise de décision[28]. Réinscrites dans une perspective historique concrète, ces propositions normatives rejoignent un courant qui reprend vigueur aujourd'hui dans les pays industrialisés: l'économie sociale (sans nier la polysémie de son contenu).

Ce mouvement de l'économie sociale, né dans les pays industrialisés dans la seconde moitié du XIXe siècle, peut être vu comme une résistance au salariat, avec une primauté de l'homme sur le capital et du service sur la marchandise. On retrouve maintenant diverses formes de ce type d'entreprise «solidaire», non seulement dans les pays industrialisés mais également dans les pays en développement. Le débat portant sur le choix entre l'ordre spontané — permis par la décision individuelle — et l'Etat se trouve ici dépassé. Cette redécouverte semble prometteuse, dans la mesure où elle fait intervenir une nouvelle vision du lien entre l'individuel et le collectif. Si la crise n'est certes pas étrangère à cette résurgence, du moins permet-elle de défendre des projets autres, où les valeurs et les pouvoirs seraient plus explicites dans le discours sur les raretés[29].

Conscientisation et communautés de base en Amérique latine, villagisation du développement en Afrique, développement communautaire en Asie, entreprises alternatives dans les pays industrialisés, se trouvent cependant devant des sciences humaines étrangement muettes...

3. L'alibi monétaire

Depuis la prise de pouvoir par les militaires en 1973 au Chili, le monétarisme a accentué la polarisation idéologique entre économistes[30]. Au contraire de l'expérience du gouvernement militaire brésilien (à l'exception, peut-être, des trois premières années après le coup d'Etat: 1964-1967), le Chili suit sans restriction la politique des institutions financières internationales, ouvrant l'économie chilienne à la concurrence internationale.

Quelles sont les conséquences de cette politique? Au niveau de la balance des paiements, bien que la balance des transactions courantes reste déficitaire, l'équilibre financier interne est rétabli par un apport important de capitaux privés extérieurs. Par contre, le taux de croissance du produit national brut (exprimé en dollars) est un des plus faibles d'Amérique latine pour cette période. Plus important, «en termes d'objectifs plus larges de développement (croissance de taux d'emploi, distribution plus égalitaire des revenus, satisfaction des besoins fondamentaux par la majorité de la population, accroissement d'autonomie), il est évident que le modèle est un échec dramatique»[31].

Cette réinstauration d'un capitalisme sauvage a souvent été dénoncée. Ce qui est moins souvent souligné, c'est que la politique économique sous-jacente à ce modèle n'est autre que celle prônée par les institutions financières internationales — en particulier le Fonds Monétaire International (FMI) — et que des économistes (comme M. Friedman, Prix Nobel d'Economie en 1976) ont voulu en faire un terrain d'expérimentation de leurs théories. Cette collusion évidente entre théorie économique et pratiques politiques conduit même une partie des «maîtres» de la théorie monétaire à revendiquer une orthodoxie, non dépendante du monétarisme actuel mais dans la ligne des travaux de David Hume et de la théorie classique de l'analyse des balances de paiements[32]. Le Chili est devenu ainsi le premier élève «modèle» d'une politique qui se résume en quelques points, que l'on soit au Brésil, au Zaïre ou au Portugal. Le déséquilibre de la balance des paiements est dû à la nature non concurrentielle des exportations, qui dépend à son tour du haut niveau des salaires, d'une participation publique trop forte gênant la gestion et le marketing. Ce déséquilibre dépend aussi d'un excédent d'importations dû à une demande excessive; viennent enfin un ensemble de distorsions dans l'allocation des ressources, dont la cause principale est l'intervention trop fréquente de l'Etat sur les marchés. Sans se prononcer sur la pertinence de tel ou tel élément de l'analyse, on reste surpris du remède «universel» appliqué[33]:
- relance des exportations, compression des importations;
- diminution des salaires réels;
- libéralisation des prix internes;
- réduction du déficit budgétaire comprenant la suppression des sub-

ventions (aux entreprises publiques, aux produits de consommation,...), accroissement de la pression fiscale, hausse des tarifs des entreprises publiques;
- retour au privé d'un grand nombre d'entreprises publiques;
- contrôle de la masse monétaire par encadrement du crédit bancaire et hausse des taux d'intérêts;
- dévaluation et libéralisation du contrôle des changes.

L'adoption de cette politique par les pays industrialisés dans la seconde phase de la crise, et l'endettement de la plupart des Etats du Tiers Monde après l'expansion brusque des capitaux privés financiers dans ces pays après 1973, lui donnent une force nouvelle: «la doctrine monétariste vient ici légitimer le processus d'internationalisation qui est présenté comme une transition vers des formes supérieures d'organisation économique... Ce qui est en jeu (dans la lutte contre les ambiguïtés de la doctrine monétariste) est plus qu'un problème de démystification idéologique. Nous avons à nous demander si les peuples de la Périphérie vont jouer un rôle central dans la construction de leur propre histoire...»[34]. Les lois économiques se trouvent mêlées aux discours politiques. On en revient à une situation déjà décrite, où la légitimité internationale des gouvernants est prioritaire par rapport à d'autres objectifs de politique intérieure. Une tendance se dessine à substituer au concept de sécurité nationale celui de la sécurité du système mondial: «car nous ne pouvons pas tourner le dos aux plus de deux milliards d'individus — la moitié de l'humanité — qui vivent dans les pays les plus pauvres. Personne n'y trouverait son compte. Et certainement pas, en tout cas, les pays développés dont la prospérité dépend plus que jamais de la stabilité et de la sécurité du système mondial»[35].

Bien entendu, il n'y a pas ici de manichéisme: lorsque le FMI intervient, c'est bien souvent après un long processus d'accumulation où les besoins fondamentaux des masses ont été peu pris en compte également dans les investissements financés par les capitaux extérieurs. Ces mesures de réalignement international viennent se greffer sur des déséquilibres régionaux et sectoriels qui dépendent des décisions internes de croissance, même si celles-ci ne sont que le fait d'une catégorie sociale très restreinte en nombre.

Le problème est de savoir si les structures économiques et les réalités sociales des pays concernés sont adaptées à ce remède universel et, dans le cas d'une réponse négative, si les contradictions du remède ne sont pas très coûteuses, tant en termes économiques que sociaux. Ainsi, comme le notait M. Duncan Ndegwa, Gouverneur de la Banque Centrale du Kenya, les mesures drastiques du Fonds Monétaire International touchant aux dépenses gouvernementales (diminution des subsides alimentaires, et autres, voir le cas zambien) entraînent l'insécurité politique[36]. Alors que le Maroc signait un accord de 819 millions DTS en mars 1981, plusieurs centaines de personnes, protestant contre les restrictions alimentaires, étaient tuées en juin; après un accord de 198 millions DTS en octobre 1981, le Soudan était secoué en janvier 1982 par des manifestations contre l'augmentation des prix des aliments de base; le nom du FMI devient synonyme de messager de la misère au Brésil, au Portugal,... Le poids des inégalités peut poser ici beaucoup de questions à ceux qui réfléchissent sur la gestion du commerce international. Comme le soulignaient des experts du Tiers Monde : « La sévérité des mesures du FMI pour les pays déficitaires contraste avec la liberté complète d'action des régions industrialisées qui ont eu des surplus au cours des trois dernières décades. Car, tandis que les régions déficitaires sont obligées d'ouvrir leurs marchés aux importations en échange de crédits relativement limités dont l'octroi repose sur la signature d'un accord avec le Fonds, les régions en surplus sont libres de résoudre leurs propres problèmes à court terme en exportant déflation et chômage, et même en adoptant des mesures protectionnistes contre les exportations du Tiers Monde »[37].

Enfin, il est intéressant de remarquer que des institutions comme le FMI et la Banque Mondiale se considèrent également comme des laboratoires de recherches économiques, d'autant plus performants à leurs yeux qu'ils peuvent maîtriser un vaste ensemble de données souvent peu accessibles et faire appel, pour les traiter, à des personnalités reconnues dans la profession.

Conclusion

Dans la mesure où la science économique étudie la manière dont les agents (individu, firme, Etat,...) allouent efficacement des ressources rares en vue de satisfaire des objectifs multiples, la théorie peut difficilement échapper, dans sa construction même, aux applications qui en sont faites. Plus que d'autres sciences sociales, la théorie économique cherche à répondre à ces questions posées par la pratique de l'art, en limitant son champ d'analyse. La principale voie dans la recherche de la scientificité a été le recours au concept d'optimisation qui a pris le dessus sur un ensemble de projets économiques que peuvent avoir les agents. Même sur des variables courantes dans le corpus théorique (comme travail, loisir, pouvoir d'achat), l'approche est devenue si restrictive que les défenseurs des droits de l'homme auraient bien de la peine à y trouver des éléments à intégrer à leur propre recherche.

D'où deux souhaits, dans le cadre des travaux rassemblés dans ce livre :
- une économie qui puisse prendre en compte d'autres relations que monétaires ;
- une place pour un discours scientifique utopique, à côté du discours scientifique conservateur.

III. ETHNOLOGIE

L'ethnologie, prise entre l'universalisme et la diversité

J.P. Colleyn

Une science qui, comme l'ethnologie, contribue à une meilleure connaissance des phénomènes sociaux pourrait être considérée comme étant par essence favorable à l'épanouissement de l'homme. Mais elle peut être détournée et utilisée selon une vieille recette de la science politique qui consiste à mieux connaître pour mieux exploiter. Soumise à toutes les pressions de l'histoire, une science humaine résiste toujours imparfaitement aux pesanteurs idéologiques. Elle n'atteint jamais une pureté analytique parfaite et sa problématique peut être infléchie par des entreprises collectives qui apparaissent plus tard comme des crimes contre l'humanité.

On reconnaît généralement que l'ethnologie a joué un rôle prépondérant dans la lutte contre les préjugés racistes, mais on a dit aussi qu'elle était « fille de l'impérialisme », qu'elle était le produit de la société capitaliste, qu'elle avait contribué à la propagation de l'Occident, qu'elle était l'expression de l'idéalisme bourgeois, ou qu'elle était une distraction exotique pour les nantis des pays riches[38]. Mais tout jugement politico-moral à l'emporte-pièce est malaisé car l'ethnologie n'est ni une théorie immuable, ni une discipline homogène. Elle s'est épanouie à la faveur de la conquête coloniale, mais il s'en faut de beaucoup pour qu'on puisse en conclure qu'elle n'est qu'un avatar de l'esprit de cette époque.

Un bref recul historique permet de se rendre compte que l'ethnologie a toujours balancé entre la recherche de l'universalité et le respect de la pluralité. Paradoxalement, les populations assujetties par les puissances coloniales paraissent avoir souffert beaucoup plus des doctrines universalistes — qui nient les différences au nom du progrès — que des théories pluralistes[39].

Le siècle des lumières, au cours duquel est née l'ethnologie, valorisait la différence, avec comme toile de fond l'image du bon sauvage, héritée du Moyen-Age et de la Renaissance. Mais, vers 1860, la véritable naissance de l'ethnologie en tant que branche autonome du savoir n'a pas résisté à l'esprit impérial. L'évolutionnisme, qui classait les sociétés selon leur «degré» de développement technique, a certainement confirmé les vues ethnocentriques de l'élite européenne et facilité l'exploitation coloniale[40]. Pourtant, l'évolutionnisme de l'époque victorienne n'annonçait pas le racisme délirant de l'école nordique du tournant du siècle. Il impliquait l'unité de l'homme et prônait l'assimilation de toute l'espèce humaine au modèle occidental. Le racisme et l'évolutionnisme furent vigoureusement combattus par les fondateurs de l'ethnologie moderne, tels que l'Américain d'origine allemande Franz Boas (1858-1942).

La vision linéaire de l'histoire changea sous la double influence de ces idées et de facteurs politiques. Le «cadeau» colonial était de plus en plus contesté par les «administrés» qui manifestaient, face à l'œuvre civilisatrice, d'étonnantes résistances. On prit conscience de la diversité des cultures et on eut l'idée de mieux la respecter afin de remplir avec plus de souplesse la mission coloniale. Les deux grandes puissances coloniales, la Grande-Bretagne et la France, formèrent des spécialistes et l'ethnologie fit bientôt partie du bagage intellectuel des administrateurs. Tant dans les territoires français que britaniques, des fonctionnaires travaillèrent comme «ethnologues de gouvernement». Des instituts se créèrent qui prétendirent ne pas faire de politique mais s'attachèrent à fournir les connaissances nécessaires pour éviter la colonisation aveugle[41]. De la part des ethnologues, cette compromission historique n'apparaissait pas comme telle, mais comme une tentative éclairée de limiter les dégâts et de respecter les cultures autochtones. L'épistémologie actuelle révèle une certaine connivence entre le fonctionnalisme, qui étudiait chaque ethnie comme un monde clos, cohérent et intemporel, et la doctrine coloniale du «gouvernement indirect», qui s'appuyait sur les pouvoirs indigènes. Le fonctionnalisme, en suggérant l'irréductibilité des cultures à un dénominateur commun, ouvrait aussi la porte au principe du relativisme culturel invoqué par l'ethnologie américaine. Celle-ci fut, de manière délibérée, anticolonialiste, ce qui n'empêcha pas de nombreux ethnologues américains de travailler pour la colonisation *intérieure*, par le biais du Bureau des Affaires Indiennes avec, une fois de plus, l'objectif de protéger les Indiens. C'est aussi l'école américaine qui favorisa l'élargissement de la problématique ethnologique. Conçue d'abord comme la science occidentale des peuples «sauvages», elle allait devenir une anthropologie culturelle: une science générale des hommes en société.

Les progrès théoriques étaient indéniables, mais leur influence croissante a pu favoriser des collectes d'informations intéressées. Dès la deuxième guerre mondiale, les Etats-Unis envoyèrent des spécialistes en sciences humaines enquêter sur les ennemis éventuels et les alliés potentiels de l'Amérique. Ces enquêtes, qui portent notamment sur les lieux où les troupes américaines pourraient être amenées à séjourner, culminèrent pendant «l'aventure vietnamienne» et se poursuivent de nos jours.

Après la deuxième guerre mondiale, on assista aussi à un retour des théories favorables à l'assimilation. Mais l'idéologie glissait vers l'économisme: il ne s'agissait plus de «civiliser les sauvages», mais de les «développer». En Grande-Bretagne, le gouvernement travailliste s'attacha à réviser l'*indirect rule* afin de s'appuyer non plus sur les pouvoirs locaux, mais sur les éléments indigènes «dynamiques». Une fois de plus, une doctrine progressiste entreprenait de forcer des populations entières, sans trop se soucier de leurs droits, à s'adapter à ce que l'on appelait «les exigences de la modernité».

La confrontation avec la civilisation occidentale avait aggravé la paupérisation de nombreux peuples, mais l'oppression et la domination étaient occultées par un vocabulaire descriptif: «acculturation, changement social, choc de cultures, contact culturel, etc.». En France, il fallut attendre les années cinquante, notamment avec Michel Leiris et Georges Balandier, pour voir des ethnologues se livrer à une critique politique de la colonisation. L'idéologie dominante faisait la sourde oreille. Elle restait (elle reste encore d'ailleurs) empreinte de messianisme colonial. L'analphabétisme, l'immobilisme des traditions, l'esprit magico-religieux étaient identifiés par les experts comme la source de tous les maux du monde pauvre.

De nombreux ethnologues ont collaboré à des plans de développement qui, pour la plupart, échouèrent. Ces échecs résultent sans doute de la difficulté à dominer toutes les variables influençant le devenir des sociétés. Mais ils révèlent surtout l'incapacité des spécialistes à bouleverser les rapports de forces existants, l'incompatibilité des exigences scientifiques avec les délais imposés par les pouvoirs politiques et économiques. Par un double mouvement d'exclusion, le titre d'ethnologue tend d'ailleurs à ne plus s'appliquer qu'à ceux qui se livrent à la recherche fondamentale. Ces derniers désirent souvent éviter toute compromission avec des plans de développement, qui sont rarement conçus pour bénéficier à ceux dont on attend qu'ils produisent l'effort principal. De leur côté, les praticiens leur reprochent d'être «passéistes» et se démarquent en prenant les étiquettes de consultants, experts, *managers*, etc.

Depuis la crise des indépendances, l'opinion occidentale était sensibilisée aux violations des droits de l'homme qui entachaient la période coloniale. Les indépendances ne tranchèrent en rien le dilemme entre l'uniformisation au nom du progrès et le respect de la diversité. La plupart des ethnologues avaient reconnu la légitimité de la lutte anticoloniale, mais ils virent, parfois avec inquiétude, le mouvement être récupéré par les éléments les plus répressifs des nations nouvelles. Parfois, les mouvements révolutionnaires eux-mêmes reprirent à leur compte, dans une grande poussée moderniste, le refrain de la civilisation. Parmi les «élites» issues de la colonisation, certains intellectuels formés à l'occidentale reprochent à l'ethnologie d'avoir un regard insultant pour les peuples du Tiers Monde et de donner de ceux-ci une image archaïque. Paradoxalement, une partie de leur critique revient à reprocher aux colonisateurs de n'avoir pas vraiment occidentalisé, d'avoir fait semblant de développer, d'avoir freiné l'industrialisation. Ils font, sans le savoir, le jeu des experts occidentaux en matière de développement qui anticipent la désuétude des cultures africaines, asiatiques, amérindiennes et océaniennes. Il n'est pas rare que certains de ces experts interprètent comme une survivance anachronique tout ce qui résiste à leurs projets de changement. Si un pays est demeuré à quatre-vingts pour cent tribal et paysan, ils identifient la minorité urbanisée («évoluée») comme étant le présent et la majorité rurale comme étant le passé. Le schéma est simple: l'avenir (africain par exemple) est à notre image, son présent à l'image de ceux qui nous ressemblent le plus (les citadins occidentalisés), et son passé à l'image de ceux qui nous ressemblent le moins (la population rurale). Toute ressource allouée et tout effort consenti dans le cadre d'une coopération basée sur de tels raisonnements participent évidemment du meurtre culturel perpétré sur une grande échelle.

Bien heureusement, une bonne partie de l'intelligentsia du Sud a pris ses distances par rapport à des modèles qui ne font qu'habiller, à la dernière mode, les porteurs du «fardeau de l'homme blanc». De nombreux chercheurs africains, par exemple, travaillent — dans de très mauvaises conditions matérielles — à réévaluer les cultures et les langues ethniques. Leur apport s'est notamment traduit par un intérêt accru pour les études historiques. Les «primitifs» des tropiques ont cessé d'être, en quelque sorte, «gelés» dans un temps sans histoire.

Les ethnologues engagés, qui ont voulu dénoncé la spoliation des droits des peuples parmi lesquels ils menaient leurs recherches, occupent, dans le concert des opinions, une position originale. Ils ont attiré l'attention sur les atteintes aux droits culturels, et non seulement sur les crimes commis contre des personnes individuelles. De par leur formation, ils sont enclins à reprocher à la défense des droits de l'homme d'être trop strictement liée aux caractéristiques de la civilisation occidentale. Certains d'entre eux ont tenté d'attirer l'attention sur la notion d'ethnocide : le crime commis envers une culture. Des ethnologues montrèrent en quoi la colonisation a rendu des populations entières incapables de se perpétuer sans que se produisent des crises d'une exceptionnelle gravité. Ils ont montré en quoi l'œuvre de scolarisation, si humaniste qu'elle paraisse, déracine les écoliers en les dégoûtant de leur culture d'origine. De nombreux ethnologues dénoncent l'esprit de négation de l'autre qui se déguise souvent sous les termes de « mise en valeur », « assainissement » et « décollage économique ». Robert Jaulin montre comment des entreprises de colonisation appuyées par des compagnies pétrolières s'abritent derrière des œuvres humanitaires. Il explique comment la dénonciation du génocide en Amérique du Sud a provoqué une accélération de l'ethnocide[42]. Malgré une déontologie soucieuse de préserver la neutralité scientifique, des initiatives ont été prises pour dénoncer la criminalité culturelle. Des films ont été réalisés, des lettres ont été écrites, dont notamment celle (contre-signée par 120 ethnologues) de Claude Lévi-Strauss au Président du Brésil, pour protester contre les abus du service censé protéger les Indiens.

En 1968, le Congrès des Américains s'émut de l'élimination spectaculaire ou de la clochardisation progressive des groupes d'Indiens. La même année, le Congrès International d'Anthropologie de Tokyo condamna l'emploi de la force physique dans les programmes de développement. Un collectif de chercheurs se pencha sur les processus naturels, économiques et politiques qui acculèrent à la famine les populations du Sahel et détournèrent une bonne partie des secours[43]. Dans des matières plus politiques encore, il est arrivé que des ethnologues témoignent. En février 1982, un jeune chercheur américain, Philippe Bourgois, démentait devant une commission du Congrès l'affirmation du Président Reagan selon laquelle le respect des droits de l'homme s'améliorait au Salvador, et dénonçait l'aide américaine à l'armée salvadorienne[44].

Les prises de position des chercheurs en faveur des cultures opprimées ont connu un certain écho, mais n'ont jamais recueilli un soutien aussi massif que la défense des droits individuels. Les ethnologues montrent qu'en raison de ses caractéristiques propres, la société occidentale a davantage mis l'accent sur les droits de l'individu que sur les droits des peuples. L'apparition d'une catégorie morale, selon laquelle chaque homme apparaît comme une incarnation de l'humanité, est la conséquence d'un développement historique et idéologique complexe. Dans ce développement, il faut tenir compte de l'égalitarisme judéo-chrétien, de la philosophie humaniste de la Renaissance, du mouvement des Lumières et de l'essor du libéralisme. L'humanisme a fait triompher le principe de la dignité individuelle et de l'égalité des personnes, tandis que l'avènement de l'économie de marché a rompu tous les liens de dépendance inter-personnels. En faisant prévaloir la propriété privée, l'individualisme occidental affirme la primauté de la relation de l'homme aux choses sur les relations des hommes entre eux[45]. La logique du marché est de s'étendre, d'universaliser sa loi. Elle tend à dissoudre toutes les résistances en se présentant sous la bannière de la liberté. Dans nos sociétés, depuis la chute des anciens régimes, l'argent et les droit de l'homme *en tant que personne individuelle* n'ont permis qu'une égalité théorique, mais le destin de la personne n'est plus borné *a priori*. Bien sûr, la liberté demeure soumise aux lois de la pesanteur sociologique[46], mais le statut des personnes ne saurait être donné une fois pour toutes dès la naissance.

Or, la plupart des sociétés qu'étudient les ethnologues valorisent les individus selon leur conformité à un ordre auquel les besoins abstraits de la personne sont subordonnés. L'individu ne se réalise pas grâce à un affranchissement maximal par rapport aux règles sociales, il s'authentifie par la référence aux autres, par la manifestation des liens inter-personnels: relations de parenté, liens d'allégeance, de protection, d'affiliation, etc.[47]. L'individualisme occidental se donne comme un idéal de liberté, et définit en termes de répression les sociétés qui subordonnent la liberté individuelle à des valeurs «englobantes». Gravé dans la pierre et clamé par des zélateurs au verbe haut, il masque bien l'iniquité des rapports sociaux. De toute façon, quel que soit le type de société, la loi est toujours là, qu'elle donne ou non *l'impression* de laisser intacte une part de nous-mêmes. Il n'y a pas de société sans pouvoir et le pouvoir est partout: dans l'économie, la parenté, la sexualité, la religion, etc. Par ses techniques *polymorphes*, comme dit Michel Foucault, il s'assure la complicité de tous les membre de la société et doit son efficacité à leur méconnaissance de ces techniques.

Dans la plupart des sociétés qu'étudie l'ethnologue, désigner tous les êtres humains comme nos «semblables» n'a guère de sens. L'organisation de ces sociétés se fonde sur la différence et la complémentarité, sur un critère d'identité qui n'est pas universellement reconnu et, souvent, sur des valeurs hiérarchiques qui englobent toute la société. L'égalité n'est jamais proclamée qu'à l'intérieur d'une sphère particulière telle celle des hommes ou des femmes, ou telle classe d'âge, ou telle catégorie d'initiés. Cela ne veut pas automatiquement dire que notre société soit plus juste que les autres, loin s'en faut. Non seulement nos principes égalitaires sont constamment bafoués, mais de plus notre économie repose sur l'inégalité la plus contraignante de toutes : celle de la propriété privée des moyens de production. Mais le problème n'est pas de savoir quelle est la société la moins injuste, il est de comprendre que la catégorie des droits de l'homme, conçue comme la prééminence absolue de l'individu, n'est pas universelle. Elle n'est pas un donné *a priori* de la conscience et dépend de l'organisation de la société. L'Occident a fait de l'idée d'égalité le pilier de sa doctrine morale. Le rêve occidental promet que tout individu peut progresser aussi loin que ses dons et ses efforts le mènent, sans que son destin soit limité par des considérations de race, d'ethnie, de nation, de classe, de rang ou de religion. Bien sûr, ce rêve est mieux exprimé qu'il n'est réalisé, mais même en tant que valeur, il n'est pas mondialement partagé. Nous faisons partie d'un monde qui se veut *le* monde, comme disait Husserl. Nous considérons comme évident que tous les peuples doivent se rallier à nos idéaux. Nous sommes fascinés par la recherche intellectuelle d'un individu totalement libre. Nous voyons l'individu comme porteur d'une énergie *naturelle*, toujours désireuse de s'élever et toujours brimée par une société synonyme de répression. Or *se réaliser* n'a pas, pour les hommes, la même signification sous tous les cieux. Partout l'individu est un corps socialisé : il contient, sous forme de dispositions mentales, les mots d'ordre de sa société.

Bien renseignés sur les crimes commis par l'Occident envers les peuples qui les accueillent, les ethnologues sont mal à l'aise pour parler des violences internes exercées par ces peuples. Ils tendent en général à distinguer les usages admis dans une société donnée et qui font l'objet d'un *consensus*, et la répression imposée de l'extérieur. Mais la notion de consensus est difficile à manier : il serait paradoxal de ne l'appliquer qu'aux cultures différentes, et de réserver pour la nôtre des termes comme « aliénation » ou « idéologie dominante ». Spontanément, les ethnologues se sont mis du côté des plus faibles et répugnent à critiquer des sociétés déjà en butte au racisme, à l'ethnocentrisme et au paternalisme. Soucieux avant tout de dénoncer nos violences, qui ont laissé intactes bien peu de sociétés, ils se font discrets sur certaines pratiques et certains modes de pensée (mutilations sexuelles, infanticides rituels, conscience de caste, etc.). Ils ont cependant pu jouer un rôle, au cours de procès impliquant des personnes appartenant à une culture différente de celle de leurs juges. En Belgique, par exemple, plusieurs ethnologues ont été entendus comme experts aux Assises de Liège pour tenter de comprendre le comportement d'une Zaïroise accusée d'avoir tué son nouveau-né albinos[48].

Pour les ethnologues, la question des droits de l'homme débouche sur une double et épineuse question:
1. Où doit s'arrêter notre respect des cultures différentes, quand certaines d'entre elles bafouent ce que nous considérons comme des droits élémentaires?
2. Comment la déclaration des droits de l'homme peut-elle s'appliquer à tous les êtres humains, sans être conçue selon les valeurs occidentales?

Les gouvernements du Tiers Monde ont tenté d'intervenir dans une définition des droits de l'homme qui ne soit plus strictement occidentale mais, comme tous les gouvernements, ils tendent à confondre l'Etat et le Peuple. Parfois, les juristes étrangers formés en Occident sont moins critiques encore que leurs collègues occidentaux à l'égard de la formation qu'ils ont reçue. Parfois aussi, la traditionnelle solidarité africaine est invoquée idéologiquement pour assurer la sujétion de l'individu à l'Etat. La Charte Africaine des Droits de l'Homme et des Peuples, adoptée par l'Organisation de l'Unité Africaine à Nairobi en 1981, a l'immense mérite de doter l'Afrique d'un instrument juridique en la matière. Mais même dans ce texte, on note, à partir de l'idée qu'en Afrique l'individu n'existe qu'à travers le groupe, un curieux glissement[49]. Les articles 27 à 29 énumèrent les devoirs de l'individu, y compris celui de ne pas compromettre la sécurité de l'Etat (mais où cela commence-t-il?), de contribuer à la défense nationale et de payer ses impôts.

Conclusion

Déjà en 1947, l'Association des Anthropologues américains rencontrait de manière pertinente le problème de la définition ethnocentrique d'un droit jusqu'alors considéré comme *naturel*. Elle avait présenté, à la commission des droits de l'homme de l'ONU, un projet de déclaration qui comportait deux points relatifs aux différences culturelles:
1. L'individu réalise sa personnalité par sa culture. Le respect des différences individuelles entraîne donc un respect des différences culturelles;
2. Le respect de ces différences entre cultures est validé par le fait scientifique qu'*aucune technique d'évaluation qualitative des cultures n'a été découverte*[50].

Ce dernier point a, depuis, constitué une sorte de *credo* pour la plupart des ethnologues et a inspiré des campagnes internationales contre le racisme et l'ethnocentrisme. Tant de pratiques colonialistes ont été justifiées par le droit naturel, que les ethnologues sont enclins à dénoncer en priorité les infractions à nos propres lois commises par notre propre société dans ses rapports avec les autres. Les discours de progrès de l'Occident et ses invocations du droit ont souvent masqué les visées impérialistes. Livingstone se considérait, en tant que représentant d'une race supérieure, comme le serviteur d'un gouvernement soucieux d'élever les parties les plus dégradées de la famille humaine [51]. Au début du siècle, Clozel, gouverneur de l'Afrique Occidentale Française, éditait une circulaire qui contient les trois termes de notre problématique, diversité, prétention à l'universalité, impérialisme :

«Nous ne pouvons imposer à nos sujets les dispositions de notre droit français manifestement incompatible avec leur état social. Mais nous ne saurions tolérer le maintien, à l'abri de toute autorité, de certaines coutumes contraires à nos principes d'humanité et au *droit naturel*... Notre ferme intention de respecter les coutumes ne saurait nous créer l'obligation de les soustraire à l'action du progrès» [52].

Ces lignes ne sont désuètes que par la date; leur esprit continue d'animer, avec plus ou moins de tolérance, tous ceux qui se donnent pour tâche de gérer les cultures ethniques. C'est un des privilèges des ethnologues que de le savoir aussi bien que les peuples dont ils étudient la vie sociale, mais cette connaissance est plus douloureuse pour les seconds que pour les premiers.

IV. DEMOGRAPHIE

La démographie et les droits de l'homme

L. Lohlé-Tart et B. Remiche

1. Introduction

La démographie a essentiellement pour objet l'étude *quantitative* des faits de population et, définie de manière plus large, elle s'intéresse *globalement* aux problèmes liés à la population. Ceci spécifie ses connexions avec d'autres disciplines: statistique, économie, sociologie, histoire, géographie, anthropologie, psychologie ou biologie ne sont pas indifférentes pour mieux approcher les divers aspects sous-jacents aux phénomènes de population. En outre, les élaborations conceptuelles des démographes peuvent les amener à aborder les domaines philosophiques, politiques ou juridiques.

Il en ressort que la démographie est d'abord une science d'*observation* à orientation *agrégative*. On pourrait même croire qu'y sont ignorées les questions présentes à nombre d'autres sciences humaines à caractère personnalisé, plus orientées vers l'action, où le praticien peut rencontrer concrètement, quotidiennement, les droits de l'homme en termes de *déontologie*. Au contraire, ils se présentent plutôt au démographe en tant que problème général d'*éthique*. La démographie, de par ses objectifs, ignore l'individu *dans son individualité* et ne voit que la *catégorie*: dans le cadre d'un «Contrat Social» elle représente plutôt l'*autre* partie contractante, à savoir la Société. Il peut y avoir *conflit* entre les deux ordres d'intérêts; la vision démographique des droits de l'homme peut donc être divergente par rapport à celle d'autres disciplines.

2. *Pensée démographique et problèmes de population*

La place manque pour dresser un historique de la réflexion théorique à propos des rapports entre la population et l'individu[53], même en se limitant à ce qui touche aux questions de «droits de l'homme», qui sont cruciales dans la majorité des théories. En effet, elles sont plus souvent orientées vers la formulation de politiques de population que vers l'explication des phénomènes démographiques; le discours politique a généralement trait à l'action sur des individus: même s'il ne s'agit que d'utopie, elle peut retentir sur la pratique et mérite donc d'être considérée sous l'angle des droits de l'homme.

Tout droit connaît une contrepartie sous forme de devoirs — ne fût-ce que celui de réciprocité, déjà présent dans la Déclaration des Droits de l'Homme et du Citoyen de 1789 et complété par la spécification de limites, telles les «justes exigences de la morale, de l'ordre public et du bien-être général» (Déclaration des Nations Unies de 1948) ou le «respect (...) de la sécurité collective, de la morale et de l'intérêt commun» (Charte Africaine des Droits de l'Homme et des Peuples de 1982) (*voir les annexes*). Il en ressort que la limite par excellence à l'exercice d'un droit individuel est la mise en danger des droits des autres membres du corps social, pris individuellement ou collectivement. On pense souvent le social comme le *collectif*, c'est-à-dire comme une entité distincte des individus et même opposée à ceux-ci («le Système»). La défense des droits de l'homme passe alors par une limitation des droits du social, facilement arbitraire et abusif. Par contre, les problèmes abordés par la démographie sont d'ordre *agrégatif*, c'est-à-dire qu'ils concernent des ensembles d'individus. Par conséquent, l'«opposition» entre plans individuel et social revient dans ce cas-ci à opposer les droits d'individus aux droits d'*autres* individus. Si l'exercice du droit de l'un lèse évidemment les droits de l'autre, la clause des limites est d'application obvie. Si, par contre, ce n'est qu'au terme d'un délai plus ou moins long que l'exercice de ce même droit a pour autrui des conséquences néfastes, l'applicabilité de la clause des limites paraît beaucoup plus difficile. Ces considérations sont omniprésentes dans les problèmes de population, comme d'ailleurs dans les débats sur la pollution, qui leur sont liés, lorsqu'il s'agit d'instaurer des limites réglementaires au nom de la protection du futur. La majorité des théories sur la population aborde effectivement la thématique centrale du «mieux-être pour chacun demain au prix de restrictions sur certaines libertés fondamentales d'aujourd'hui».

3. Problèmes de la démographie et problèmes des droits de l'homme

Si on spécifie plus précisément l'objet de la démographie, on constate que chacun de ses thèmes majeurs est en rapport avec un ou plusieurs des points développés dans les diverses Déclarations des Droits de l'Homme. Nous nous référerons essentiellement à la Déclaration des Droits de l'Homme promulguée par les Nations Unies en 1948 (*annexe B*).

La démographie traite la population en termes de *stocks* (les effectifs et la composition) et de *flux* (le mouvement). Les effectifs, en soi, n'ont pas de portée individuelle, chacun n'étant jamais qu'une seule personne, une unité arithmétique égale à chaque autre (évidence égalitaire qui fonde toute la Déclaration, en particulier son art. 1). Par contre, dès que l'on aborde la *composition* de la population selon divers critères (âge et sexe, mais aussi toute caractéristique générale distribuée selon diverses modalités à travers toute la population: race, langue, occupation, profession, niveau d'études, religion, etc.), on entre de plain-pied dans les problèmes des minorités et du «droit à la différence» (art. 2, en particulier). Le mouvement de la population, quant à lui, se décompose en mouvement *naturel* (natalité et mortalité) et mouvement *migratoire*. La natalité et son corrélat la nuptialité renvoient aux droits matrimoniaux et familiaux (art. 16) et au droit à la protection de la mère et de l'enfant (art. 25, 2°), tandis que la mortalité réfère aux droits à la vie, à la sécurité et à la santé (art. 3 et 25, 1°). Enfin, les droits des migrants sont expressément prévus (art. 13 notamment).

On notera que nous n'avons pas mentionné dans cette énumération la *croissance* de la population qui, simple résultante du jeu combiné des divers facteurs de mouvement, n'est guère objet d'étude *en soi* en démographie. De toute façon, les préoccupations liées à la croissance de la population en concernent souvent le fruit, c'est-à-dire un excédent ou un déficit numérique, en termes donc d'*effectifs*.

Nous n'aborderons pas tous les problèmes démo-politiques, mais bien ceux qui ont un rapport direct avec les droits de l'homme, et surtout ceux dont une solution implique la coercition. Nous ne traiterons donc guère de questions dont les solutions effectives ou préconisées font seulement appel à la stimulation des motivations individuelles.

a) Les effectifs: trop peu, assez, trop?

De tout temps, les préoccupations démographiques se sont fait jour en termes de nombre désirable de citoyens, d'«*optimum* de population». La puissance (et accessoirement le bien-être) d'un peuple a généralement été perçue à travers l'adage «Au plus, au mieux», ce qui se trouvait *a priori* en harmonie avec les valeurs sociales dominantes de fertilité et de virilité, et avec les réalités sociales d'une fécondité élevée. Il est intéressant de noter cependant que les textes législatifs les plus antiques font déjà état de la préoccupation de suppléer éventuellement à ce que la nature spontanée pourrait avoir d'insuffisant. Nous verrons aussi que la confrontation aux conséquences indésirables, voire contradictoires, d'une politique orientée vers une population maximale est aussi ancienne que la formulation de tels objectifs. Quarante siècles d'histoire se sont écoulés durant lesquels fut omniprésente la préoccupation d'une population la plus grande possible, ou simplement «plus grande», pour aboutir aux politiques natalistes de certains pays industrialisés (l'objectif en est plutôt une double négation: faire en sorte de ne pas avoir une population qui diminue).

Mais à côté de ces buts «libéraux», on a vu naître une théorie beaucoup plus potentiellement coercitive de l'*optimum* de population, en tant qu'effectif à atteindre *et à ne pas dépasser*. Ceci implique plus facilement la coercition du fait de l'asymétrie entre les deux versants d'un *optimum* : on ne peut guère faire naître ou immigrer des citoyens mais on peut les tuer ou les chasser, et il plus difficile de pénaliser ceux qui ne se marient pas ou n'ont pas d'enfants — la «fatalité» ou d'autres inéluctables pouvant être évoqués pour dégager leur bonne foi — que de punir ceux qui le font. Là comme dans bien d'autres domaines touchant l'individu, il est souvent plus aisé et plus efficace d'interdire que d'obliger. La première théorie structurée d'un tel *op-*

timum, exprimée par Platon (dans «La République» et «Les Lois»), reflète bien cette asymétrie: la Cité-Etat idéale comporte 5.040 ménages, chiffre qu'il convient d'*atteindre* par des encouragements à la fécondité (ou même à l'immigration), et de *ne pas dépasser*, grâce à des limitations des libertés.

Les théories d'un *optimum* de population sont plus généralement basées sur des considérations de rapport entre le niveau global de bien-être de la population et son effectif, sans que le chiffre de ce dernier soit fixé. Depuis Malthus et sa loi des croissances respectives des ressources et des hommes (en 1797) jusqu'au Club de Rome (en 1972), le débat s'est précisément enlisé dans la définition opérationnelle d'un tel *optimum* et son expression quantitative.

Les «optimalistes» définiront l'*optimum* selon une perspective *économique*: population pour laquelle certains estimateurs *par tête* (productivité, revenu national, salaire moyen,...) seront à un maximum, leur décroissance étant postulée ou prouvée pour tout accroissement ultérieur de la population. Cet *optimum*, variable en fonction de l'évolution sociale ou du progrès technologique, semble ordinairement impossible à mesurer. Mais à part cette difficulté — qui la rend déjà inappropriée à un usage politique réel —, une telle stratégie hédoniste pose de sérieux problèmes quant aux libertés individuelles. En effet, son objectif est assez explicitement matérialiste, visant un confort ou un bien-être économique maximum pour tous (à supposer d'ailleurs que la répartition en soit égalitaire). Pour l'obtenir, il peut être nécessaire de limiter ou de violer divers droits et libertés fondamentaux des individus. En admettant même l'incompatibilité au plan individuel entre le bien-être et la libre reproduction, on peut mettre en doute que la limitation de l'exercice du libre choix individuel soit légitime. Et si les conséquences en termes de bien-être sont essentiellement collectives, on aborde un des aspects les plus délicats des droits de l'homme: si on considère ceux-ci comme des absolus, ils ne sont pas accessibles à des marchandages; si on admet leur relativité, ils perdent une bonne part de leur sens. Dans le présent cas, certes, on pourrait faire appel à la clause limitative des droits individuels au nom des «justes exigences du bien-être général». L'aspect hautement subjectif de cette notion de juste exigence en rend la manipulation sujette à tous les abus, d'autant que l'on doive aussi tenir compte de l'éventuelle disproportion entre les dommages respectifs subis par chacune des parties du fait de l'exercice de son droit par l'autre partie.

La question d'un *optimum* de population est radicalement différente quant à ses conséquences dans l'optique des «maximalistes», qui adoptent une perspective plutôt *écologique*. En effet, l'*optimum* «à ne pas dépasser» est alors un maximum «*impossible* à dépasser» et, du fait de l'importante inertie des phénomènes démographiques — plusieurs dizaines d'années —, une action préventive s'impose. De sucroît, reprenant partiellement le point de vue optimaliste, les maximalistes considéreront ordinairement que l'on est *déjà* actuellement dans la partie à rendement décroissant (*au-delà* des *optima*) de la relation entre population et ressources, celles-ci étant cependant plutôt vues en termes collectifs et quantitatifs. Les objections que nous soulevions précédemment ne tiennent plus au niveau des principes. En effet, les considérations des dommages respectifs, par exemple, ne peuvent plus être invoquées en faveur des droits individuels, lorsque l'exercice de ces derniers contribue à mettre en péril *l'existence* même de la collectivité. Néanmoins, la mise en œuvre des principes ne va pas sans mal. Certes, l'idée d'un tel maximum de population est indiscutée: tout le monde reconnaît que la terre serait invivable au-delà d'«une certaine» densité. Mais, outre qu'il n'en indique même pas un ordre de grandeur, ce raisonnement n'induit pas non plus nécessairement une attitude interventionniste, pour l'immédiat ou le futur: les adeptes du «laisser-faire», optimistes, postulent que «de toute façon, çà ne se passera pas comme çà». Si, de fait, on peut mettre en doute la possibilité d'une croissance soutenue de la population mondiale pendant un très long terme, rien ne permet de croire qu'elle atteindra *spontanément* un plafond inférieur à son seuil d'inviabilité. Et rien non plus ne permet d'affirmer que l'*autorégulation* présumée par les optimistes ne soit pas, à l'état endémique, le processus même d'*autodestruction* de la société humaine (guerres, famines, suicides, meurtres, dégradation de l'environnement et des conditions de survie,...). Les tenants d'une action préventive énergique font un «pari de Pascal» par lequel ils justifient toute action contraire au droit des gens au nom de l'intérêt supérieur de l'espèce dans le futur ou, plus exactement, au nom du fait qu'on n'a pas le droit d'hypothéquer l'avenir. En face, les partisans du «laisser-faire» jouent sur les incertitudes de la science des autres, à défaut de pouvoir exciper de leurs propres certitudes, en vue de disqualifier l'appel aux «justes exigences de l'intérêt social».

b) Les structures: le droit à la différence?

La majorité des caractéristiques individuelles susceptibles de fonder une discrimination sont autant de critères permettant de distinguer une structure de la population. Nous ne pouvons développer ce point car il nous amènerait à traiter d'un grand nombre de problèmes en relation avec les droits de l'homme, mais pour lesquels la démographie ne serait plus qu'une technique de description et d'analyse utilisée *à propos* d'autres variables. La problématique ne concerne alors plus le démographe, si ce n'est en termes de déontologie.

Ce qui est en jeu ici est la protection *collective* des droits individuels, domaine qui reste fort négligé dans la réflexion (et, *a fortiori*, dans la pratique). Il n'est pas simple de le cerner et, en tout cas, il ne semble pas que l'on puisse y proposer des solutions «générales» car l'implication d'une attitude donnée peut diamétralement varier selon le contexte socio-politique, qui n'est lui-même pas immuable. Prenons simplement l'exemple de la collecte de données «culturelles» (race, ethnie, langue, religion,...) à travers un recensement ou une enquête démographique, en vue d'une «cartographie des différences». Dans bien des régimes politiques, le fait même de les relever peut constituer un instrument de viol des droits individuels, de la simple «défaveur» au niveau des choix économiques, au génocide pur et simple. Ailleurs, au contraire, le respect des minorités passe par leur identification et leur énumération, et la manipulation des outils démographiques peut permettre de leur dénier leurs droits: il suffit de *ne pas* considérer la variable comme digne d'être retenue (en ne posant pas de question à son sujet ou en l'abandonnant lors de l'exploitation des résultats), ou de pratiquer des analyses à des niveaux d'agrégation qui permettent de gommer ces différences.

La constitution de «profils» individuels est perçue par un certain public comme potentiellement attentatoire à la vie privée et aux libertés fondamentales. Dans la pratique, il s'agit souvent de pouvoir identifier efficacement des groupes-cibles destinés à *bénéficier* de mesures, une sorte de discrimination à rebours. Les recherches approfondies dans certains domaines (tels que la morbidité et la mortalité) ont permis de dégager les structures associées au phénomène étudié; au niveau de l'action, elles peuvent se traduire par des *probabilités* plus ou moins élevées d'occurrence d'un phénomène, associées à la combinaison de caractères des individus. Par conséquent, plus le «profil» d'un individu est proche de la constellation des caractéristiques défavorables, plus ses chances de subir le phénomène sont élevées et donc plus rentable sera l'action préventive, si on peut l'en faire sélectivement *bénéficier*. Sachant qu'entres groupes extrêmes les probabilités de décès en bas âge peuvent varier dans des proportions dépassant 10 à 1, on s'efforcera alors d'identifier, par exemple à l'aide d'un questionnaire aux parturientes, les nouveau-nés les plus en danger statistiquement, en raison du milieu socio-économique et ethnique et de l'âge de leurs parents, de leur rang dans la famille, de la légitimité de leur conception, etc. On s'assure ainsi que les «naissances à risque» seront mieux suivies médicalement pendant les premiers mois de la vie. Or, un courant très net se dessine *contre* une telle détection, au nom du «droit à la vie privée» qui s'assortit alors implicitement d'un «droit à violer les droits»: on voit mal comment le «respect de la vie privée» d'une mère peut être invoqué pour lui permettre d'échapper aux mesures de protection qui pourraient sauver la vie de son enfant. Il s'agit là d'une conséquence négative, actuelle et certaine mais minime, en balance avec une conséquence négative majeure, mais future et hypothétique. Il nous paraît cependant clair que, dans des cas de ce genre, on puisse admettre que la clause de limitation des droits «en vue d'assurer le respect des droits d'autrui» (art. 29, 2°) doive strictement s'appliquer lorsque est mis en jeu notamment le droit à la vie (art. 3).

c) La natalité: et les droits des sans-voix?

Nous évoquerons aussi ici le mariage et les droits en rapport car, pour le démographe, la nuptialité n'a d'intérêt que dans la mesure où elle est condition («événement permissif») de la reproduction. Une telle définition est excessivement limitative pour les cultures où les formes d'union *socialement* légitimes ne sont pas nécessairement *juridiquement* légitimées [54]; cependant comme, en règle générale, seules ces dernières sont objet d'enregistrement et accessibles au traitement des données, la démographie ne tient qu'exceptionnellement compte des autres formes d'union. Cette distorsion entre science et réalité serait de peu d'intérêt s'il ne s'agissait que de définition d'un concept technique; mais la démographie ne peut, de ce point de vue, dissimuler ses origines administratives et son lien avec les formulations du Droit. Il est symptomatique à cet égard que la Déclaration de 1948 pose le droit sans restriction de se marier, à partir de l'âge nubile (art. 16, 1°) mais n'envisage aucune alternative, même implicite; la sexualité ne se voit donc pas reconnue même restrictivement comme droit de l'homme. Similairement, le droit «de fonder une famille» est explicite et non celui de procréer (seul est mentionné un droit identique à la protection sociale pour les enfants légitimes et illégitimes: art. 25, 2°).

On peut ainsi clairement prendre conscience du relativisme culturel et historique des droits de l'homme, tels que définis dans les Déclarations: la liberté de choix du conjoint est une invention récente de l'Occident, dont une évolution logique est la fluidité plus grande des unions et la liberté corrélative de changement et de rupture. Complètement ignorée en 1789, cette évolution a été figée par la Déclaration des Nations Unies qui a érigé une étape transitoire du changement social en une sorte d'absolu, déjà obsolescent après trois décennies. Cette conception du mariage est discutable dans des cultures aux orientations moins individualistes, où la formation d'unions est une affaire qui concerne les familles, et qui est un garant majeur de la stabilité sociale. Une vision ethnocentrique de l'union amène souvent à condamner *toute* forme de mariage arrangé en dehors des intéressés. En réalité, rares sont les situations où les droits des futurs conjoints ne sont pas raisonnablement symétriques, et où le consentement des époux n'est pas nécessaire. On peut débattre de la «liberté» de consentir effectivement laissée aux individus. Mais le cas est général: l'expression populaire «elle a été obligée de se marier» est loin d'être désuète en 1984...

La *nubilité* est admise par la Déclaration de 1948 comme un préalable au droit au mariage. On distingue la nubilité psycho-physiologique, basant la capacité à consommer l'union et à fonder un foyer, et la nubilité psycho-sociologique d'où découle la capacité de libre consentement. La première limite est à peu près universellement admise, même si elle est fixée à des âges extrêmement variables; par conséquent, sont systématiquement réprouvées des situations où des enfants en bas âge (voire non encore nés!) sont mariés par leurs familles. Mais la seconde limite est sujette à manipulation, puisque aucun droit, sexuel par exemple, ne semble pouvoir être évoqué contre une fixation arbitraire de l'âge nubile. On peut même dire que des dirigeants soucieux d'une politique de contrôle de la natalité respectueuse à la lettre des droits de l'homme n'ont pas de meilleur outil que la détermination d'un âge nubile tel qu'il diminue considérablement la période de fécondité (par exemple, 25 ou 30 ans). L'argumentation en est d'ailleurs parfaitement logique puisque «des gens qui voudraient se marier prématurément par rapport aux besoins évidents du corps social font preuve d'une immaturité qui met en doute leur capacité à un choix libre et éclairé».

Les prohibitions du mariage, hormis celles liées à la proche consanguinité, sont relativement rares; les abus criants auxquels elles donnent lieu sont suffisamment connus dans le cas des interdictions de mariages inter-raciaux. Il faut y ajouter les obstacles aux unions entre confessions différentes, légaux dans quelques Etats à base religieuse, ou érigés par les instances religieuses elles-mêmes, dans des contextes sociaux tels que cela revient à une véritable interdiction.

La rupture d'union n'est pas reconnue comme telle par la Déclaration de 1948, si ce n'est implicitement: seule l'égalité des droits des deux conjoints «lors de la dissolution du mariage» (art. 16, 1°) — d'ailleurs rarement existante en fait — est mentionnée. De même, la polygamie n'est pas citée.

Le problème de la légitimité, quoique clairement tranché par la Déclaration de 1948 (pour laquelle *tous* les enfants, y compris nés hors mariage, ont explicitement les mêmes droits à la protection sociale), reste délicat dans bien des pays où les droits de l'enfant naturel sont moins bien défendus, voire même nettement discriminés. On peut aussi signaler un problème marginal, celui de la stérilisation volontaire qui, dans une situation de mobilité conjugale accrue, peut être une hypothèque du droit de fonder une famille: en effet, elle est ordinairement considérée comme le fruit du libre choix d'un couple, mais présage de l'avenir de couples futurs dans lesquels les partenaires pourraient être engagés. Ceci milite en faveur d'un approfondissement de la recherche médico-chirurgicale en matière de techniques réversibles.

Les techniques biologiques récentes vont nous permettre la transition en direction de questions touchant plus directement à la natalité et à la fécondité. On peut maintenant effectuer aisément un «*screening* génotypique», qui détecte une proportion croissante de gènes récessifs chez l'individu, et d'anomalies d'origine génique chez le fœtus. On peut donc utiliser ces techniques pour une remise à jour de la consultation préconjugale, en vue de contribuer à la décision d'une union, ou de planifier le comportement reproducteur du (futur) couple. Il y a là une incidence en termes de droits de l'homme qui pourrait prendre de l'ampleur. Jusqu'ici, une large proportion des affections héréditaires récessives étaient à considérer comme des malédictions dont on pouvait parfois supputer la probabilité d'occurrence mais que, en règle générale, on ne pouvait que subir. Maintenant on dispose, ou on disposera dans un avenir rapproché, de moyens d'estimer précisément le risque de transmission ou d'émergence d'un caractère anormal, et de détecter avec certitude la présence de ce caractère dès les premiers temps d'une grossesse. La question se pose alors du droit qu'ont les individus de procréer délibérément des anormaux, ou même de contribuer au maintien de traits indésirables dans le *pool* génétique de la société. Ceci renvoie à un point problématique des rapports entre politique de population et droits de l'homme: il s'agit en effet du dernier avatar de l'eugénisme, qu'il soit positif (favorisant une reproduction élitiste) ou négatif (élimination des traits indésirables susceptibles de se reproduire, en éliminant leurs porteurs ou en les empêchant d'être féconds). L'apport des techniques est de permettre un eugénisme quasi préventif. Faut-il rappeler la fragilité et la subjectivité du désirable et de l'indésirable — pour ne pas entrer dans le détail de certains imbroglios génétiques, comme celui de l'anémie à cellules falciformes?

En dehors de cas limites[55], se pose la question «viole-t-on les droits d'un individu — et lesquels? — en lui donnant la vie, dans certaines conditions?». Tout individu a droit à la vie (art. 3) certes, mais cela ne veut pas dire qu'il ait en soi le «droit d'être créé». On lui reconnaît le droit à la santé et au bien-être (art. 25, 1°), mais le procréer handicapé est lui refuser à un certain degré ce droit. Le problème est probablement insoluble. En effet, l'argumentation omniprésente dans ce genre de débat est fondamentalement infalsifiable : tout tourne autour de la notion de «bonheur», indéfinissable *en soi* et, donc, indéfinissable *a priori* et *pour quelqu'un d'autre*. De surcroît (pudeur verbale ?), le bien-être matériel (art. 25, 1°) et l'épanouissement intellectuel et culturel de la personnalité (art. 26, 2°) sont des droits de l'homme reconnus; mais non le bonheur... Le coût social du handicap est aussi à prendre en considération : tant qu'il découle d'une malédiction, sa prise en charge par la société est un droit explicite. Mais on peut raisonnablement objecter au fait que ce soit la société qui supporte lourdement, donc au prix du «bien-être général» (art. 29, 2°), le poids des choix individuels de procréer, à partir du moment où précisément il y a choix possible.

La question simple — quoique insoluble — de déterminer, conventionnellement ou absolument, à partir de quand un être humain existe, trace la frontière entre les tenants du respect de la vie et ceux du droit à disposer de son propre corps, lorsqu'on parle d'avortement. Quelle que soit cette limite, en effet, elle fixe *un moment* en deçà duquel un obstacle à la fécondation ou à la maturation du produit de conception est matière de convenance personnelle ou de morale individuelle, et au-delà duquel l'élimination d'un être vivant en viole le droit fondamental à la vie. Pour certains, le caractère strictement conventionnel de cette limite a permis de proposer que le statut d'être humain ne soit attribué que 24 heures après l'accouchement, en vue d'assurer une plus sûre détection des handicaps et de prendre une décision quant à la vie de l'enfant dans des conditions optimales. On notera que cette idée rejoint la pratique de nombre de sociétés traditionnelles, où un nouveau-né n'acquiert sa pleine existence humaine qu'après avoir reçu un nom.

Il nous semble qu'*a priori* les comportements contraceptifs (y compris l'avortement préalable à l'humanisation du produit de conception) soient compris dans les libertés essentielles dont l'homme dispose en vue d'exercer ses droits à la santé et au bien-être. On pourrait même ajouter que ce sont des moyens adéquats à une fin, l'espacement des naissances et/ou le contrôle de sa descendance finale, qui, à des degrés divers et selon les circonstances, est un *devoir* des parents. En effet, le droit à la santé, au bien-être et à l'éducation, en tant que droit *de l'enfant*, sera mis en danger par une fratrie dont l'extension ou le rythme de croissance seraient trop importants par rapport aux ressources matérielles ou psychologiques des parents. Cette nécessité de freiner la fécondité des couples pour assurer la «qualité» de la descendance est reconnue depuis la plus haute Antiquité et pouvait même prendre le pas sur la priorité à la croissance «maximale» de la population. C'est ainsi que le code d'Hammourabi (qui légalisait une sorte de polygamie en cas de stérilité de l'union antérieure, pour mieux contribuer à réaliser une population importante), soucieux de protection infantile, prohibait le remariage des veuves avant que leurs fils ne soient éduqués.

Du point de vue *prospectif*, il peut y avoir des raisons impérieuses de limiter, à terme, la croissance des populations; par ailleurs, la natalité trop élevée par rapport à la mortalité produit *dans l'immédiat* des taux de croissance qui absorbent souvent l'essentiel de la croissance économique ou entraînent même une paupérisation absolue, ce qui constitue une atteinte globale aux droits à un niveau de vie suffisant, à l'éducation, au travail, à la participation culturelle, etc. A côté de ces «besoins» de la collectivité, il y a aussi des objectifs sociaux en matière de population. Certains pays, certaines sociétés, se préoccupent de leur éventuelle disparition, due à une décroissance excessive — ce dont on ne peut rien dire en termes de droits de l'homme, dans la mesure où il s'agit de non-existence.

L'objectif à atteindre par une politique de population peut ainsi être formulé par rapport aux niveaux actuels de la fécondité: freiner, stimuler, maintenir; les moyens peuvent être persuasifs, dissuasifs ou coercitifs, s'exercer préventivement ou punitivement, s'appliquer de manière clandestine, indirecte ou directe, et être d'efficacité très variable. Nous ne mentionnerons que quelques combinaisons pertinentes dans le présent contexte, en gardant à l'esprit nos propos antérieurs quant aux justifications éventuelles en termes de droits de l'homme pour l'humanité *à venir*.

Un critère fondamental de la légitimité d'un moyen au regard des droits de l'homme est son respect de l'exercice des droits et des libertés. Cela ne rend cependant pas *ipso facto* illégitimes les moyens punitifs, coercitifs ou clandestins. On peut néanmoins aussi se poser certaines questions quant aux procédés préventifs, persuasifs ou dissuasifs utilisés. Pour qu'ils laissent une véritable liberté de choix, il faut notamment que la gratification ou la sanction soit proportionnée et qu'il y ait une possibilié effective de choix (avec un certain recul dans le temps). Faute de quoi, une persuasion ou une dissuasion ouvertes sont en fait de la coercition clandestine. C'est sur cette base que des voix se sont élevées contre les «camps de stérilisation» itinérants: des équipes mobiles, restant quelques heures ou, au plus, quelques jours au même endroit, obtiennent le consentement (suivi d'effet immédiat!) à la vasectomie, en échange d'un bien socialement prisé, telle une radio à transistors.

Il n'est pas possible de faire abstraction de la question de l'efficacité des moyens dans les cas où l'on doit mettre en balance les limitations aux libertés actuelles de l'individu et les entraves aux droits vitaux de la population de demain. En effet, ce sont les résultats dans cette protection du futur qui légitiment les moyens mis en œuvre. Cet argument est donc invalide si leur efficacité est insuffisante. C'est dire qu'on ne peut émettre une opinion fondée sur des mesures, tant du point de vue démographique que du point de vue moral, qu'avec un certain recul et en considérant leurs conséquences réelles. Toutes autres choses étant égales, on porterait ainsi un autre regard sur les campagnes intensives de stérilisation, si leurs « bénéficiaires » se recrutaient parmi les parents jeunes avec peu d'enfants et non, comme c'est trop souvent le cas, parmi les plus de quarante ans dotés déjà d'une demi-douzaine ou d'une dizaine d'enfants, dont le poids prévisible sur la future croissance de la population est déjà négligeable.

A l'exception, notable, du relèvement de l'âge au mariage des filles, on a pu dire, avec justesse semble-t-il, qu'*aucune* mesure isolée, moralement ou socialement acceptable, n'avait montré de véritable efficacité pour freiner la fécondité — ni d'ailleurs la stimuler. Une revue détaillée des tendances récentes de la fécondité dans les divers pays du monde et de leurs corrélats politiques montrerait en effet systématiquement l'importance prédominante du contexte socio-économique — et du « hasard » ou, du moins, de facteurs difficilement mesurables tels que les mentalités, les idéologies, les modes, etc. Les quelques cas où une influence nette de l'action politique a pu être mise en évidence reposent *tous* sur un complexe de dispositions dont l'intervention sur la fécondité est essentiellement *indirecte* et *multiple* (au niveau des mentalités, de l'économie, de la santé, etc.). Nous pensons qu'en l'état actuel, au niveau de grandes entités nationales, il n'y a donc guère de mesures *isolées* qui puissent puiser une légitimité quelconque dans leur efficacité à l'exception, une fois encore, du relèvement de l'âge au mariage des filles qui, le plus souvent, va aussi dans le sens d'une amélioration du statut de la femme. On peut aussi s'interroger sur le sens d'actions très limitées dans l'espace (autres que des études-pilotes de faisabilité) : en termes d'objectifs nationaux ou même régionaux, agir sur la fécondité de quelques villages ou de quelques milliers de personnes peut être strictement insignifiant, même si c'est un succès à l'échelle de l'opération. En outre, un ensemble intégré et techniquement valide de mesures efficaces *en soi* peut voir son effet partiellement ou totalement annihilé par les autres conséquences (positives!) : il est de fait qu'en général, on observe une efficacité relativement bonne dans l'adoption des mesures contraceptives, lorsqu'elles sont le fruit d'un choix raisonné de la part des intéressés, obtenu par l'insertion de la contraception dans le contexte global de l'éducation sanitaire et de la protection maternelle et infantile. Ceci est donc irréprochable sur le plan des droits de l'homme; par contre, sur le plan démographique, on observe que les améliorations de santé augmentent la fécondabilité et diminuent considérablement la mortalité infantile et juvénile et les pertes fœtales. Au total, moins de naissances certes, mais guère moins de futurs adultes, et donc un impact minime sur le futur de la population même si, *aujourd'hui*, elle vit *mieux*...

L'action indirecte globale souvent préconisée pour réduire la fécondité est purement et simplement le développement économique, y compris l'industrialisation et l'urbanisation. Cette idée, non dépourvue de quelques fondements empiriques, repose sur le postulat implicite que les modes de production et de consommation occidentaux véhiculent les valeurs occidentales, et que l'adoption des uns entraînera inéluctablement l'adoption des autres, avec les comportements qui en découlent. Il reste à se demander — mais cela dépasse, oh combien! le cadre des problèmes démographiques — quel est le prix payé par les populations actuelles. Sans parler immédiatement d'«ethnocide culturel», on peut pourtant constater les nuisances d'une acculturation qui ressemble trop souvent à de la déculturation. Et la question est d'autant plus cruciale, en Afrique en particulier, que c'est souvent à un *regain* de fécondité que l'on assiste comme fruit de cette évolution.

Il est de fait qu'en économie de marché un grand nombre d'enfants est une pénalisation, alors qu'il représentait au contraire un avantage en économie de subsistance. C'est sur cette constatation que reposent bien des actions de stimulation ou de limitation de la fécondité, par le biais d'allocations ou de charges fiscales variant selon le nombre d'enfants (les allocations familiales, fer de lance des actions pro-natalistes de nos pays, sont cependant considérées par le public comme un «droit social», c'est-à-dire non comme une stimulation à avoir des enfants, mais comme une compensation pour le fait d'en avoir). Il n'y a rien à redire à cela, en termes de droits de l'homme, tant que la démarche reste proportionnée à son objectif et que, par exemple, on ne paupérise pas abusivement les déviants. Un pas dans ce sens est néanmoins franchi lorsque l'on propose d'assortir l'accès à des professions ou à des fonctions de conditions de statut matrimonial ou familial. Notons que de telles mesures ont un sens radicalement différent selon qu'elles sont préventives ou punitives: on ne peut en effet directement comparer le fait de *réserver* un emploi ou une fonction à des pères de famille et le fait de *limoger* celui qui vient de donner le jour à un enfant «de trop» par rapport à la norme! Dans le cas punitif, les mesures ne permettent pas de *déterminer* des comportements, et donc n'ont d'efficacité que par l'exemple (préventif) qu'elle offrent aux *autres* individus. Ceci renvoie à la question infiniment plus large du statut de la punition au regard des droits de l'homme.

Les fortes limitations d'efficacité rencontrées par les programmes visant systématiquement à une réduction de la fécondité tiennent partiellement à l'inadéquation culturelle, en termes de traditions et de valeurs, de ce qui est proposé aux individus. Mais il semble bien que cette inadéquation, au niveau individuel, porte principalement sur l'*objectif immédiat* et non tant sur les moyens ou les fins ultimes. Une croyance fort répandue dans certains milieux scientifiques veut que, comme l'objectif ultime d'une action antinataliste se trouve dans la limitation de la taille des familles à un certain nombre, il faille concentrer ses efforts sur les parents ayant atteint ce nombre ou l'approchant, et les convaincre de ne plus procréer. Mais surtout cette croyance veut que ce que le spécialiste de la prospective considère comme «trop d'enfants» soit également jugé tel par les populations concernées, et donc que «trop» ait la même signification numérique. Il suffit alors, la motivation à ne pas procréer «trop» existant «évidemment», d'apprendre aux gens comment faire. Or, dans le contexte réel de la plupart des pays en développement, cela exige en fait de développer des appareils de persuasion, voire de contrainte, en vue d'essayer *d'abord* de convaincre les intéressés qu'ils ont plus d'enfants qu'ils n'en «veulent»; il faut ensuite parvenir à leur faire adopter des comportements durables — ou des méthodes irréversibles — pour qu'ils n'aient plus d'enfants durant les nombreuses années de vie féconde qui leur restent. Et, de surcroît, on a pu montrer qu'un intervalle accru entre chaque naissance avait, au total, un impact comparable ou meilleur sur l'évolution à long terme de la population. Il semblerait en outre que l'on puisse très aisément convaincre les gens de l'intérêt qu'il y a à espacer «un peu plus» les naissances, en particulier au profit de la santé de la mère et de l'enfant. Ceci indique assez bien le type de réflexion que l'on peut tenter lorsque des objectifs majeurs à long terme paraissent imposer des restrictions aux libertés: n'y a-t-il donc pas une autre voie, aussi efficace?

Face aux difficultés que l'on éprouve à convaincre les individus non seulement de faire un choix de limitation des naissances mais aussi et surtout *de s'y tenir*, on a proposé des moyens directs mais plus ou moins clandestins, tels que l'addition d'hormones contraceptives à l'eau de distribution des villes. Les avocats d'une telle approche soulignent qu'en matière de santé publique, la société a pris l'habitude de vouloir le bien-être de ses ressortissants, y compris à leur insu ou même contre leur gré; de ce point de vue donc, une mesure de cet ordre s'inscrirait dans la ligne de la fluorisation de l'eau de boisson et de l'adjonction d'iodure au sel de cuisine.

d) La mortalité: l'injustice de la mort?

Il n'y a plus beaucoup de pays où le suicide soit encore un délit effectivement poursuivi; il n'en reste pas moins que l'attitude sociale générale, et particulièrement celle du corps médical, soit systématiquement très hostile à l'égard du choix de ne pas vivre. Certes, en pratique, de très nombreux comportements suicidaires reflètent un malaise profond et constituent un appel au secours ou une tentative de changer certaines situations, et ne sont donc pas un choix vital en soi mais un mode (inapproprié) d'expression. Cette réalité ne change cependant rien au *principe* de la liberté ou non d'un tel choix, qui intervient également dans les cas de malades incurables désirant qu'on ne prolonge pas leur traitement (la pratique, confirmée par une récente affaire judiciaire, tend à donner le pas au devoir des médecins sur le droit des patients). Il existe ainsi toute une gamme de situations mettant en jeu à des degrés divers le droit à la vie et l'éventuel «droit à la mort». Certaines d'entres elles sont partiellement solubles en faisant appel à la définition même de l'être humain, doué de raison et de conscience. L'acharnement thérapeutique dans les comas dépassés est difficilement justifiable sur cette base. Mais on ne peut vraisemblablement discuter de situations moins tranchées que par cas d'espèce, en fonction de critères permettant de déterminer à quel point l'évolution fatale est librement consentie par le malade, pour ce qu'elle n'a pas d'inéluctable. Si l'on admet un droit à l'euthanasie, il faudra aussi s'interroger sur les droits et devoirs du médecin: si ses conceptions éthiques le lui commandent, peut-il s'opposer à un droit de son patient ou a-t-il le devoir de faire passer ce dernier en priorité? Il faut aussi se souvenir que la liberté de choix est partiellement un leurre dans la mesure où l'on n'est jamais à même de décider «objectivement» de ce dont on est sujet. Le médecin, l'entourage d'un patient auront donc souvent tendance à se substituer à lui en posant le choix qu'eux-mêmes croyent qu'ils feraient s'ils étaient dans la même situation. Les progrès thérapeutiques en ont multiplié la possibilité: on a pu introduire, à titre d'outil décisionnel pour le médecin, le concept de «vie utile», par lequel on considère qu'il vaut mieux vivre normalement un certain temps que d'être grabataire le double (quel que soit par ailleurs l'avis du malade).

Si nous nous tournons maintenant non plus vers la mortalité comme telle, qui caractérise les groupes sociaux, nous abordons un domaine trop méconnu en ce qui concerne les droits de l'homme: celui de *l'égalité devant la mort*, et son corollaire l'égalité d'accès à la santé.

La mortalité différentielle entre pays et régions du monde, signe supposé temporaire d'un écart dans le stade de développement atteint, est bien connue. On songe pourtant beaucoup moins aux différences de mortalité générale ou infantile, existant au sein d'une même société globale, entre aires géographiques ou groupes sociaux. Il y a peu d'années encore, les probabilités de décès avant l'âge d'un an variaient plus que du simple au double entre pays occidentaux, entre arrondissements, entre départements par exemple. De même, les espérances de vie à l'âge adulte varient fort selon la catégorie socio-professionnelle, indépendamment des risques propres (accidents du travail, maladies professionnelles). On sait, sans être pour autant à même de pondérer les divers facteurs, que nombre de détails du mode de vie, de l'environnement psycho-culturel inconscient des individus jouent un rôle : habitudes alimentaires et hygiéniques, manières de vivre les rapports aux autres et aux choses, mais aussi qualité du milieu matériel, contraintes économiques et opportunités d'accès aux soins, pour n'en citer que quelques-uns. On voit croître les préoccupations environnementales et éducatives visant à donner à chacun des chances (plus) égales de bénéficier de la vie, de la santé et de la longévité. Se pose aussi, de manière indirecte, la question de l'intervention coercitive éventuelle des pouvoirs et, en particulier, celle des prohibitions. De nos jours, le fumeur ne peut plus ignorer qu'il réduit graduellement de plusieurs années son espérance de vie. Or, il s'agit bien d'une option librement consentie entre les plaisirs immédiats et la durée de vie. Au-delà d'une éducation à la liberté de choix, quelle action politique est-elle justifiable ? On peut d'ailleurs poser la même question pour toutes les habitudes nuisibles, qu'il s'agisse de toxiques, d'alcools ou d'excès alimentaires. On a ainsi vu des citoyens s'élever au nom des droits de l'homme contre le port obligatoire du casque pour les motocyclistes ou de la ceinture de sécurité pour les automobilistes. Si, en effet, le seul point de vue à considérer était celui de l'individu, nous serions enclins à enregistrer de telles obligations comme des entraves à la liberté. Cependant, les conséquences *sociales* de leur non-observance nous paraissent donner à la société un droit de recours. En effet, l'invalidité et la mortalité provoquées par les excès individuels aboutissent à des coûts sociaux prohibitifs : sécurité sociale, manque à gagner, perte de l'investissement en formation et éducation que représente un adulte, etc. Une «solution» parfois préconisée est de priver partiellement ou totalement le contrevenant de certains droits : le fumeur se verrait refuser l'accès au remboursement de ses soins en cas d'affection pulmonaire, l'accidenté de la route par sa faute perdrait l'intervention des assurances, etc. Pour logique qu'elle paraisse, cette solution violerait le droit à la sécurité sociale inscrit dans la Déclaration de 1948 (art.

22), bien plus que les législations coercitives ne violent un droit hypothétique de l'individu à prendre des risques, dont les conséquences sont largement supportées par la collectivité.

e) La mobilité spatiale: les droits les plus évidents?

De tous les phénomènes démographiques, la migration est celui qui est le plus explicitement traité dans la Déclaration des Droits de l'Homme: liberté de circulation et de choix de résidence à l'intérieur d'un pays (art. 13, 1°), liberté de sortie de tout pays et de retour dans le sien propre (art. 13, 2°), interdiction de l'exil arbitraire (art. 9), droit d'asile, sauf en cas de poursuites pour délit de droit commun (art. 14), droit à la nationalité et interdiction de sa suppression arbitraire (art. 15). On ne sait que trop ce qu'il en est, combien ces droits sont régulièrement bafoués: obligation d'un passeport interne, interdiction d'émigration ou de sortie temporaire du pays, bannissement et privation punitive de la nationalité pour raisons politiques, stricte «canalisation» des visiteurs étrangers, expulsions massives de ressortissants étrangers sont monnaie courante. Notre tâche est plutôt de montrer quelques situations, soit qui n'ont pas été clairement prévues, soit dont l'évidence est moins apparente.

Les exigences du développement économique peuvent amener à restreindre les droits individuels en matière de résidence au nom des «justes exigences de l'ordre public et du bien-être général». Cependant, la pratique de bien des pays peut aller, en toute bonne foi, à l'encontre de la liberté de choix de résidence des populations que l'on déplace, parfois par la force, en particulier lors de la constitution des lacs de retenue des grands projets hydro-électriques et dans les politiques volontaristes de rationalisation (regroupement de villages, déplacement des populations vers les voies de communication): on impose non seulement le départ, ce qui est justifiable, mais aussi le point d'arrivée, par exemple par la construction d'office de nouveaux villages pour reloger les migrants forcés, au lieu de leur procurer la possibilité de se reloger à leur guise.

Par ailleurs, dans nombre de pays en développement, l'exode rural est devenu une double nuisance, par le dépeuplement de l'intérieur (avec l'abandon des cultures et de lourdes hypothèques sur l'autosuffisance alimentaire), et par le surpeuplement des villes (avec la pollution, la criminalité, le chômage endémique, la paupérisation et leurs conséquences); dans ces conditions, il semble qu'à court ou moyen terme, les besoins élémentaires de la collectivité et la liberté de mouvement soient incompatibles.

Une lacune surprenante de la Déclaration de 1948 est son relatif silence à propos des réfugiés : le droit d'asile leur est exclusivement reconnu en cas de *persécution*. Certes, les Nations assemblées en 1948 étaient encore sous le coup du traumatisme de la seconde guerre mondiale et songeaient à la prévention du génocide en en protégeant les futures victimes. Mais cela ne concernait que marginalement le sort de la dizaine de millions de «personnes déplacées» qui, au même moment, fuyaient leur région dévastée, subissaient les suites des déportations massives de la guerre ou simplement choisissaient, à tort ou à raison, de ne pas courir le risque de la persécution en raison des changements de régime politique. Depuis lors, pour les mêmes raisons ou des raisons similaires, les catastrophes naturelles ayant rejoint les guerres dans la dévastation, des masses de réfugiés ont franchi les frontières de leur pays d'origine, sans que le droit d'asile ailleurs ne leur soit de fait réellement reconnu, hormis dans des élans humanitaires. On voit mal comment cela s'améliorera dans un futur prochain, dans la mesure où les migrants internationaux de cette nature interfèrent avec d'autres catégories de migrants. Il y a en effet, d'une part des travailleurs immigrés qui, en théorie, jouissent des mêmes droits que les nationaux dans les pays dans lesquels ils résident. Si alors des raisons économiques font estimer qu'ils sont en surnombre, on ne peut légitimement que stimuler positivement leurs motivations à rentrer dans leur pays d'origine pour en diminuer le nombre, et fermer les frontières pour éviter leur entrée. Mais une telle fermeture de frontières se fait presque nécessairement aux dépens des réfugiés, en l'absence de critère objectif pour distinguer les deux sortes d'immigrants potentiels. Et d'autre part, la nature du réfugié politique a évolué. Depuis la guerre de 1940, en effet, se sont multipliées dans les pays à régime au moins partiellement démocratique les minorités ethniques, culturelles et idéologiques qui rejettent leur régime, le système ou, simplement, le fait même de leur minorisation, et recourent au terrorisme. Les représentants de ces minorités font régulièrement appel au droit d'asile quand ils échouent dans leurs entreprises, mais il est souvent très difficile de faire la part de la persécution et des «poursuites réellement fondées sur un crime de droit commun ou sur des agissements contraires aux principes et aux buts des Nations Unies» (art. 14, 2°). La tendance de tels migrants à rechercher plutôt un statut de réfugié «simple» a contribué au discrédit des «personnes déplacées» (le déclarant de 1948 ne semble pas y avoir pensé, car il était familiarisé avec un terrorisme légèrement différent, l'attentat anarchiste, dont les auteurs, dans la logique de leur mouvement fondamentalement hostile à toute structure étatique, n'invoquaient pas volontiers le droit d'asile).

La plupart des pays développés appliquent dans les faits le principe du droit-devoir en matière de résidence, par des entraves sévères, allant jusqu'à l'interdiction, au nomadisme. Tout se passe comme si le droit à choisir sa résidence était donc un *devoir* qui primerait sur le droit de libre circulation. On relèvera un paradoxe dans les dispositions légales de certains pays européens, où le nomade est en fait... condamné au nomadisme: on peut par exemple prendre, au niveau municipal, des arrêtés d'expulsion de nomades, ne leur laissant qu'un maximum de 24 heures de séjour sur le territoire local, ou leur imposer de stationner en des places bien déterminées. Il est assez difficile d'accepter des justifications, pourtant classiques, comme l'injustice sociale d'avoir des citoyens qui parviennent à échapper à l'impôt local puisque ne résidant nulle part — sans parler de l'ostracisme pur et simple.

4. En guise de conclusion: démographie et philosophie...

Dans une contribution consacrée aux rapports entre science de la population et droits de l'homme, nous avons surtout voulu, sans prétention à l'exhaustivité, mettre en évidence des problèmes ou des angles de vue plus spécifiques, sans développer non plus certaines «grandes questions de l'heure» dont la nature concerne plus l'éthique (comme l'avortement) ou qui font l'objet de débats généraux où l'on a déjà à peu près tout dit, à notre sens (comme le problème des travailleurs migrants). Par là, nous avons surtout voulu faire réfléchir les «autres», ceux qui ne sont pas démographes, sur le fait que la démographie est peut-être, en tant que technique, la plus austère, la plus inhumaine des sciences humaines, mais que son objet est inextricablement lié à certaines des questions les plus philosophiques qui agitent l'homme: la vie, l'amour, la mort.

V. ANTHROPOLOGIE

L'exploitation politique des thèses anthropologiques dans l'ancienne Afrique belge: l'exemple du Rwanda

N.[56]

1. Exposé du problème

A partir d'un cas précis, en choisissant le Rwanda comme exemple, il s'agira de montrer la responsabilité de l'anthropologie et de l'anthropologue face au débat politique qui s'appuye fortement sur des concepts tels que race, caste, ethnie, introduits dans la discipline à son stade de tâtonnement dans l'explication du fonctionnement des sociétés africaines. Par-delà cet exemple, il serait question de s'interroger sur le manque d'enthousiasme de l'opinion scientifique occidentale lorsqu'il s'agit des droits de l'homme en Afrique.

Alors que les spécialistes des sciences humaines ont fortement contribué à mettre à nu les méfaits et les conséquences néfastes de l'anthropologie allemande de l'entre-deux-guerres (la montée du nazisme à partir des concepts de «races inférieures» ou de «race aryenne»), une telle initiative fait gravement défaut dans les disciplines dites africanistes. L'opinion publique se nourrit de connaissances contestables développées malheureusement par les media, et le spécialiste de la discipline (anthropologie, histoire, ethnologie) se complaît dans l'idée que «ces choses-là sont inexplicables au grand public». Ainsi, la science en question se diffuse en deux tranches: une véritable anthropologie réservée aux milieux restreints des «scientifiques», un «*digest*» à l'usage de ceux qui défendent des intérêts politiques précis. Les drames politiques, les ethnocides, les luttes fratricides, la tyrannie de tel responsable politique, le comportement scandaleux de tel potentat anthropophage (Bokassa, par exemple) et d'autres méfaits sont alors regardés en spectacle sous prétexte du respect de la coutume de l'autre. Les media s'empressent de trouver de vieilles recettes anthropologiques et expliquent ainsi qu'il s'agit de «tribalisme», ou que telle coutume africaine tolère l'anthropophagie. Nul ne songe alors aux droits de l'homme qui, quelle que puisse être la tradition du pays concerné, sont scandaleusement bafoués. Il n'y a guère longtemps que le débat sur l'excision féminine (clitoridectomie) pratiquée dans certains Etats d'Afrique et du Moyen-Orient est porté au grand jour. De surcroît, il ne fut pas ouvert par les spécialistes de l'anthropologie dans les régions visées.

Le rôle de l'anthropologie, quoique nombreux encore s'en défendent, devrait être précisément de fournir des outils scientifiques de réflexion mais en participant directement au débat sur les implications politiques de telles mœurs. Plus encore, lorsque surgissent des contentieux et des conflits politiques qui exploitent outrageusement leur discipline, les anthropologues devraient sortir du prétendu apolitisme derrière lequel d'aucuns se réfugient, et protester plus vigoureusement qu'ils ne le font actuellement lorsqu'il s'agit du terrain africain. Il est patent que les chercheurs travaillant sur ce continent s'empressent (cela au moins est méritoire) de signer des pétitions en faveur de *Solidarité* en Pologne, et que par ailleurs ils gardent le silence sur l'inapplication flagrante des droits de l'homme en Afrique. Sauf sans doute quand il s'agit de dénoncer l'*Apartheid* en Afrique du Sud, mais cela se fait aussi à peu de frais par les chefs d'Etat fascistes d'Afrique.

2. *Le cas du Rwanda*

Il est pour l'heure impossible de consacrer une réflexion étendue à tout le continent noir, c'est pourquoi on va se centrer sur un pays et montrer la façon dont des concepts scientifiquement contestables et aujourd'hui rejetés ont guidé le schéma explicatif des rapports sociopolitiques, et se sont finalement traduits en enjeux politiques dans la société rwandaise. Du début au milieu de notre siècle, le thème de la «race supérieure» a été mis à l'honneur pour expliquer qu'un groupe de dirigeants pouvait dominer la vie politique en raison de ses qualités héréditaires. D'aucuns se sont même efforcés de prouver scientifiquement (l'anthropologie physique) que les gouvernants n'étaient pas des autochtones comme les autres. En accord avec cette thèse, la «race supérieure» a joui pendant plus d'un siècle des droits politiques qui, par la suite, se retournèrent contre elle. Le caractère ambivalent de la notion de race — qui justifie à la fois le scandale de la domination par les uns et la violence dans la réaction des autres — mérite aussi une réflexion de la part des spécialistes des sciences humaines.

Dans le cas du Rwanda, l'historien et l'anthropologue ont à dire clairement que les concepts sur lesquels s'est fondée la connaissance de la société ne sont plus opérationnels : ils ne le sont effectivement plus, et certains auteurs n'osent même plus les prendre à leur compte. Aucun anthropologue ne soutiendrait à l'heure actuelle la théorie de la division de la population rwandaise en trois races dont l'une serait constituée de descendants de Cham. Il semble admis maintenant que, même employé au figuré, le concept de caste par lequel on avait progressivement remplacé celui de race a faussé le débat sur la complexité des rapports sociaux et politiques dans ce pays. Cependant, les mêmes anthropologues n'ont pas encore pris position — scientifique, cela s'entend — sur l'absurdité de la conclusion que des hommes politiques ont tirée de la théorie des « trois races » en renvoyant « chez eux » les prétendus descendants de Cham, c'est-à-dire en les expulsant de leur pays sous prétexte qu'ils sont venus d'Egypte. Ces faux enfants de Cham sont aujourd'hui des réfugiés, et l'anthropologue a son mot à dire à ce sujet, puisqu'il s'agit là d'une violation flagrante de la Charte des droits de l'homme sur une base idéologique nourrie par des erreurs de sa discipline. Quelques historiens africanistes tentent déjà de le montrer, et c'est pourquoi on souhaiterait situer sur ce terrain brûlant de l'anthropologie africaine cette contribution à l'ouvrage.

Cette contribution se propose donc d'analyser un exemple de politisation de l'anthropologie en Afrique. C'est un problème bien connu en Afrique de l'Est, et plus particulièrement au Rwanda et au Burundi voisin, deux pays anciennement administrés par la Belgique.

Les génocides successifs qui eurent lieu dans cette région ont été étudiés plus ou moins, mais sous l'angle socio-économique seulement. Or, une démarche plus complète devrait également tenir compte de la psychologie des peuples concernés, donc aussi des préjugés, et analyser tous les arguments qui ont été utilisés par les antagonistes. C'est ici que l'on doit questionner l'anthropolgie appliquée au Rwanda dès avant la période coloniale. Les thèses d'anthropologie physique furent les plus notablement exploitées, notamment pour radicaliser les clivages socio-politiques en termes d'opposition raciale. Les trois composantes ethniques de la population nationale, au Rwanda comme au Burundi, étaient considérées comme des «races» différentes, ayant aussi des qualités «naturelles» différentes, mais c'est entre deux factions, les *Tutsi* et les *Hutu*, que l'affrontement fut le plus exarcerbé. Des conflits de ce genre peuvent encore surgir à tout moment dans la région, même si le discours officiel ne recourt plus systématiquement aux vieilles recettes de l'anthropologie raciale. A Noël 1981, en diffusant des tracts appelant à la «mise à mort de la race (*tutsi*) vomie et haïe de tous», les étudiants d'une école supérieure de l'est-zaïrois ont montré que les préjugés raciaux, ou plutôt racistes, sont encore vivants. Le vieux schéma d'anthropologie raciale aussi. C'est pourquoi il est utile de montrer historiquement comment ces idées se sont développées dans les anciens territoires belges d'Afrique, en prenant l'exemple du Rwanda.

La structure qui suit indique l'orientation de l'exposé. Après une brève introduction sur l'ancienne Afrique belge et sur le Rwanda en particulier, l'auteur se proposait d'examiner les deux points suivants.

a) Analyse anthropologique de la société rwandaise précoloniale

Cette première phase de l'étude eut d'abord consisté à rechercher, dans la tradition, les fondements idéologiques des inégalités. D'une part, avant la colonisation européenne, l'inégalité fondamentale des hommes était posée comme principe organisateur de la société. La tradition orale du pays (mythes et légendes) la justifie en effet, en même temps qu'elle postule une origine différente des trois composantes ethniques de la société rwandaise. La distribution des rôles et des droits politiques ne pouvait donc que traduire cette hiérarchisation. D'autre part, à l'arrivée des Européens en Afrique centrale, ce qui n'était que mythe ou légende prit une allure scientifique. Les premières spéculations sur l'origine des trois ethnies du Rwanda rattachèrent les *Tutsi* à la descendance de Noé. On fit d'eux des *Hamites*, descendants de Cham, fils de Noé frappé par la malédiction. C'étaient donc de faux nègres! Ils apparaissaient également ainsi dans les théories diffusionnistes qui les font plutôt venir du Caucase. Cette vision biblique de l'histoire fut consolidée par les théorie de l'anthropologie physique de la première moitié de notre siècle.

Il s'agissait d'examiner ensuite le schéma anthropologique sous-jacent. En premier lieu, les études d'anthropologie physique se sont basées sur les différences morphologiques pour démontrer l'origine «semi-blanche» des *Tutsi* du Rwanda et du Burundi, prétendus cousins guère lointains des *Galla* de la corne de l'Afrique. En second lieu, venue plus tardivement sur le terrain, l'anthropologie sociale, faute d'avoir élaboré un appareil conceptuel adapté à la population étudiée, se montra incapable de rectifier le vieux schéma d'anthropologie raciale. Le concept de race domine encore nombre d'exposés magistraux des années soixante, période cruciale dans la vie politique du Rwanda. C'est l'époque de la décolonisation et de la remise en question du régime monarchique séculaire, et les principaux antagonistes puisent volontiers leurs argumentations dans les écrits coloniaux. La question raciale est donc à l'ordre du jour.

b) L'argumentation anthropologique dans le jeu politique

Trois points auraient été successivement considérés: la manière dont les inégalités sociales ont été légitimées, la récupération des mêmes arguments dans la contestation politique, et les conséquences actuelles.

Tout d'abord, pendant la colonisation les interlocuteurs privilégiés appartiennent à la «race supérieure» des *Tutsi*, l'autorité de tutelle vante leur «intelligence» et leur «aptitude naturelle» au commandement (!). Les administrateurs, relayés en cela par la voix de l'Eglise catholique, assurent que la «race» *tutsi* doit gouverner les deux autres, *hutu* et *twa*.

Ensuite, l'utilisation des mêmes arguments dans la contestation politique se manifeste de deux manières: les *Hutu* réclament la fin du régime monarchique et le départ de la «race étrangère» *tutsi*; c'est, affirme-t-on, l'époque des «véritables autochtones» du pays. Par ailleurs, le débat politique se mue en conflit racial, et la radicalisation des clivages aboutit au génocide; les *Tutsi* se réfugient à l'étranger.

Enfin, les conséquences actuelles sont de trois types. D'une part, on voit se propager une interprétation tendancieuse de l'histoire du Rwanda. D'autre part, on voit naître une aliénation culturelle: alors que l'anthropologie s'est remise en question, notamment grâce aux progrès enregistrés dans les recherches en génétique, le schéma racial domine encore la démarche des chercheurs rwandais qui analysent les rapports socio-politiques dans leur pays. Les auteurs initiaux des travaux dont on s'inspire ne paraissent pas être informés de ce phénomène, ou du moins ne réagissent pas à l'utilisation abusive des théories qu'ils ont eux-mêmes abandonnées. La question de la responsabilité politique du chercheur mérite donc d'être posée. En troisième lieu, on notera la survivance des préjugés raciaux dans les tracts et documents mis en circulation au Zaïre, ce qui illustre de manière explicite les conséquences racistes à redouter lorsqu'on prêche des théories analogues.

NOTES

[1] Domenach, 1982, p. 71.
[2] Heller, 1978.
[3] Fourez, 1974, p. 35.
[4] Aron, 1965, p. 288.
[5] Où, sans paradoxe, le meilleur indicateur d'absence des droits de l'homme est l'inexistence des droits de la femme.
[6] Garreton, 1977.
[7] Ziegler, 1981.
[8] Jaulin, 1970.
[9] *Revue Nouvelle*, 1974.
[10] Fei & Ranis, 1964.
[11] Chenery *et al.*, 1977.
[12] Sieghart, 1983.
[13] Hewlett, 1979: «Social injustice is a result of the ways in which modern capitalist development has built upon and exaggerated the highly unequal patterns of a colonial past, producing a vicious circle of wealth that enables two decades of vigorous economic growth to bypass 75 percent of all citizens. Recent stabilization policies have worsened the situation, but in a fundamental sense, the social welfare issue reaches into the past, and is first and foremost an issue of the masses. Political freedoms and civil liberties, on the other hand, constitute a set of rights that are most relevant to the elite (that 25 percent of the population that is integrated into the modern urban economy), and these rights have been most conspicuously violated in the recent past» (p. 472).

[14] Schoultz, 1981.
[15] Bayart, 1983.
[16] Hugon, 1980.
[17] Voir par exemple le modèle Bariloche qui étudie les stratégies possibles de développement économique, avec comme objectif la satisfaction des besoins fondamentaux (exigences minima de nourriture, logement et éducation qui permettent à un être humain de participer de manière effective à la vie de la société) des populations des différentes parties du monde. Partant de cette perspective, les travaux de G. Chichilnisky se basent sur la théorie de l'équilibre général: Chichilnisky, 1977, 1980 & 1981.
[18] Mishan, 1982.
[19] Van Parijs, 1983.
[20] Un des postulats de l'*optimum* parétien pose simplement que «chaque détenteur de ressources contrôle une quantité non négative de chaque bien qui n'est pas un type de travail et choisit de rendre disponible un montant non négatif de chacun de ces biens, au plus égal de la quantité qu'il détient» (voir Koopmans, 1970).
[21] Plassard, 1980.
[22] Barnet, 1980.
[23] Stryker, 1979.
[24] Sen, 1981.
[25] Watson, 1977.
[26] Weiss, 1981.
[27] Chichilnisky *et al.*, 1980.
[28] J. Friedmann propose comme exigence pour cette théorie normative: un établissement explicite des valeurs sociales, une théorie critique de la réalité à la lumière de ces valeurs, un ensemble consistant de principes d'actions qui visent à dépasser les contradictions identifiées dans la théorie critique (Friedmann, 1979).
[29] Pour une prise en compte de ces trois registres, consulter le livre stimulant de Leroy, 1983.
[30] Thompson, 1981.
[31] Griffith-Jones, 1981.
[32] Fausten, 1980.
[33] Voir *Development Dialogue*, 1980; Jacquemot, 1983.
[34] Furtado, 1982.
[35] Clausen (président de la Banque Mondiale et de la Société Financière Internationale), 1982, p. 26.
[36] Voir le *Financial Times*, 1982.
[37] *The Arusha Initiative*, 1980, § 15.
[38] Lire à ce sujet Amselle, 1979; Copans, 1974 & 1975; Harris, 1968; Leclerc, 1972.
[39] Avec l'exception, importante, de la doctrine de l'*apartheid*, en Afrique australe.
[40] Pour une introduction générale à cette problématique, voir notamment Colleyn, 1982.
[41] Voir Leclerc, *op. cit.*
[42] Jaulin, 1970 & 1982.
[43] *Collectif*, 1975.
[44] *Le Monde* (Paris), 21/22 février 1982.
[45] Dumont, 1966 & 1977.
[46] Lire à ce sujet Bourdieu, 1979 et la revue qu'il anime: *Actes de la Recherche en Sciences Sociales*.
[47] Le déchirement d'un jeune Indien entre ces deux types de cultures est le thème du beau film-vérité de Mira Nair, «*So far from India*».
[48] *La Cité* (Bruxelles), 5 novembre 1981.

[49] Voir N'Gom, 1984; Jouve, 1984.
[50] Lévi-Strauss, 1983, pp. 371-382.
[51] Livingstone, 1960.
[52] Cité par Leclerc, *op. cit.*, p. 45. C'est nous qui soulignons.
[53] Un ouvrage fort complet a été consacré à ce thème: Overbeek, 1974.
[54] Typiquement, la récente «Charte Africaine des Droits de l'Homme et des Peuples» (1982), qui met largement l'accent sur la *famille*, ne mentionne même pas le terme de «mariage».
[55] Handicaps gravissimes mais viables, où l'on peut douter que l'on ait jamais affaire à des êtres humains «doués de raison et de conscience», tels que les définit la Déclaration des Nations Unies (art. 1).
[56] Pour diverses raisons qui n'intéresseront pas le lecteur, J. Kagabo n'a pu remettre un manuscrit définitif. On trouvera ci-après un court texte, élaboré à partir des documents de travail préparatoires, où je tente d'exposer les idées principales dont le manuscrit final devait être un développement plus détaillé (*R.B.*).

Conclusions

R. Bruyer

I. POUR UN BILAN

Il n'est pas ici question de tenter un quelconque «résumé» ni une «synthèse» de l'ouvrage. En effet, chacun des collaborateurs était le mieux à même de formuler très exactement ce qu'il avait à dire, et la nature largement multidisciplinaire du livre ne permet pas une réelle reprise synthétique. Il faudra se limiter, dans les points ultérieurs de ces conclusions, à généraliser quelque peu le débat à l'activité scientifique considérée plus largement et à indiquer les difficultés conceptuelles rencontrées lors de la rédaction des textes.

Bien sûr, tout n'a pas été dit! D'une part, la notion même de «sciences humaines» présente des limites à ce point floues que la liste des disciplines abordées dans ce livre pourra toujours faire l'objet de controverses. En effet, on pourrait discuter à l'infini tout à la fois de la pertinence qu'il y avait à insérer certaines disciplines dans cette série, et de certaines absences. Mais là n'est pas l'essentiel. Il s'agissait avant tout de susciter, chez les professionnels, une réflexion critique sur leur pratique en ce qu'elle implique les droits de l'homme, puis d'en partager les fruits avec le public des lecteurs. L'ouvrage n'a donc pas visé à clôturer une problématique, mais à l'ouvrir et en susciter des prolongements. D'autre part, au sein de sa propre contribution, chaque auteur n'a pas nécessairement voulu aborder tous les aspects du problème; chaque discipline aurait d'ailleurs alors nécessité un ouvrage à elle seule. Une fois encore, l'objectif n'était pas celui-là.

On a surtout voulu combler une lacune importante née de la constatation du fait que les sciences humaines, alors qu'elles ont précisément pour objet le comportement humain, ne sont que très rarement interpellées dans les nombreux débats relatifs aux relations entre la science et les droits de l'homme.

A la relecture «à tête reposée» des différentes contributions de cet ouvrage, un triple sentiment surgit. Il s'agit naturellement d'un avis personnel purement subjectif, mais le lecteur en partagera peut-être l'une ou l'autre facette. Le premier, brutal, est l'*effroi*. Il est en effet proprement effrayant de constater ce que les sciences humaines ont pu engendrer — ou pourraient engendrer —, via leur pouvoir plus ou moins latent dans la genèse d'idéologies, comme mécanismes ou processus pouvant réduire à néant les droits de l'homme. Des exemples concrets ont été décrits et la plupart des chapitres ont indiqué combien telle discipline était porteuse, d'une manière au moins potentielle, de germes redoutables. Néanmoins, un sentiment d'*espoir* n'est pas absent de ce bilan. En effet, et pratiquement pour les mêmes raisons, on se doit de noter tout ce que l'analyse scientifique des comportements humains et ses prolongements idéologiques peuvent générer de positif en ce qui concerne les droits de l'homme. Ce même redoutable pouvoir idéologique, qu'il est vain de nier, peut en effet infléchir lourdement l'idéologie dans un sens comme dans l'autre. Mais cet effroi tempéré d'espoir n'empêche pas, au total, un certain sentiment de *crainte*. La crainte, en fait, que le pouvoir passe — ou repasse — du politique au scientifique. Car si la science a perdu son pouvoir de gérer et générer les idéologies et systèmes politiques, elle en demeure encore trop souvent l'alibi. Mais on aborde ici des thématiques relevant de la science en général et sur lesquelles on reviendra bientôt.

Un élément qui ressort de cette étude est peut-être plus spécifique aux sciences humaines, à un double titre : d'une part parce qu'elles s'occupent directement du comportement humain, et d'autre part (et peut-être de ce fait) parce que le manque dont il va être question est le plus net dans ces disciplines. On veut parler du «contrôle» de la discipline. D'une part, il semble indispensable que les spécialistes eux-mêmes prennent conscience et agissent quant à l'utilisation qui est faite de leurs travaux à l'extérieur de la discipline. L'attitude qui consiste à ignorer ces utilisations comme étant externes à leur activité professionnelle ressemble à celle de l'autruche et constitue une complicité. D'autre part, il paraît nécessaire que l'activité des scientifiques eux-mêmes et le fonctionnement interne des sciences humaines fasse l'objet d'un contrôle de l'extérieur, à la fois pour éviter les réflexes corporatistes d'autoprotection et autojustification de leur pratique dans un système qui est juge et partie (pensons à certains Ordres professionnels), et pour ouvrir les yeux de ces pratiquants que l'hyperspécialisation peut avoir rendus aveugles aux conséquences possibles de leurs travaux.

C'est un *jeu continuel de contrôle et contre-contrôle* permanent entre les sciences humaines et l'extérieur (la société) qui est réclamé, jeu qui doit être relancé sans cesse.

II. ELARGISSEMENT

Mais par-delà cette exigence quelque peu spécifique aux sciences humaines, c'est tout le rapport de la science à l'idéologie qui est sous-jacent à ce livre.

On l'a dit plus haut, si la science n'a sans doute plus la clé du pouvoir, elle demeure souvent un alibi pour les idéologies. De ce fait, elle conserve un redoutable pouvoir occulte dont il s'agit de prendre conscience et qu'il faut démasquer sur la place publique.

Car, tout d'abord, la «connaissance» scientifique n'est jamais qu'une *ignorance* scientifique. Le véritable comportement scientifique n'est pas l'affirmation, mais l'hésitation, l'incertitude, le doute, la mise en question : entre véritables scientifiques, il n'est point d'argument d'autorité qui tienne. La science ne peut donc être normative et, par conséquent, ne peut (plus) servir de caution à une (des) idéologie(s).

Mais la science, malgré elle, peut être source de rumeur et il reste de nombreux idéologues à se référer à «la Science». Cet abus est évidemment tentant car cela fait sérieux et le public, la plupart du temps, n'est pas à même de vérifier la validité des emprunts faits dans les (pseudo-)connaissances scientifiques. Cette situation est bien normale, dans la mesure où une telle vérification nécessite pratiquement d'être soi-même spécialiste en la matière. Il est donc urgent, à plus d'un titre, que des scientifiques eux-mêmes mènent une telle réflexion critique *et la rendent publique* (d'où ce livre!).

Précisément, de telles réflexions et hésitations d'ordre éthique hantent de plus en plus les milieux scientifiques, qui se rendent compte que, dans un certain nombre de cas, leurs productions peuvent agir nettement sur la structuration des sociétés et des politiques. Ainsi par exemple, les scientifiques eux-mêmes participent à la mise en évidence de plus en plus claire du fait que la science se fonde, elle aussi, sur des présuppositions éthiques et politiques. Un ouvrage comme celui-ci vise essentiellement à faire connaître, à «vulgariser», ces doutes afin de réduire au maximum le côté «expert» des débats et, de ce fait, le pouvoir des scientifiques. Ainsi, le fait de «faire passer l'information» devrait contribuer, à un double titre, au processus démocratisant proprement dit[1].

Car si on sait depuis longtemps que tout savoir efficace est en même temps un pouvoir, on a longtemps interprété la science comme une activité de pure connaissance[2]. Mais le courant actuel de la philosophie des sciences, sous l'impulsion d'auteurs comme Popper, considère plutôt la science comme un système évolutif qui, à la fois, évolue dans un jeu d'interactions avec les autres systèmes qu'elle utilise, et impose sa logique interne de développement à ces systèmes[3]. Ainsi s'impose l'idée d'une science qui n'est plus le domaine désintéressé de connaissance objective, neutre par rapport à ses implications et indépendante des finalités de l'action. S'impose de surcroît l'idée, déjà évoquée, de la science comme activité où les présuppositions non scientifiques sont légion. Bref, les scientifiques prennent conscience du rôle idéologique de leur activité et, pour Ladrière, la science assume cette responsabilité[4]. Ainsi, même si, par essence — comme on l'a souligné — le discours scientifique est «interdit de conclusion», il n'en demeure pas moins transporté sous diverses formes dans le grand public et, surtout, utilisé à des fins idéologiques.

Il serait d'ailleurs utile de mener une réflexion sur ces interactions à double sens entre science et idéologie. Cet ouvrage a l'ambition d'y contribuer quelque peu et celui de Tort, relatif à «la pensée hiérarchique et l'évolution», s'inscrit dans le même débat[5]; nous le citerons volontiers, les propositions qui suivent étant largement transposables ici. D'abord, une assertion: «aucune idéologie ne peut 'naître' d'une science»[6]; ensuite, une interrogation en forme de programme: «qu'en est-il (...) d'un discours faux et cohérent? qu'en est-il de la cohérence de la fausseté lorsqu'elle est appelée à démontrer, à l'aide de la science, ce que la science elle-même ne peut que désavouer? Ou encore: qu'est-ce qui est emprunté de la science pour être employé à sa propre perversion?»[7]; enfin, un énoncé plus radical encore de la question: «qu'est-ce, pour un discours scientifique, que 'se prêter à' une interprétation qu'en toutes lettres il n'a pas formulée, dans les termes idéologiques-pratiques qui la caractérisent, comme faisant partie de ses conclusions, de sa conviction ou de ses hypothèses? Qu'est-ce qui, dans cette *passivité* étrange du discours de la science devant ce que l'on fait de lui ou avec lui, peut devenir, au sein d'un autre discours qui de toute évidence s'en nourrit, l'instrument actif de démonstration qu'il n'a jamais voulu faire? Où donc réside cette faculté latente que l'on suppose dans le fait — qui est lui-même tributaire d'une *interprétation* — de *se prêter à?*»[8].

Puisse le présent ouvrage avoir induit ne fût-ce que la découverte de ces interrogations gênantes dans l'esprit de ses lecteurs. Il semble bien qu'une des conditions de fonctionnement d'une idéologie est qu'elle soit inconsciente pour ceux qui la véhiculent. Aussi, *la rendre explicite et consciente revient à en réduire l'efficacité*. Tel était l'objet de ce livre, car la réflexion critique constitue un instrument de ce type d'émancipation. Par exemple si, pour le public, les connaissances scientifiques apparaissent souvent comme des vérités de dogme (et c'est sans doute voulu par ceux qui les véhiculent), il est question de relativiser, de douter, de dire les hésitations... attitude qui, en fait, est tout simplement scientifique[9] !

Ce livre ne doit pas pour autant conclure à la nécessité de mettre fin à la recherche scientifique. D'ailleurs aujourd'hui, après une mise en cause radicale de ce type (l'«antiscience»), on en vient à l'idée qu'il faut malgré tout continuer. Il semble en effet que les développements scientifiques pourraient fournir les seules conditions imaginables à l'établissement d'une société humaine où l'idée d'égalité pourrait se réaliser[10].

III. AMBIGUITES

Un dernier mot encore. Au cours des discussions entre les auteurs, il est apparu qu'un point important et délicat était de savoir de quelle notion de droits de l'homme il devait être question. Il y a en effet, d'une part un flou manifeste dans la notion même de «droits de l'homme» et, par ailleurs, un écart parfois considérable entre les droits eux-mêmes et la notion. Il est vrai que la notion elle-même n'est que rarement questionnée, et qu'elle semble «aller de soi». Par ailleurs, d'aucuns ont considéré que ce flou n'était pas gênant en soi, la notion de «droits de l'homme» devant être, finalement, ce qui ressort de la réflexion critique plutôt qu'un énoncé *a priori*. Un tel énoncé n'a d'ailleurs pas été formulé et il est vraisemblable que chaque auteur s'est implicitement référé à sa propre notion.

On a en fait tenté de naviguer entre deux extrêmes. Le premier constitue un nivellement qui conduit à un complet scepticisme. Il consiste à soulever à tout propos la «question des droits de l'homme», à considérer que partout ils sont violés et que, à la limite, tout rapport de force ou de pouvoir est violation des droits de l'homme. Dans une telle perspective diluante, il n'existe alors plus rien à ajouter puisque tout est affaire de droits de l'homme. L'autre extrême eut été une définition stricte, reposant sur les textes officiels tels que ceux qui sont repris aux annexes. Cette position était toutefois difficile à tenir. D'une part, ces textes sont à leur tour extrêmement flous; d'autre part, plusieurs contributions de cet ouvrage en ont montré les limites et marqué le caractère relatif; enfin, ces documents renvoient davantage à la notion qu'aux droits eux-mêmes. La seule distinction qui, finalement, a semblé utile portait sur la différence à introduire entre la violation délibérée des droits de l'homme et la violation davantage non dite, diffuse. Mais, on l'a vu, c'est peut-être cette violation diffuse qui est la plus violente.

Devant ces hésitations et la difficulté d'être *a priori* plus précis, nous avons trouvé plus utile de clôre cet ouvrage par les réflexions que pouvait produire un linguiste sur ces questions.

Nous espérons, *au terme de cet ouvrage*, avoir bien montré la non-neutralité de l'activité scientifique. Ce phénomène est particulièrement net en ce qui concerne les sciences humaines, mais ne leur est nullement spécifique. Cette non-neutralité est présente en amont comme en aval du discours scientifique et le présent ouvrage en a montré les deux facettes. En ce qui concerne l'aval, on évoque naturellement toutes les utilisations et récupérations extra-scientifiques dont peut faire l'objet le dire scientifique; l'homme de science le sait et ne peut faire mine de s'en désintéresser. Mais le scientifique lui-même n'est pas neutre dans sa propre activité : en amont de celle-ci, on rencontre en effet tant les *a priori* théoriques (conscients ou non) du chercheur en ce qui concerne son objet d'analyse, que ses *a priori* idéologiques et le poids de sa propre histoire sociale, culturelle et individuelle.

Par ailleurs, si une liaison patente existe entre Savoir et Pouvoir, une démocratisation efficiente implique un *partage maximal du Savoir* : portant à la connaissance publique le Savoir des «spécialistes», une vulgarisation scientifique bien menée ne peut qu'être bénéfique. Si, de surcroît, on porte à la connaissance du public les doutes, hésitations et incertitudes du «savant» quant aux fondements épistémologiques, éthiques et idéologiques de son travail, on accroît derechef ce processus démocratisant. Le présent ouvrage avait ce second objectif pour ambition car, comme dirait l'autre, «des chercheurs qui cherchent on en trouve, des chercheurs qui trouvent on en cherche» (J. Beaucarne).

EPILOGUE LINGUISTIQUE

La parure des mots *ou* Violences et droits de l'homme

G. Jucquois

> « *Tous les écrivains qui ont parlé de la prison sans y avoir été se sont crus obligés d'exprimer leur sympathie aux détenus et de maudire la prison* »[1].

Introduction

C'est à un discours sur celui des autres («épilogue») qu'on me convie: la linguistique présuppose en effet une parole qui la précède. La distance qui s'instaure ainsi naturellement entre les propos tenus dans les pages antérieures ne sera jamais, espérons-le, celle de l'arbitre, encore moins celle du voyeur. Les sciences humaines se caractérisent toutes — caractère d'ailleurs tautologique avec le qualificatif d'humain — par le recours au langage en tant qu'instrument d'analyse, mais aussi parce qu'elles ont toutes comme produit du texte. Cela introduira plus bas une des propriétés majeures, à savoir le caractère réflexif et tensoriel du langage dans sa relation avec la «réalité».

Généralement, on ne réfléchit guère aux conditions d'élaboration des instruments d'analyse du langage : on consulte dictionnaires ou grammaires, souvent pour y retrouver ce qu'on n'avait au fond pas oublié ou encore pour y vérifier le sens de tel terme dont le caractère inconnu fait partiellement obstacle à la compréhension globale. De là l'illusion tenace que le sens des mots est «évident», et qu'en conséquence la conceptualisation sera universelle. Cette illusion n'est que peu entamée par l'expérience de langues très proches, comme le sont toutes les langues occidentales, dont les dictionnaires traductifs rendent pourtant vaille que vaille les difficultés et incompatibilités de traduction. Une première approche aurait donc consisté à établir un «dictionnaire explicatif» des termes utilisés dans les contributions de ce volume. Mais, outre l'aspect rébarbatif d'une telle présentation, cette manière de présenter les choses aurait laissé dans l'ombre certains traits parmi les plus importants. En effet, on peut prétendre qu'en lexicologie un terme est d'autant plus aisément définissable qu'il est concret et explicite, propriétés qui rendent le sens de ce terme commun à toute la collectivité. Inversement, un lexème abstrait au contenu largement implicite sera perçu de façon fort différente selon les groupes ou les personnes. Les dictionnaires camouflent cette situation pour deux raisons, sans doute non étrangères l'une à l'autre: tout d'abord pour des raisons de commodité, et ensuite pour des raisons idéologiques. Il ne serait pas possible d'expliciter, pour l'ensemble du lexique, toutes les implications sémantiques de chacun des lemmes : cela représenterait un énorme travail de recherche interdisciplinaire, d'autant plus impensable à entreprendre pour une population entière qu'il serait d'ailleurs à refaire périodiquement puisque cette partie du vocabulaire est celle qui évolue sémantiquement le plus; par ailleurs, le consensus social implique un minimum d'adhésion à une idéologie commune que ferait précisément éclater la démarche d'explicitation lexicale. Si on veut expérimenter ces propositions, il suffit de demander à un groupe hétérogène de définir certains termes : on constatera aisément que plus les termes sont abstraits et chargés idéologiquement, plus ils provoqueront de divisions et de conflits.

On a donc renoncé à présenter notre contribution sous la forme d'un «lexique du vocabulaire des droits de l'homme». Par contre, on a estimé indispensable d'ébaucher certaines pistes de réflexion quant à la fonction du langage dans la manière de poser les problèmes et de proposer des solutions dans le domaine des droits de l'homme.

1. Du langage

Une première interrogation s'articulera autour du thème du langage présent massivement en tant que «produit» dans les discours sur les droits de l'homme, mais étrangement absent dans la réflexion théorique sur ces derniers. Loin de moi l'idée de reprocher aux auteurs ou à l'éditeur de ce volume d'avoir fait appel à la linguistique *in extremis*, en «épilogue», puisque cela semble bien devoir être le sort épistémologique de cette discipline et que la démarche entreprise démontre en elle-même leur sensibilité sur ce point. Mon intention est, au contraire, de souligner combien une connivence s'est installée dans notre culture, depuis le XVIIe siècle, pour dissocier l'analyse du langage des réalités qu'il représente pourtant. Toute la charge subversive de l'exégèse de la Renaissance et sa capacité de renouvellement des pensées provint cependant de l'interprétation philologique des textes anciens, sacrés ou profanes. Depuis cette époque, l'Occident a abandonné aux «philologues» l'herméneutique des textes «littéraires» soumis à une critique rigoureuse selon des techniques toujours plus sophistiquées, tandis qu'il réservait l'étude des autres textes à divers spécialistes des futures sciences humaines qui oubliaient rapidement tout le poids des «évidences» herméneutiques : ainsi, aujourd'hui, il s'agit de faire travailler conjointement des spécialistes de la langue qui ont oublié la dimension créatrice du sens, et des spécialistes de l'homme qui n'ont pas encore appris qu'ils parlaient.

L'absence d'intérêt pour les implicites de la langue apparaît, par exemple, dans la bibliographie que Agi[12] vient d'établir sur le thème des droits de l'homme : si l'entrée « linguistique » figure bien dans sa liste, quatre titres seulement sont mentionnés, et encore s'agit-il de textes d'analyse du langage totalitaire, etc. Il faut donc bien comprendre cette lacune dans le sens indiqué ci-dessus : l'étude du langage s'est détachée de l'étude de ce qu'il représente, les linguistes ne se soucient guère d'appliquer ou d'adapter leurs théories aux réalités qu'affrontent et que tentent de maîtriser les spécialistes des sciences humaines qui, de leur côté, continuent de considérer le langage comme un donné. L'importance du langage n'échappe pourtant pas à de nombreux auteurs : c'est ainsi que Bunge[13] soumet le vocabulaire sociologique à un examen qu'il appelle « philosophique », afin d'y repérer les grands traits épistémologiques de cette discipline. Un autre exemple se trouve dans le tome 4 des *Cahiers Jussieu*, consacré au thème « Connaissance du Tiers Monde », où deux auteurs réservent leur contribution à ces questions de « vocabulaire » : Cabot y traite de « Développement et espace vécu ; l'exemple du Tchad »[14], tandis que Lacoste aborde directement le « Vocabulaire et problématique du sous-développement »[15], article qui nous intéresse plus particulièrement car l'auteur y montre combien les définitions du « sous-développement » diffèrent d'un auteur à l'autre, souvent sinon toujours d'une manière implicite, et aussi combien il y a une sorte de magie des mots avec une sorte de volonté pour induire, à partir de tels mots, tels sens.

Certains usages observés dans ce volume appelleraient un commentaire qu'une étude du langage souligne. Prenons quelques exemples. Dans l'étude des droits de l'homme on induit volontiers des idées d'obligation, et cette idée volontariste rejaillit ensuite sur les sciences humaines ; ainsi (Glinne, *ce volume*, p. 8), « les sciences humaines *doivent* être... » ; simple constatation : on ne dit pas de la géophysique ou des mathématiques qu'elles « doivent être » de telle ou telle manière. Nous partageons cette opinion sur le rôle des sciences humaines, mais sans doute faut-il bien préciser la frontière fluctuante entre éthique et science. La question revient régulièrement dans ce volume, et encore dans les conclusions (Bruyer, *ce volume*, p. 206) où elle apparaît sous la forme d'un nécessaire « contrôle » (entre guillemets) des sciences humaines. Mais un contrôle par qui et de quoi ? Epistémologiquement, comment justifier ce contrôle et comment en rendre compte éthiquement ?

En d'autres endroits, la même attitude volontariste transparaît d'une manière plus voilée : ainsi (Haarscher, *ce volume*, p. 24), « l'histoire philosophique des droits de l'homme (...) consistera-t-elle (...) à préserver l'*exigence* (en italique dans le texte)...». La difficulté vient précisément de ce que cette «exigence» tendra à être formulée, si bien que la volonté porte d'abord sur le discours.

Un danger du vocabulaire utilisé est sa grande polysémie: des termes tels que «droit», «raison», «universalité», varient sémantiquement selon les auteurs ou selon les contextes. Un exemple simple consiste (Haarscher, *ce volume*, p. 27) dans l'usage des termes «raison» et «universalité» dans le contexte romantique de l'Ecole historique du droit, où leur sens est apparemment différent de beaucoup d'autres passages du livre. Les mots «race» et «espace vital», dans le contexte du nazisme, semblent clairs alors qu'ils sont d'autant plus difficiles à déterminer qu'ils n'ont aucun contenu scientifique valable (Devroey-Zoller, *ce volume*, p. 44)! Certaines contributions soulignent le danger d'inflation verbale (ainsi Rigaux, *ce volume*, p. 66), rejoignant ainsi une loi sémantique connue selon laquelle le nombre de sens d'un terme est directement proportionnel à la fréquence de ses occurrences: «la définition implicite des droits de l'homme est d'une imprécision extrême; son champ d'application s'étend à l'infini au point de perdre tout sens spécifique» et ce «concept des droits de l'homme (...) risque de finir par ne plus rien signifier» (Ringelheim, *ce volume*, p. 73-74). En théorie de l'information, cela s'exprime par la loi selon laquelle le contenu informationnel d'un élément linguistique est inversement proportionnel à sa probabilité d'occurrence. Néanmoins, sous l'aspect éthique, marqué par l'indicatif à valeur probablement optative, les droits de l'homme «marquent la frontière qui sépare la civilisation de la barbarie» (*idem*, p. 74), encore que les deux concepts de «civilisation» et de «barbarie» soient utilisés sans qu'on puisse en préciser le sens autrement que par un système d'autoréférences. Ceci renvoie également à une «compréhension *instinctive* du concept de 'droits de l'homme'» (Rigaux, *ce volume*, p. 66). Dans un contexte un peu différent, on retrouve la même difficulté langagière dans la relation entre «logique» et langage lorsqu'on propose de «trouver un cadre de référence conceptuel, aussi logique que possible» (Cassiers, *ce volume*, p. 140, et aussi p. 142: «l'aspect logique de la combinatoire du langage...»)[16].

Les recours implicites ou explicites au langage sont très fréquents; certaines expressions les multiplient d'ailleurs, par exemple (les italiques sont de nous): «la *notion* de *préméditation* peut être (...) *traduite* au plan *conceptuel* en psychologie» (Seron, *ce volume*, p. 90). Citons encore quelques exemples: la nécessité d'une définition de l'*homme* (*idem*, pp. 82 & 88), du *mariage* (Lohlé-Tart et Remiche, *ce volume*, pp. 185 et ss.), de la *nubilité* (*idem*, p. 186), de *vie utile* (*idem*, p. 193), le *vocabulaire* des sciences de l'information (Seron, *ce volume*, p. 93), le *vocabulaire* des travailleurs sociaux (Feyereisen, *ce volume*, p. 101), *langage et désir* (Martens, *ce volume*, p. 110), etc.[17]. Chaque exemple appellerait des commentaires, tels le concept de «vie utile» (Lohlé-Tart et Remiche, *ce volume*, p. 193) ou celui d'un passeport «interne» évidemment lié à celui de «frontière» (*idem*, p. 195). Les auteurs, comme chaque usager de sa langue, se sont d'ailleurs souvent interrogés sur le sens à donner à tel ou tel terme; ainsi, au sujet de l'«optimum» (*idem*, p. 181) défini comme le «bien-être économique maximum pour tous» avec toute la discussion sur cette interprétation (pp. 181 et 55) et à laquelle on pourrait encore ajouter que le sens de l'expression dépend encore de ce qu'on entend par «tous» (selon qu'on inclut ou non telle catégorie, comme les enfants ou les vieillards, etc.). Dans le passage concernant l'opposition entre nomades et sédentaires (*idem*, p. 197), l'opposition «droits»-«devoirs» est renversée selon le point de vue nomade ou le point de vue sédentaire sur le fait de se fixer en un endroit. Dans nos sociétés, on pourrait de même opposer le «droit» ou le «devoir» au travail selon les situations personnelles, sociales, etc.

Deux passages méritent cependant un bref commentaire du fait de leur importance théorique pour la suite de notre propos. Tout d'abord celui où se distinguent des droits du groupe et des droits de l'individu (Feyereisen, *ce volume*, p. 105). Feyereisen y rappelle qu'«individu et société ne sont pas des pôles antagonistes, mais des notions corrélées». La spécificité du langage est précisément qu'il renvoie également et simultanément à ces deux pôles. Comme on a eu ailleurs l'occasion de le souligner[18], il y a donc toujours la possibilité d'une trahison par le langage soit du groupe, soit de l'individu, et par là même possibilité d'une violence. L'autre exemple est cité par Cassiers (*ce volume*, p. 143): il s'agit de l'expérience de Rosenhan dont les aspects embarrassants sont soulignés à juste titre. Il nous semble qu'il faudrait en outre souligner que le langage, symbole et condition de la vie sociale, implique un large consensus sémantique dans le groupe. Un désaccord interprétatif, ou encore davantage un investissement sémantique différent voire opposé, provoque des réactions de rejet selon les deux «explications» désormais classiques de la folie ou de la délinquance. Cet aspect du caractère souvent perçu comme antisocial d'une interprétation divergente éclaire, sans la justifier, la pratique de l'hospitalisation psychiatrique des dissidents soviétiques.

La nécessaire mais difficile distanciation par rapport aux fonctions de son propre langage doit nous inciter à davantage de prudence encore lorsqu'il s'agit d'autres langages et d'autres cultures. Ce sera le second point abordé.

2. Des langages

On minimise généralement l'importance du recours à une autre langue pour exprimer sa pensée. La tendance naturelle de l'homme à l'ethnocentrisme qui le pousse, à l'instar des Grecs de l'antiquité traitant tous les allophones de Barbares, à supposer «logique» et par conséquent «universelle» sa manière de penser et de parler est évidemment renforcée par les succès économiques, militaires, scientifiques ou religieux remportés sur d'autres peuples. Dans l'histoire externe des langues, on constate qu'on attribue d'autant plus de «qualités» (clarté, beauté, richesse d'expression, etc.) à sa langue qu'elle acquiert de poids par rapport à d'autres langues. Il y a là un curieux phénomène d'admiration narcissique dont on retrouvera plus loin d'autres manifestations. A cet égard, et sans qu'on puisse même proposer une solution, n'y a-t-il pas au moins manque d'égards face aux autres peuples que de leur parler de leurs «droits» autrement que dans les termes de leur culture, autrement que dans les mots de leur propre langue? Nous n'insisterons pas sur ce point, quoiqu'il mériterait à lui seul un important et long développement, mais le fait que la question n'ait même pas été posée (ni ici, ni ailleurs à notre connaissance) est également très significatif!

Dans un ouvrage posthume, Koestler[19] rappelle combien «changer de langue est un processus de métamorphose d'une immense complexité», métamorphose qui ne peut toutefois s'opérer réellement que si on vit dans le milieu où se parle et se vit cette autre langue. Dans un autre passage du même ouvrage, Koestler rapporte les propos de Yakovlev, directeur du *Literaturny Sovremennik*, revue dissidente et immigrée, fondée grâce à la générosité de Koestler. Yakovlev écrit à son mécène: «Pendant vingt-cinq ans 'là-bas' et pendant cinq ans ici, nous avons attendu ce miracle de pouvoir écrire ce que nous pensions et de voir publié ce que nous écrivions»[20]. J'ajouterai à ce témoignage celui d'un prisonnier argentin libéré il y a trois ou quatre ans et réfugié en Belgique (probablement grâce à l'intervention d'*Amnesty International*): ce juriste argentin m'a confié toute son amertume après un séjour belge d'un an ou deux, devant ce qui lui semblait être la totale incompréhension de la population belge non seulement face à ce qu'il avait vécu en prison, mais plus fondamentalement en regard de la vie argentine. Cette incommunicabilité de son vécu à des gens dont il présupposait, sans doute à juste titre, la sympathie lui paraissait presque aussi insupportable ou parfois même plus insupportable que la prison argentine! Ces remarques doivent nous conduire à une extrême prudence, qui ne peut se résumer à des précautions oratoires, lorsqu'il s'agit de transposer d'une langue dans une autre ou de tenter de percevoir à travers des mots doublement étrangers un vécu venu d'ailleurs. Nous verrons qu'en un certain sens ces précautions s'avèreront insuffisantes devant des prétentions d'universalisation. Ceux qui travaillent sur des sociétés différentes des nôtres sont coutumiers de ces difficultés. Todd rappelle opportunément[21], à propos du Sud-Est asiatique, combien les cadres référentiels habituels sont inadéquats tant dans le domaine politologique que dans celui des réalités anthropologiques (par exemple, dans le domaine des structures familiales), si bien que certains auteurs se sont même demandés s'il existait, à Bali notamment, un système de parenté!

A ce stade de notre réflexion, nous retiendrons comme premier avertissement des difficultés d'universalisation, les problèmes et impasses bien connues de la traduction. Sans recourir à d'autres textes que ceux recueillis dans ce volume, on notera deux manifestations de ces difficulés que l'on se contentera d'illustrer de quelques exemples. Une première manifestation réside dans l'approximation des traductions ou paraphrases, approximations qui ne sont évidemment pas imputables à la mauvaise connaissance des langues chez les auteurs dont proviennent les exemples (ce qui n'exclut pas ce facteur dans d'autres situations...!), mais qui ne sont que l'aboutissement langagier du caractère aussi irréductible d'une culture et d'une langue à une autre culture et à une autre langue. Bien entendu, une manière de se tirer d'embarras — du moins en apparence ou jusqu'à un certain point! — consiste à... ne pas traduire: par exemple *freedoms from* en regard des *freedoms to* (Haarscher, *ce volume*, p. 30) ou *Führerprinzip*, *Lebensraum* (Devroey-Zoller, *ce volume*, p. 45) ou encore, avec en surcroît la mise à distance sémantique des guillemets, *fair «equality of opportunities»* (Haarscher, *ce volume*, p. 30). Le fait que, dans des cas tels que *Lebensraum*, les intellectuels occidentaux comprennent et le terme et ses références culturelles spécifiques n'infirme pas notre interprétation puisque c'est précisément grâce à leur formation, notamment dans ce contexte historique et culturel précis, qu'ils sont à même de comprendre le terme. D'ailleurs, par précaution, il n'est pas rare qu'un auteur explicite ensuite le terme pour éviter tout malentendu. Ainsi (*idem*, p. 30) *fair «equality of opportunities»* est explicité en trois lignes. Cet usage en français de termes issus d'autres langues (et inversement en anglais, etc.) est la seconde manifestation d'une impossible universalisation (autre exemple: Jacob, *ce volume*, pp. 48 et ss; etc.).

L'illusion (tenace) d'une traductibilité universelle et de l'existence d'équivalences formelles — c'est-à-dire linguistiques — possibles engendre l'illusion (aussi tenace) de caractères humains universels exprimables de façon précise, par exemple, en termes de droit. En principe, les disciplines scientifiques qui ont pour objet l'étude d'autres peuples ou d'autres périodes devraient permettre, non d'échapper à ces difficultés — ce serait impossible — mais d'en mieux mesurer l'impact. Malheureusement, bien souvent il arrive qu'on recourt simplement aux éléments de la langue du descripteur en lui attribuant de fait, sinon en théorie, les propriétés métalinguistiques d'un langage véritablement scientifique. Le désir d'étendre l'usage d'un concept à l'univers ne peut se faire, en fonction de la nature même du langage, que de deux manières. Ou bien (comme on l'a vu plus haut) on utilise une extension corrélative du sens: plus le terme sera largement utilisé, plus il sera polysémique jusqu'au passage à la limite où il ne signifiera plus rien; ou bien on *impose* le mot et un sens bien précis dans l'usage universel, et dans ce cas l'illusion pourrait être préservée un certain temps d'un plurilinguisme conservé par le simple calque de ce terme dans diverses langues. C'est la position que défend également Villey à partir d'arguments strictement juridiques. Cet auteur souligne bien que «le droit est *rapport* entre *des* hommes, multilatéral. Que vous en ayez conscience ou non, quand vous faites usage du mot 'droit', il s'agit d'une relation. Comment pourrait-on inférer une *relation* couvrant plusieurs termes, d'un terme unique: l'Homme?» (italiques dans le texte)[22]. Vérité apparemment décevante et démobilisante que connaissent bien les comparatistes, qu'ils soient littéraires, juristes, linguistes ou encore économistes, etc., et qu'on retrouve largement exprimée dans les grands travaux de Constantinesco[23] pour nous en tenir au domaine du droit comparé.

En fait, les prétentions à l'universalité ne peuvent évoluer, selon les propos énergiques et clarifiants de Lévi-Strauss[24], «que vers des formules équivalentes à celles du parti unique ou vers une liberté ravageuse et dévoyée sous l'effet de laquelle les idées, livrées à elles-mêmes, se combattent jusqu'à perdre toute leur substance»! Contrairement aux apparences, ces particularités linguistiques, manifestes lorsqu'il s'agit d'institutions ou largement de réalités culturelles, appartiennent également au langage scientifique des sciences de la matière. C'est ce qu'avoue Oppenheimer[25]: «lorsque nous exposons la vérité scientifique, les conditions spéciales de sa découverte ne sont jamais très éloignées de nos esprits, et elles s'opposent, comme un bouclier protecteur, à son acceptation illimitée et universelle». Ces réflexions ne sont que le reflet anthropologique des propriétés nécessairement particularisantes de tout langage.

Dans la mesure où les discours sur les droits de l'homme ne s'accompagnent pas d'un réel partage sur cette planète, on devra en outre suspecter cette «institutionalisation langagière», comme l'appelle Laborit[26], de n'être qu'un élément dans une gigantesque stratégie des grandes idéologies contemporaines, ou encore de n'être qu'une arme occidentale (ou au moins une des armes occidentales) dans le conflit opposant l'Ouest à l'Est. De la même manière, on peut interpréter le rejet du discours sur les droits de l'homme par les pays de l'Est dans la même ligne que le refus de prendre en compte les disciplines comparatives dans ces pays, comme c'est le cas par exemple pour le droit comparé[27].

L'évolution du droit comparé dans les pays de l'Est révèle clairement les enjeux du comparatisme et de l'universalisme. En effet, ce qui est en cause c'est l'incapacité fondamentale des idéologies à accepter la «concurrence»: se proposant spontanément comme devant s'imposer universellement, chaque idéologie ne peut tolérer l'existence et par conséquent la compréhension d'autres manières de voir et de vivre que pour autant que ces dernières soient perçues comme réductibles politiquement ou au moins conceptuellement dans un plan, implicite (modèle occidental) ou explicite (modèle communiste), d'uniformisation planétaire. Ceci est vrai pour le droit comparé soviétique qui n'est envisageable qu'en tant que critique du «droit bourgeois», ou en tant qu'instrument d'une politique d'uniformisation juridique des pays socialistes, ou enfin en tant que modalités pratiques d'accommodements avec les pays occidentaux. En aucune manière, ce droit ne pourrait «se dissoudre» dans une réflexion qui puisse mettre en cause la vérité marxiste-léniniste ou la marche victorieuse vers la victoire finale de cette idéologie. Paradoxalement, le droit soviétique ne peut accepter les présupposés universalistes de la plupart des théories sur les droits de l'homme; mais ce paradoxe n'est qu'apparent, puisqu'il s'agit tout simplement de l'impossibilié, pour un esprit logique cartésien du moins, d'admettre la coexistence ou même l'existence de deux discours universalistes contradictoires.

Complémentairement, on a constaté depuis longtemps que le discours sur les droits de l'homme est un discours essentiellement occidental, et la question est encore pendante de savoir s'il faut ou non le considérer comme une manifestation de la «culture» et de l'idéologie occidentale. La question est complexe et a été reprise en plusieurs passages de cet ouvrage. Nous souhaiterions, dans le contexte que nous avons choisi de souligner, relever certains aspects de ce problème. Tout d'abord, on constate également que le reste du monde refuse plus ou moins la théorie des droits de l'homme, sauf dans le cadre de certaines négociations (accords commerciaux sous l'Administration Carter, accords d'Helsinki, etc.) ou dans celui d'instruments internationaux (Déclaration Universelle des Droits de l'Homme, etc.). L'Occident s'empresse d'ailleurs de reprocher à la plupart des autres pays de ne pas respecter tel ou tel aspect de ces droits. Pour autant qu'il soit possible d'établir une échelle comparative des cultures d'une part, et des manquements aux droits de l'homme de l'autre, il nous semblerait, au regard des *Rapports Annuels* d'*Amnesty International*, que les manquements aux droits de l'homme sont d'autant plus fréquents et graves que le pays envisagé est loin de nous culturellement et économiquement. Ceci aurait deux interprétations possibles: ou bien l'Occident respecte en fait mieux la personne humaine dans ses diverses composantes (*cfr.* ci-dessous), ou bien il s'agit là d'une simple illusion ethnocentrique occultant la réalité (que celle-ci soit d'ailleurs bonne ou mauvaise!).

Chacune de ces deux hypothèses mérite d'être approfondie. A supposer que l'Occident respecte en fait mieux les droits de l'homme, à quoi faudrait-il attribuer ce comportement? Serait-ce que l'Occident aurait atteint un stade plus «avancé» de «moralité», serait-ce dû à davantage de «démocratie», serait-ce une retombée involontaire d'un développement technologique et économique plus grand? Cette question n'est jamais abordée, nous semble-t-il, et pourtant elle devrait apporter une meilleure compréhension des (violations des) droits de l'homme. En effet si, par exemple, il devait s'avérer que l'ensemble des droits de l'homme sont mieux respectés en Occident (en supposant qu'on puisse tenir un tel discours et qu'il ait du sens, mais c'est la thèse souvent avancée ici!) du fait d'un meilleur développement économique, il en découlerait qu'un discours destiné au Tiers Monde sur la problématique des droits de l'homme ne pourrait guère avoir d'effets tant que la situation économique de ces pays ne serait pas améliorée. S'obstiner dans cette attitude serait le signe d'une violente naïveté ou d'un cynisme écœurant de la part de l'Occident (à d'autres égards, le même raisonnement vaudrait pour les pays de l'Est). On touche ainsi à l'autre hypothèse évoquée plus haut, d'un discours occidental à la fois gratifiant et autojustificateur: l'Occident aurait ainsi le bénéfice cumulé d'un meilleur niveau de vie économique et de meilleures conditions d'épanouissement individuel et collectif, cela notamment «parce qu'» il respecte davantage un certain système de valeurs dont les droits de l'homme seraient l'expression partielle.

La facilité avec laquelle l'Occident semble accepter sa responsabilité *passée* dans de graves violations des droits de l'homme, ou le perfectionnisme verbal dans lequel l'Occident paraît reconnaître l'existence de manquements *actuels* (mineurs) dans nos propres pays[28], est une attitude humble[29] qui ne nous empêche cependant pas d'avoir une cécité rebelle dans la question de notre responsabilité face aux violations des droits de l'homme dans le monde actuel. Notre discours peut même aboutir, suprême paradoxe, à augmenter ces violations ailleurs; par exemple, les pénalités financières décidées par l'Administration Carter contre les importations en provenance des pays où les droits de l'homme étaient gravement violés — ainsi l'Argentine à l'époque —, ont eu comme conséquence pour les USA une diminution des dépenses et, pour ces pays, une augmentation de la pression économique déjà intolérable et, par ricochet, une aggravation de la tension sociale et des mesures policières visant au «maintien de l'ordre», c'est-à-dire en définitive le contraire du but initial officiel et conscient! Le caractère gratifiant et autosatisfacteur de la défense des droits de l'homme en Occident se manifeste encore accessoirement dans l'agressivité dont est généralement l'objet celui qui mettrait en doute, même à titre d'hypothèse, la générosité de ses défenseurs... Il semble que peu d'Occidentaux soient disposés à entendre les propos de Galeano[30]: «chaque fois que l'impérialisme se met à exalter ses propres vertus, il convient néanmoins de consulter son porte-monnaie».

Conclusion

La place qui nous est impartie nous interdit de poursuivre davantage cette analyse. En guise de conclusion, il paraît opportun de rappeler les dangers inhérents à l'expansion sémantique, inévitables particulièrement lorsque les mots sont appelés simultanément à davantage d'abstraction et à recouvrir de nombreuses situations concrètes; dans cette situation se produiront fréquemment des confusions ou des distorsions sémantiques, c'est-à-dire des malentendus.

En second lieu, les divers spécialistes des sciences de l'homme devraient se souvenir des conséquences perceptuelles qui découlent de l'impossibilité de traduire, et du travail d'approche infiniment long pour se représenter des équivalences linguistiques approximatives et pour prendre conscience des éléments sémantiques que ces approximations ajoutent ou au contraire soustraient à un texte initial. La tâche est à peu près insurmontable si on veut l'entreprendre dans le respect de la sensibilité de chacune des parties en présence; elle devient tout à fait impossible si on ambitionne de la poursuivre à un niveau planétaire.

L'illusion d'un discours universel ne peut donc être obtenue qu'au prix de ce qu'on prétendait préserver: en effet, si on veut tenir un *discours* universel, ce ne peut être que dans *un seul* système conceptuel et langagier, c'est-à-dire qu'on tient pour nulle toute autre conception et organisation du monde reflétée par les autres langues.

Il nous paraît dès lors que la difficulté majeure en ce qui concerne les droits de l'homme réside dans leur formulation juridique, c'est-à-dire leur expression langagière, qui ne peut se vouloir universelle sans tomber à la fois dans la contradiction et dans l'effroyable irrespect de l'homme qu'il faut malgré tout constater en trop d'endroits. Sans doute, la cause de l'humanité y gagnerait-elle beaucoup à creuser ce paradoxe : il est difficile et périlleux de parler des droits de l'homme d'une manière générale sans, de ce fait, les violer, ou de se taire à leur sujet sans devenir complice d'innombrables violences!

NOTES

[1] On consultera par exemple Fourez, 1982 pour ce type de réflexion. Voir également Boné, 1982, pp. 81 ou 83.

[2] Ce paragraphe est largement inspiré de Ladrière, 1982.

[3] Pour Ladrière, ces «autres systèmes» sont, d'une part ceux des réalités matérielles, d'autre part les systèmes spécifiquement humains (liés à la conscience, la subjectivité, etc.).

[4] «Elle l'assume par le fait qu'elle fournit une certaine idée de la rationalité et qu'elle fait abusivement croire que les mesures qui sont prises aux plans économique et politique le sont avec les exigences de la rationalité. Comme la science paraît avoir une valeur par elle-même, tout ce qui se recommande de la rationalité scientifique sera *ipso facto* justifié. Il se produit en somme une sorte de dérivation de la rationalité scientifique vers la rationalité politique au travers de la rationalité économique et c'est dans cette dérivation que se joue l'effet de distorsion idéologique» (Ladrière, *op. cit.*, p. 201).

[5] Tort, 1983.

[6] Tort, *op. cit.*, thèse n° 11, p. 198. Voir également pp. 257 et ss.

[7] *Idem*, p. 253.

[8] *Idem*, p. 166.

[9] De la relativité du savoir: «Un confrère de Saïgon me disait qu'un pays en guerre, c'est celui où l'on prend le claquement d'une porte d'auto pour l'explosion d'une bombe, un pays en paix celui où l'on croit, quand une bombe explose, qu'il s'agit du raté d'un moteur» (Lacouture, 1982, p. 20).

[10] Voir Ladrière, *op. cit.*

[11] Soljenitsyne, 1974-76, vol. 2, p. 460.

[12] Agi, 1984, p. 218.

[13] Bunge, 1983, pp. 163 et ss.

[14] Cabot, 1977.
[15] Lacoste, 1977.
[16] Nous avons renoncé à aborder ici la question très complexe des relations langage, pensée, logique et «réalité».
[17] La place manque pour reprendre l'ensemble des termes dont la définition devrait être précisée, ou même les passages faisant explicitement référence au langage en tant qu'instrument d'analyse. Citons en vrac: pp. 122, 131, 132, 137, 140, 153, 154, 155, 159-160, 172, 176, 182, 192, 193, 198.
[18] Jucquois, 1978, pp. 212 et ss.
[19] Koestler, 1984, p. 266.
[20] *Idem*, p. 118.
[21] Todd, 1983, p. 214.
[22] Villey, 1983, p. 154.
[23] Constantinesco, 1983.
[24] Lévi-Strauss, 1983, p. 378.
[25] Oppenheimer, 1972, pp. 14-15.
[26] Laborit, 1983, p. 158.
[27] Constantinesco, *op. cit.*, pp. 139 et ss.
[28] Encore qu'on voie paraître les derniers temps des thèses «déculpabilisantes», telles que les ouvrages de Bruckner (1983) ou Rangel (1982). *Cfr.* ici aussi, pour le rôle de rationalisation *a posteriori* que l'on fait jouer à l'histoire: Devroey-Zoller, *ce volume*, pp. 33 et ss. On ne peut manquer de voir l'analogie structurale herméneutique avec le rapport Krouchtchev en 1956. *Cfr.* encore les remarques pertinentes sur la fonction justificatrice et mystificatrice de l'histoire: Jacob, *ce volume*, pp. 48 et ss.
[29] *Cfr.* ce que dit de cette attitude Mgr. Pezeril en introduction à Hirsch, 1984, pp. XII et ss., *Christianisme et droits de l'homme*.
[30] Galeano, 1981, p. 287.

Annexes

ANNEXE A

« Déclaration des Droits de l'Homme et du Citoyen », adoptée par l'Assemblée Nationale (constituante) française en 1789 (transcrite en français contemporain).

Préambule

Les représentants du peuple français constitués en assemblée nationale, considérant que l'ignorance, l'oubli ou le mépris de l'homme sont les seules causes des malheurs publics et de la corruption des gouvernements, ont résolu d'exposer dans une déclaration solennelle les droits naturels, inaliénables et sacrés de l'homme, afin que cette déclaration, constamment présente à tous les membres du corps social, leur rappelle sans cesse leurs droits et leurs pouvoirs; afin que les actes du pouvoir législatif et ceux du pouvoir exécutif, pouvant être à chaque instant comparés avec le but de toute institution politique, en soient plus respectés; afin que les réclamations des citoyens, fondées désormais sur des principes simples et incontestables, tournent toujours au maintien de la constitution et du bonheur de tous.

En conséquence, l'assemblée nationale reconnaît et déclare, en présence et sous les auspices de l'Etre Suprême, les droits suivants de l'homme et du citoyen.

Article 1

Les hommes naissent et demeurent libres et égaux en droits; les distinctions sociales ne peuvent être fondées que sur l'utilité commune.

Article 2

Le but de toute association politique est la conservation des droits naturels et imprescriptibles de l'homme; ces droits sont la liberté, la propriété, la sûreté et la résistance à l'oppression.

Article 3

Le principe de toute souveraineté réside essentiellement dans la nation : nul corps, nul individu ne peut exercer d'autorité qui n'en émane expressément.

Article 4

La liberté consiste à pouvoir faire tout ce qui ne nuit pas à autrui. Ainsi, l'exercice des droits naturels de chaque homme n'a de bornes que celles qui assurent aux autres membres de la société la jouissance de ces mêmes droits; ces bornes ne peuvent être déterminées que par la loi.

Article 5

La loi n'a le droit de défendre que les actions nuisibles à la société. Tout ce qui n'est pas défendu par la loi ne peut être empêché, et nul ne peut être contraint à faire ce qu'elle n'ordonne pas.

Article 6

La loi est l'expression de la volonté générale; tous les citoyens ont droit de concourir personnellement, ou par leurs représentan(t)s, à sa formation; elle doit être la même pour tous, soit qu'elle protège, soit qu'elle punisse. Tous les citoyens étant égaux à ses yeux, sont également admissibles à toutes dignités, places et emplois publics, selon leur capacité, et sans autres distinctions que celles de leurs vertus et de leurs talents.

Article 7

Nul homme ne peut être accusé, arrêté, ni détenu que dans les cas déterminés par la loi et selon les formes qu'elle a prescrites. Ceux qui sollicitent, expédient, exécutent ou font exécuter des ordres arbitraires doivent être punis; mais tout citoyen appelé ou saisi en vertu de la loi, doit obéir à l'instant : il se rend coupable par la résistance.

Article 8

La loi ne doit établir que des peines strictement et évidemment nécessaires et nul ne peut être puni qu'en vertu d'une loi établie et promulguée antérieurement au délit et légalement appliquée.

Article 9

Tout homme étant présumé innocent jusqu'à ce qu'il ait été déclaré coupable, s'il est jugé indispensable de l'arrêter, toute rigueur qui ne serait pas nécessaire pour s'assurer de sa personne doit être sévèrement réprimée par la loi.

Article 10

Nul ne doit être inquiété pour ses opinions, même religieuses, pourvu que leur manifestation ne trouble pas l'ordre public établi par la loi.

Article 11

La libre communication des pensées et des opinions est un des droits les plus précieux de l'homme; tout citoyen peut donc parler, écrire, imprimer librement, sauf à répondre de l'abus de cette liberté dans les cas déterminés par la loi.

Article 12

La garantie des droits de l'homme et du citoyen nécessite une force publique; cette force est donc instituée pour l'avantage de tous, et non pour l'utilité particulière de ceux à qui elle est confiée.

Article 13

Pour l'entretien de la force publique et pour les dépenses d'administration, une contribution commune est indispensable; elle doit être également répartie entre tous les citoyens en raison de leurs facultés.

Article 14

Les citoyens ont le droit de constater par eux-mêmes ou par leurs représentants la nécessité de la contribution publique, de la consentir librement, d'en suivre l'emploi et d'en déterminer la quotité, l'assiette, le recouvrement et la durée.

Article 15

La société a le droit de demander compte à tout agent public de son administration.

Article 16

Toute société dans laquelle la garantie des droits n'est pas assurée ni la séparation des pouvoirs déterminée, n'a point de constitution.

Article 17

Les propriétés étant un droit inviolable et sacré, nul ne peut en être privé, si ce n'est lorsque la nécessité publique légalement constatée l'exige évidemment, et sous la condition d'une juste et préalable indemnité.

Suit alors le texte de la première Constitution post-révolutionnaire.

ANNEXE B

« Déclaration Universelle des Droits de l'Homme », adoptée et proclamée par l'Assemblée Générale des Nations Unies le 10 décembre 1948 (résolution 217 A III).

Préambule

Considérant que la reconnaissance de la dignité inhérente à tous les membres de la famille humaine et de leurs droits égaux et inaliénables constitue le fondement de la liberté, de la justice et de la paix dans le monde,

Considérant que la méconnaissance et le mépris des droits de l'homme ont conduit à des actes de barbarie qui révoltent la conscience de l'humanité et que l'avènement d'un monde où les êtres humains seront libres de parler et de croire, libérés de la terreur et de la misère, a été proclamé comme la plus haute aspiration de l'homme,

Considérant qu'il est essentiel que les droits de l'homme soient protégés par un régime de droit pour que l'homme ne soit pas contraint, en suprême recours, à la révolte contre la tyrannie et l'oppression,

Considérant qu'il est essentiel d'encourager le développement de relations amicales entre nations,

Considérant que dans la Charte les peuples des Nations Unies ont proclamé à nouveau leur foi dans les droits fondamentaux de l'homme, dans la dignité et la valeur de la personne humaine, dans l'égalité des droits des hommes et des femmes, et qu'ils se sont déclarés résolus à favoriser le progrès social et à instaurer de meilleures conditions de vie dans une liberté plus grande,

Considérant que les Etats Membres se sont engagés à assurer, en coopération avec l'Organisation des Nations Unies, le respect universel et effectif des droits de l'homme et des libertés fondamentales,

Considérant qu'une conception commune de ces droits et libertés est de la plus haute importance pour remplir pleinement cet engagement,

L'assemblée générale

Proclame la présente Déclaration universelle des droits de l'homme comme l'idéal commun à atteindre par tous les peuples et toutes les nations afin que tous les individus et tous les organes de la société, ayant cette Déclaration constamment à l'esprit, s'efforcent, par l'enseignement et l'éducation, de développer le respect de ces droits et libertés et d'en assurer, par des mesures progressives d'ordre national et international, la reconnaissance et l'application universelles et effectives, tant parmi les populations des Etats Membres eux-mêmes que parmi celles des territoires placés sous leur juridiction.

Article 1

Tous les êtres humains naissent libres et égaux en dignité et en droit. Ils sont doués de raison et de conscience et doivent agir les uns envers les autres dans un esprit de fraternité.

Article 2

1. Chacun peut se prévaloir de tous les droits et de toutes les libertés proclamés dans la présente Déclaration, sans distinction aucune, notamment de race, de couleur, de sexe, de langue, de religion, d'opinion politique ou de toute autre opinion, d'origine nationale ou sociale, de fortune, de naissance ou de toute autre situation.

2. De plus, il ne sera fait aucune distinction fondée sur le statut politique, juridique ou international du pays ou du territoire dont une personne est ressortissante, que ce pays ou territoire soit indépendant, sous tutelle, non autonome ou soumis à une limitation quelconque de souveraineté.

Article 3

Tout individu a droit à la vie, à la liberté et à la sûreté de sa personne.

Article 4

Nul ne sera tenu en esclavage ni en servitude; l'esclavage et la traite des esclaves sont interdits sous toutes leurs formes.

Article 5

Nul ne sera soumis à la torture, ni à des peines ou traitements cruels, inhumains ou dégradants.

Article 6

Chacun a le droit à la reconnaissance en tous lieux de sa personnalité juridique.

Article 7

Tous sont égaux devant la loi et ont droit sans distinction à une égale protection de la loi. Tous on droit à une protection égale contre toute discrimination qui violerait la présente Déclaration et contre toute provocation à une telle discrimination.

Article 8

Toute personne a droit à un recours effectif devant les juridictions nationales compétentes contres les actes violant les droits fondamentaux qui lui sont reconnus par la constitution ou par la loi.

Article 9

Nul ne peut être arbitrairement arrêté, détenu ou exilé.

Article 10

Toute personne a droit, en pleine égalité, à ce que sa cause soit entendue équitablement et publiquement par un tribunal indépendant et impartial, qui décidera, soit de ses droits et obligations, soit du bien-fondé de toute accusation en matière pénale dirigée contre elle.

Article 11

1. Toute personne accusée d'un acte délictieux est présumée innocente jusqu'à ce que sa culpabilité ait été légalement établie au cours d'un procès public où toutes les garanties nécessaires à sa défense lui auront été assurées.

2. Nul ne sera condamné pour des actions ou omissions qui, au moment où elles ont été commises, ne constituaient pas un acte délictueux d'après le droit national ou international. De même, il ne sera infligé aucune peine plus forte que celle qui était applicable au moment où l'acte délictueux a été commis.

Article 12

Nul ne sera l'objet d'immixtions arbitraires dans sa vie privée, sa famille, son domicile ou sa correspondance, ni d'atteintes à son bonheur et à sa réputation. Toute personne a droit à la protection de la loi contre de telles immixtions ou de telles atteintes.

Article 13

1. Toute personne a le droit de circuler librement et de choisir sa résidence à l'intérieur de l'Etat.

2. Toute personne a le droit de quitter tout pays, y compris le sien, et de revenir dans son pays.

Article 14

1. Devant la persécution, toute personne a le droit de chercher asile et de bénéficier de l'asile en d'autres pays.

2. Ce droit ne peut être invoqué dans le cas de poursuites réellement fondées sur un crime de droit commun ou sur des agissements contraires aux buts et aux principes des Nations Unies.

Article 15

1. Tout individu a droit à une nationalité.

2. Nul ne peut être arbitrairement privé de sa nationalité, ni du droit de changer de nationalité.

Article 16

1. A partir de l'âge nubile, l'homme et la femme, sans aucune restriction quant à la race, la nationalité ou la religion, ont le droit de se marier et de fonder une famille. Ils ont des droits égaux au regard du mariage, durant le mariage et lors de sa dissolution.

2. Le mariage ne peut être conclu qu'avec le libre et plein consentement des futurs époux.

3. La famille est l'élément naturel et fondamental de la société et a droit à la protection de la société et de l'Etat.

Article 17

1. Toute personne, aussi bien seule qu'en collectivité, a droit à la propriété.

2. Nul ne peut être arbitrairement privé de sa propriété.

Article 18

Toute personne a droit à la liberté de pensée, de conscience et de religion; ce droit implique la liberté de changer de religion et de conviction ainsi que la liberté de manifester sa religion ou sa conviction, seule ou en commun, tant en public qu'en privé, par l'enseignement, les pratiques, le culte et l'accomplissement des rites.

Article 19

Tout individu a droit à la liberté d'opinion et d'expression, ce qui implique le droit de ne pas être inquiété pour ses opinions et celui de chercher, de recevoir et de répandre, sans considérations de frontières, les informations et les idées par quelque moyen d'expression que ce soit.

Article 20

1. Toute personne a droit à la liberté de réunion et d'association pacifiques.

2. Nul ne peut être obligé de faire partie d'une association.

Article 21

1. Toute personne a le droit de prendre part à la direction des affaires publiques de son pays, soit directement, soit par l'intermédiaire de représentants librement choisis.

2. Toute personne a droit à accéder, dans des conditions d'égalité, aux fonctions publiques de son pays.

3. La volonté du peuple est le fondement de l'autorité des pouvoirs publics; cette volonté doit s'exprimer par des élections honnêtes qui doivent avoir lieu périodiquement, au suffrage universel égal et au vote secret ou suivant une procédure équivalente assurant la liberté du vote.

Article 22

Toute personne, en tant que membre de la société, a droit à la sécurité sociale; elle est fondée à obtenir la satisfaction des droits économiques, sociaux et culturels indispensables à sa dignité et au libre développement de sa personnalité, grâce à l'effort national et à la coopération internationale, compte tenu de l'organisation et des ressources de chaque pays.

Article 23

1. Toute personne a droit au travail, au libre choix de son travail, à des conditions équitables et satisfaisantes de travail et à la protection contre le chômage.

2. Tous ont droit, sans aucune discrimination, à un salaire égal pour un travail égal.

3. Quiconque travaille a droit à une rémunération équitable et satisfaisante lui assurant ainsi qu'à sa famille une existence conforme à la dignité humaine et complétée, s'il y a lieu, par tous les autres moyens de protection sociale.

4. Toute personne a le droit de fonder avec d'autres des syndicats et de s'affilier à des syndicats pour la défense de ses intérêts.

Article 24

Toute personne a droit au repos et aux loisirs et notamment à une limitation raisonnable de la durée du travail et à des congés payés périodiques.

Article 25

1. Toute personne a droit à un niveau de vie suffisant pour assurer sa santé, son bien-être et ceux de sa famille, notamment pour l'alimentation, l'habillement, le logement, les soins médicaux ainsi que pour les services sociaux nécessaires; elle a droit à la sécurité en cas de chômage, de maladie, d'invalidité, de veuvage, de vieillesse ou dans les autres cas de perte de ses moyens de subsistance par suite de circonstances indépendantes de sa volonté.

2. La maternité et l'enfance ont droit à une aide et à une assistance spéciales. Tous les enfants, qu'ils soient nés dans le mariage ou hors du mariage jouissent de la même protection sociale.

Article 26

1. Toute personne a droit à l'éducation. L'éducation doit être gratuite, au moins en ce qui concerne l'enseignement élémentaire et fondamental. L'enseignement élémentaire est obligatoire. L'enseignement technique et professionnel doit être généralisé; l'accès aux études supérieures doit être ouvert en pleine égalité à tous en fonction de leur mérite.

2. L'éducation doit viser au plein épanouissement de la personne humaine et au renforcement du respect des droits de l'homme et des libertés fondamentales. Elle doit favoriser la compréhension, la tolérance et l'amitié entre toutes les nations et tous les groupes raciaux ou religieux, ainsi que le développement des activités des Nations Unies pour le maintien de la paix.

3. Les parents ont, par priorité, le droit de choisir le genre d'éducation à donner à leurs enfants.

Article 27

1. Toute personne a le droit de prendre part librement à la vie culturelle de la communauté, de jouir des arts et de participer au progrès scientifique et aux bienfaits qui en résultent.

2. Chacun a droit à la protection des intérêts moraux et matériels découlant de toute production scientifique, littéraire ou artistique dont il est l'auteur.

Article 28

Toute personne a droit à ce que règne, sur le plan social et sur le plan international, un ordre tel que les droits et libertés énoncés dans la présente Déclaration puissent y trouver plein effet.

Article 29

1. L'individu a des devoirs envers la communauté dans laquelle seul le libre et plein développement de sa personnalité est possible.

2. Dans l'exercice de ses droits et dans la jouissance de ses libertés, chacun n'est soumis qu'aux limitations établies par la loi exclusivement en vue d'assu-

rer la reconnaissance et le respect des droits et libertés d'autrui et afin de satisfaire aux justes exigences de la morale, de l'ordre public et du bien-être général dans une société démocratique.

3. Ces droits et libertés ne pourront, en aucun cas, s'exercer contrairement aux buts et aux principes des Nations Unies.

Article 30

Aucune disposition de la présente Déclaration ne peut être interprétée comme impliquant pour un Etat, un groupement ou un individu un droit quelconque de se livrer à une activité ou d'accomplir un acte visant à la destruction des droits et libertés qui y sont énoncés.

Cette « Déclaration » constitue en fait la première partie de la « charte internationale des droits de l'homme ». La suite, adoptée en décembre 1966, est composée :

a) du pacte international relatif aux droits économiques, sociaux et culturels;

b) du pacte international relatif aux droits civils et politiques;

c) d'un protocole facultatif se rapportant au pacte b.

Ces textes sont d'une grande importance mais ne pouvaient être insérés ici pour des raisons de place. Le lecteur est invité à les consulter. De même, il faut ajouter que l'O.N.U. dispose de toute une série d'autres textes, plus spécifiques, établissant les droits de l'homme en matière d'autodétermination, discrimination (raciale, sexuelle), crimes de guerre, esclavage et travail forcé, protection des prisonniers, nationalité et statut du réfugié, liberté d'information et d'association, emploi, droits politiques de la femme, cellule familiale, bien-être et progrès social, droit à la culture et relations culturelles internationales.

Nous avons toutefois indiqué, à l'annexe D, de larges extraits du « pacte international relatif aux droits civils et politiques », adopté par l'assemblée générale des Nations Unies en décembre 1966 et entré en vigueur en mars 1976. Il nous a paru important d'insérer ce texte :

a) pour son ampleur, puisqu'il énonce l'adhésion des Etats membres à la série des droits civils et politiques y mentionnés;

b) pour son contenu, éminemment important dans le cadre des droits de l'homme;

c) du fait qu'il est une référence explicite de nombreuses organisations intergouvernementales (O.N.U., O.E.A., Europe,...) ou non gouvernementales (internationales — ex. Amnesty — ou nationales).

ANNEXE C

« Convention Européenne de sauvegarde des droits de l'homme et des libertés fondamentales », adoptée à Rome le 4 novembre 1950 (extraits).

Préambule

Les gouvernements signataires, Membres du Conseil de l'Europe,

Considérant la Déclaration universelle des Droits de l'Homme, proclamée par l'Assemblée Générale des Nations Unies le 10 décembre 1948;

Considérant que cette Déclaration tend à assurer la reconnaissance et l'application universelles et effectives des droits qui y sont énoncés;

Considérant que le but du Conseil de l'Europe est de réaliser une union plus étroite entre ses Membres, et que l'un des moyens d'atteindre ce but est la sauvegarde et le développpement des droits de l'homme et des libertés fondamentales;

Réaffirmant leur profond attachement à ces libertés fondamentales qui constituent les assises mêmes de la justice et de la paix dans le monde et dont le maintien repose essentiellement sur un régime politique véritablement démocratique, d'une part, et, d'autre part, sur une conception commune et un commun respect des droits de l'homme dont ils se réclament;

Résolus, en tant que gouvernements d'Etats européens animés d'un même esprit et possédant un patrimoine commun d'idéal et de traditions politiques, de respect de la liberté et de prééminence du droit, à prendre les premières mesures propres à assurer la garantie collective de certains droits énoncées dans la Déclaration universelle,

Sont convenus de ce qui suit:

Article 1

Les Hautes Parties Contractantes reconnaissent à toute personne relevant de leur juridiction les droits et libertés définis au Titre I de la présente Convention.

TITRE I

Article 2

1. Le droit de toute personne à la vie est protégé par la loi. La mort ne peut être infligée à quiconque intentionnellement, sauf en exécution d'une sentence capitale prononcée par un tribunal au cas où le délit est puni de cette peine par la loi.

2. La mort n'est pas considérée comme infligée en violation de cet article dans le cas où elle résulterait d'un recours à la force rendu absolument nécessaire:
a) pour assurer la défense de toute personne contre la violence illégale;
b) pour effectuer une arrestation régulière ou pour empêcher l'évasion d'une personne régulièrement détenue;

c) pour réprimer, conformément à la loi, une émeute ou une insurrection.

Article 3

Nul ne peut être soumis à la torture ni à des peines ou traitements inhumains ou dégradants.

Article 4

1. Nul ne peut être tenu en esclavage ni en servitude.
2. Nul ne peut être astreint à accomplir un travail forcé ou obligatoire.
3. N'est pas considéré comme «travail forcé ou obligatoire» au sens du présent article:
a) tout travail requis normalement d'une personne soumise à la détention dans les conditions prévues par l'article 5 de la présente Convention, ou durant sa mise en liberté conditionnelle;
b) tout service de caractère militaire ou, dans les cas d'objecteurs de conscience dans les pays ou l'objection de conscience est reconnue comme légitime, un autre service à la place du service militaire obligatoire;
c) tout service requis dans le cas de crises ou de calamités qui menacent la vie ou le bien-être de la communauté;
d) tout travail ou service formant partie des obligations civiques normales.

Article 5

1. Toute personne a droit à la liberté et à la sûreté. Nul ne peut être privé de liberté, sauf dans les cas suivants et selon les voies légales:
a) s'il est détenu régulièrement après condamnation par un tribunal compétent;
b) s'il a fait l'objet d'une arrestation ou d'une détention régulières pour insoumission à une ordonnance rendue, conformément à la loi, par un tribunal ou en vue de garantir l'exécution d'une obligation prescrite par la loi;
c) s'il a été arrêté et détenu en vue d'être conduit devant l'autorité judiciaire compétente, lorsqu'il y a des raisons plausibles de soupçonner qu'il a commis une infraction ou qu'il y a des motifs raisonnables de croire à la nécessité de l'empêcher de commetre une infraction ou de s'enfuir après l'accomplissement de celle-ci;
d) s'il s'agit de la détention régulière d'un mineur, décidée pour son éducation surveillée ou de la détention régulière, afin de le traduire devant l'autorité compétente;
e) s'il s'agit de la détention régulière d'une personne susceptible de propager une maladie contagieuse, d'un aliéné, d'un alcoolique, d'un toxicomane ou d'un vagabond;
f) s'il s'agit de l'arrestation ou de la détention régulières d'une personne pour l'empêcher de pénétrer irrégulièrement dans le territoire, ou contre laquelle une procédure d'expulsion ou d'extradition est en cours.

2. Toute personne arrêtée doit être informée, dans le plus court délai et dans une langue qu'elle comprend, des raisons de son arrestation et de toute accusation portée contre elle.

3. Toute personne arrêtée ou détenue, dans les conditions prévues au paragraphe 1 c du présent article, doit être aussitôt traduite devant un juge ou un autre magistrat habilité par la loi à exercer des fonctions judiciaires et a le droit d'être jugée dans un délai raisonnable, ou libérée pendant la procédure. La mise en liberté peut être subordonnée à une garantie assurant la comparution de l'intéressé à l'audience.

4. Toute personne privée de sa liberté par arrestation ou détention a le droit d'introduire un recours devant un tribunal, afin qu'il statue à bref délai sur la légalité de sa détention et ordonne sa libération si la détention est illégale.

5. Toute personne victime d'une arrestation ou d'une détention dans des conditions contraires aux dispositions de cet article a droit à réparation.

Article 6

1. Toute personne a droit à ce que sa cause soit entendue équitablement, publiquement et dans un délai raisonnable, par un tribunal indépendant et impartial, établi par la loi, qui décidera, soit des contestations sur des droits et obligations de caractère civil, soit du bien-fondé de toute accusation en matière pénale dirigée contre elle. Le jugement doit être rendu publiquement, mais l'accès de la salle d'audience peut être interdit à la presse et au public pendant la totalité ou une partie du procès dans l'intérêt de la moralité, de l'ordre public ou de la sécurité nationale dans une société démocratique, lorsque les intérêts des mineurs ou la protection de la vie privée des parties au procès l'exigent, ou dans la mesure jugée strictement nécessaire par le tribunal, lorsque dans des circonstances spéciales la publicité serait de nature à porter atteinte aux intérêts de la justice.

2. Toute personne accusée d'une infraction est présumée innocente jusqu'à ce que sa culpabilité ait été légalement établie.

3. Tout accusé a droit notamment à :
a) être informé dans le plus court délai, dans une langue qu'il comprend et d'une manière détaillée, de la nature et de la cause de l'accusation portée contre lui;
b) disposer du temps et des facilités nécessaires à la préparation de sa défense;
c) se défendre lui-même ou avoir l'assistance d'un défenseur de son choix et, s'il n'a pas les moyens de rémunérer un défenseur, pouvoir être assisté gratuitement par un avocat d'office, lorsque les intérêts de la justice l'exigent;
d) interroger ou faire interroger les témoins à charge et obtenir la convocation et l'interrogation des témoins à charges;
e) se faire assister gratuitement d'un interprète, s'il ne comprend pas ou ne parle pas la langue employée à l'audience.

Article 7

1. Nul ne peut être condamné pour une action ou une omission qui, au moment où elle a été commise, ne constituait pas une infraction d'après le

droit national ou international. De même il n'est infligé aucune peine plus forte que celle qui était applicable au moment où l'infraction a été commise.

2. Le présent article ne portera pas atteinte au jugement et à la punition d'une personne coupable d'une action ou d'une omission qui, au moment où elle a été commise, était criminelle d'après les principes généraux de droit reconnus par les nations civilisées.

Article 8

1. Toute personne a droit au respect de sa vie privée et familiale, de son domicile et de sa correspondance.

2. Il ne peut y avoir ingérence d'une autorité publique dans l'exercice de ce droit que pour autant que cette ingérence est prévue par la loi et qu'elle constitue une mesure qui, dans une société démocratique, est nécessaire à la sécurité nationale, à la sûreté publique, au bien-être économique du pays, à la défense de l'ordre et à la prévention des infractions pénales, à la protection de la santé ou de la morale, ou à la protection des droits et libertés d'autrui.

Article 9

1. Toute personne a droit à la liberté de pensée, de conscience et de religion; ce droit implique la liberté de changer de religion ou de conviction, ainsi que la liberté de manifester sa religion ou sa conviction individuellement ou collectivement, en public ou en privé, par le culte, l'enseignement, les pratiques et l'accomplissement des rites.

2. La liberté de manifester sa religion ou ses convictions ne peut faire l'objet d'autres restrictions que celles qui, prévues par la loi, constituent des mesures nécessaires, dans une société démocratique, à la sécurité publique, à la protection de l'ordre, de la santé ou de la morale publiques, ou à la protection des droits et libertés d'autrui.

Article 10

1. Toute personne a droit à la liberté d'expression. Ce droit comprend la liberté d'opinion et la liberté de recevoir ou de communiquer des informations ou des idées sans qu'il puisse y avoir ingérence d'autorités publiques et sans considération de frontière. Le présent article n'empêche pas les Etats de soumettre les entreprises de radio-diffusion, de cinéma ou de télévision à un régime d'autorisations.

2. L'exercice de ces libertés comportant des devoirs et des responsabilités peut être soumis à certaines formalités, conditions, restrictions ou sanctions, prévues par la loi, qui constituent des mesures nécessaires, dans une société démocratique, à la sécurité nationale, à l'intégrité territoriale ou à la sûreté publique, à la défense de l'ordre et à la prévention du crime, à la protection de la santé ou de la morale, à la protection de la réputation ou des droits d'autrui, pour empêcher la divulgation d'informations confidentielles ou pour garantir l'autorité et l'impartialité du pouvoir judiciaire.

Article 11

1. Toute personne a droit à la liberté de réunion pacifique et à la liberté

d'association, y compris le droit de fonder avec d'autres des syndicats et de s'affilier à des syndicats pour la défense de leurs intérêts.

2. L'exercice de ces droits ne peut faire l'objet d'autres restrictions que celles qui, prévues par la loi, constituent des mesures nécessaires, dans une société démocratique, à la sécurité nationale, à la sûreté publique, à la défense de l'ordre et à la prévention du crime, à la protection de la santé ou de la morale, ou à la protection des droits et libertés d'autrui. Le présent article n'interdit pas que des restrictions légitimes soient imposées à l'exercice de ces droits par les membres des forces armées, de la police ou de l'administration de l'Etat.

Article 12

A partir de l'âge nubile, l'homme et la femme ont le droit de se marier et de fonder une famille selon les lois nationales régissant l'exercice de ce droit.

Article 13

Toute personne dont les droits et libertés reconnus dans la présente Convention ont été violés, a droit à l'octroi d'un recours effectif devant une instance nationale, alors même que la violation aurait été commise par des personnes agissant dans l'exercice de leurs fonctions officielles.

Article 14

La jouissance des droits et libertés reconnus dans la présente Convention doit être assurée, sans distinction aucune, fondée notamment sur le sexe, la race, la couleur, la langue, la religion, les opinions politiques ou toutes autres opinions, l'origine nationale ou sociale, l'appartenance à une minorité nationale, la fortune, la naissance ou toute autre situation.

Article 15

1. En cas de guerre ou en cas d'autre danger public menaçant la vie de la nation, toute Haute Partie Contractante peut prendre des mesures dérogeant aux obligations prévues par la présente Convention, dans la stricte mesure où la situation l'exige et à la condition que ces mesures ne soient pas en contradiction avec les autres obligations découlant du droit international.

2. La disposition précédente n'autorise aucune dérogation à l'article 2, sauf pour le cas de décès résultant d'actes licites de guerre, et aux articles 3, 4 (paragraphe 1) et 7.

3. Toute Haute Partie Contractante qui exerce ce droit de dérogation tient le Secrétaire Général du Conseil de l'Europe pleinement informé des mesures prises et des motifs qui les ont inspirées. Elle doit également informer le Secrétaire Général du Conseil de l'Europe de la date à laquelle ces mesures ont cessé d'être en vigueur et les dispositions de la Convention reçoivent de nouveau pleine application.

Article 16

Aucune des dispositions des articles 10, 11 et 14 ne peut être considérée comme interdisant aux Hautes Parties Contractantes d'imposer des restrictions à l'activité politique des étrangers.

Article 17

Aucune des dispositions de la présente Convention ne peut être interprétée comme impliquant pour un Etat, un groupement ou un individu, un droit quelconque de se livrer à une activité ou d'accomplir un acte visant à la destruction des droits ou libertés reconnus dans la présente Convention ou à des limitations plus amples de ces droits et libertés que celles prévues à ladite Convention.

Article 18

Les restrictions qui, aux termes de la présente Convention, sont apportées auxdits droits et libertés ne peuvent être appliquées que dans le but pour lequel elles ont été prévues.

Les titres II, III et IV instituent et précisent le fonctionnement, la composition et la mission de la « Commission européenne des droits de l'homme » et de la « Cour européenne des droits de l'homme ».

La Commission peut être saisie par toute personne, organisation ou Etat-membre qui pense imputer à un (autre) Etat-membre des manquements à la Convention. Elle procède à une enquête et propose une solution.

La Cour peut être saisie par la Commission ou un Etat-membre, après échec de cette solution. Sa compétence porte sur toute interprétation et application de la Convention. Les Etats-membres s'engagent à se conformer, sous contrôle du Comité des Ministres, aux décisions de la Cour.

TITRE V

Article 57

Toute Haute Partie Contractante fournira sur demande du Secrétaire Général du Conseil de l'Europe les explications requises sur la manière dont son droit interne assure l'application effective de toutes les dispositions de cette Convention.

Article 58

Les dépenses de la Commission et de la Cour sont à la charge du Conseil de l'Europe.

Article 59

Les membres de la Commission et de la Cour jouissent, pendant l'exercice de leurs fonctions, des privilèges et immunités prévus à l'article 40 du Statut du Conseil de l'Europe et dans les Accords conclus en vertu de cet article.

Article 60

Aucune des dispositions de la présente Convention ne sera interprétée comme limitant ou portant atteinte aux Droits de l'Homme et aux Libertés fondamentales qui pourraient être reconnus conformément aux lois de toute Partie Contractante ou à toute autre Convention à laquelle cette Partie Contractante est partie.

Article 61

Aucune disposition de la présente Convention ne porte atteinte aux pouvoirs conférés au Comité des Ministres par le Statut du Conseil de l'Europe.

Article 62

Les Hautes Parties Contractantes renoncent réciproquement, sauf compromis spécial, à se prévaloir des traités, conventions ou déclarations existant entre elles, en vue de soumettre, par voie de requête, un différend né de l'interprétation ou de l'application de la présente Convention à un mode de règlement autre que ceux prévus par ladite Convention.

Article 63

1. Tout Etat peut, au moment de la ratification ou à tout autre moment par la suite, déclarer, par notification adressée au Secrétaire Général du Conseil de l'Europe, que la présente Convention s'appliquera à tous les territoires ou à l'un quelconque des territoires dont il assure les relations internationales.

2. La Convention s'appliquera au territoire ou aux territoires désignés dans la notification à partir du trentième jour qui suivra la date à laquelle le Secrétaire Général du Conseil de l'Europe aura reçu cette notification.

3. Tout Etat qui a fait une déclaration conformément au premier paragraphe de cet article, peut, à tout moment par la suite, déclarer relativement à un ou plusieurs des territoires visés dans cette déclaration qu'il accepte la compétence de la Commission pour connaître des requêtes de personnes physiques, d'organisations non gouvernementales ou de groupes de particuliers conformément à l'article 25 de la présente Convention.

Article 64

1. Tout Etat peut, au moment de la signature de la présente Convention ou du dépôt de son instrument de ratification, formuler une réserve au sujet d'une disposition particulière de la Convention, dans la mesure où une loi alors en vigueur sur son territoire n'est pas conforme à cette disposition. Les réserves de caractère général ne sont pas autorisées aux termes du présent article.

2. Toute réserve émise conformément au présent article comporte un bref exposé de la loi en cause.

Article 65

1. Une Haute Partie Contractante ne peut dénoncer la présente Convention qu'après l'expiration d'un délai de cinq ans à partir de la date d'entrée en vigueur de la Convention à son égard et moyennant un préavis de six mois, donné par une notification adressée au Secrétaire Général du Conseil de l'Europe, qui en informe les autres Parties Contractantes.

2. Cette dénonciation ne peut avoir pour effet de délier la Haute Partie Contractante intéressée des obligations contenues dans la présente Convention en ce qui concerne tout fait qui, pouvant consituer une violation de ces obligations, aurait été accompli par elle antérieurement à la date à laquelle la dénonciation produit effet.

3. Sous la même réserve cesserait d'être Partie à la présente Convention toute Partie Contractante qui cesserait d'être Membre du Conseil de l'Europe.

4. La Convention peut être dénoncée conformément aux dispositions des paragraphes précédents en ce qui concerne tout territoire auquel elle a été déclarée applicable aux termes de l'article 63.

Article 66

1. La présente Convention est ouverte à la signature des Membres du Conseil de l'Europe. Elle sera ratifiée. Les ratifications seront déposées près le Secrétaire Général du Conseil de l'Europe.

2. Le présente Convention entrera en vigueur après le dépôt de dix instruments de ratification.

3. Pour tout signataire qui la ratifiera ultérieurement, la Convention entrera en vigueur dès le dépôt de l'instrument de ratification.

4. Le Secrétaire Général du Conseil de l'Europe notifiera à tous les Membres du Conseil de l'Europe l'entrée en vigueur de la Convention, les noms des Hautes Parties Contractantes qui l'auront ratifiée, ainsi que le dépôt de tout instrument de ratification intervenu ultérieurement.

Fait à Rome, le 4 novembre 1950, en français et en anglais, les deux textes faisant également foi, en un seul exemplaire qui sera déposé dans les archives du Conseil de l'Europe. Le Secrétaire Général en communiquera des copies certifiées conformes à tous les signataires.

Cette énumération d'articles énonçant les droits de l'homme est ensuite assortie d'un dispositif de textes (les «protocoles additionnels») visant l'application concrète de ces droits. On en retiendra principalement:

- le premier protocole (mars 1952) qui précise le droit à la propriété sous réserve de l'intérêt général, le droit à l'instruction d'une manière idéologiquement libre et le devoir étatique d'élections libres, au scrutin secret et à intervalles «raisonnables», pour le choix du corps législatif;

- le second protocole (mai 1963) précise les fonction et fonctionnement de la Cour Européenne des Droits de l'Homme;

- le quatrième protocole (septembre 1963) énonce qu'on ne peut priver de liberté quelqu'un qui ne peut exécuter une obligation contractuelle, que la présence régulière dans un pays implique le droit d'y circuler librement et y choisir sa résidence, la liberté de quitter tout pays, y compris le sien et les limitations à l'exercice de tous ces droits (sécurité nationale, sûreté et ordre publics, infractions pénales, protection de la santé ou de la morale, droits et liberté d'autrui); le texte interdit l'expulsion de tout ressortissant de l'Etat et le refus d'accès à un Etat de quiconque en est le ressortissant; il interdit également les expulsions collectives d'étrangers.

ANNEXE D

« Pacte International Relatif aux Droits Civils et Politiques » (partie intégrée à la Charte des Nations Unies: cfr. annexe B), adopté en 1966 et en vigueur depuis 1976 (extraits).

Préambule

Les Etats parties au présent Pacte,

Considérant que, conformément aux principes énoncés dans la Charte des Nations Unies, la reconnaissance de la dignité inhérente à tous les membres de la famille humaine et de leurs droits égaux et inaliénables constitue le fondement de la liberté, de la justice et de la paix dans le monde,

Reconnaissant que ces droits découlent de la dignité inhérente à la personne humaine,

Reconnaissant que, conformément à la Déclaration universelle des droits de l'homme, l'idéal de l'être humain libre, jouissant des libertés civiles et politiques et libéré de la crainte et de la misère, ne peut être réalisé que si des conditions permettant à chacun de jouir de ses droits civils et politiques, aussi bien que de ses droits économiques, sociaux et culturels, sont créées,

Considérant que la Charte des Nations Unies impose aux Etats l'obligation de promouvoir le respect universel et effectif des droits et des libertés de l'homme,

Prenant en considération le fait que l'individu a des devoirs envers autrui et envers la collectivité à laquelle il appartient et est tenu de s'efforcer de promouvoir et de respecter les droits reconnus dans le présent Pacte,

Sont convenus des articles suivants:

PREMIERE PARTIE

Article 1

1. Tous les peuples ont le droit de disposer d'eux-mêmes. En vertu de ce droit, ils déterminent librement leur statut politique et assurent librement leur développement économique, social et culturel.

2. Pour atteindre leurs fins, tous les peuples peuvent disposer librement de leurs richesses et de leurs ressources naturelles, sans préjudice des obligations qui découlent de la coopération économique internationale, fondée sur le principe de l'intérêt mutuel, et du droit international. En aucun cas, un peuple ne pourra être privé de ses propres moyens de subsistance.

3. Les Etats parties au présent Pacte, y compris ceux qui ont la responsabilité d'administrer des territoires non autonomes et des territoires sous tutelle, sont tenus de faciliter la réalisation du droit des peuples à disposer d'eux-mêmes, et de respecter ce droit, conformément aux dispositions de la Charte des Nations Unies.

DEUXIEME PARTIE

Article 2

1. Les Etats parties au présent Pacte s'engagent à respecter et à garantir à tous les individus se trouvant sur leur territoire et relevant de leur compétence les droits reconnus dans le présent Pacte, sans distinction aucune, notamment de race, de couleur, de sexe, de langue, de religion, d'opinion politique ou de toute autre opinion nationale ou sociale, de fortune, de naissance ou de toute autre situation.

2. Les Etats parties au présent Pacte s'engagent à prendre, en accord avec leurs procédures constitutionnelles et avec les dispositions du présent Pacte, les arrangements devant permettre l'adoption de telles mesures d'ordre législatif ou autre, propres à donner effet aux droits reconnus dans le présent Pacte qui ne seraient pas déjà en vigueur.

3. Les Etats parties au présent Pacte s'engagent à :
a) Garantir que toute personne dont les droits et libertés reconnus dans le présent Pacte auront été violés disposera d'un recours utile, alors même que la violation aurait été commise par des personnes agissant dans l'exercice de leurs fonctions officielles;
b) Garantir que l'autorité compétente, judiciaire, administrative ou législative, ou toute autre autorité compétente selon la législation de l'Etat, statuera sur les droits de la personne qui forme le recours et développera les possibilités de recours juridictionnel;
c) Garantir la bonne suite donnée par les autorités compétentes à tout recours qui aura été reconnu justifié.

Article 3

Les Etats parties au présent Pacte s'engagent à assurer le droit égal des hommes et des femmes de jouir de tous les droits civils et politiques énoncés dans le présent Pacte.

Article 4

1. Dans le cas où un danger public exceptionnel menace l'existence de la nation et est proclamé par un acte officiel, les Etats parties au présent Pacte peuvent prendre, dans la stricte mesure où la situation l'exige, des mesures dérogeant aux obligations prévues dans le présent Pacte, sous réserve que ces mesures ne soient pas incompatibles avec les autres obligations que leur impose le droit international et qu'elles n'entraînent pas une discrimination fondée uniquement sur la race, la couleur, le sexe, la langue, la religion ou l'origine sociale.

2. La disposition précédente n'autorise aucune dérogation aux articles 6, 7, 8 (par. 1 et 2), 11, 15, 16 et 18.

3. Les Etats parties au présent Pacte qui usent du droit de dérogation doivent, par l'entremise du Secrétaire Général de l'Organisation des Nations Unies, signaler aussitôt aux autres Etats parties les dispositions auxquelles ils ont dérogé ainsi que les motifs qui ont provoqué cette dérogation. Une nou-

velle communication sera faite par la même entremise, à la date à laquelle ils ont mis fin à ces dérogations.

Article 5

1. Aucune disposition du présent Pacte ne peut être interprétée comme impliquant pour un Etat, un groupement ou un individu un droit quelconque de se livrer à une activité ou d'accomplir un acte visant à la destruction des droits et des libertés reconnus dans le présent Pacte ou à des limitations plus amples que celles prévues audit Pacte.

2. Il ne peut être admis aucune restriction ou dérogation aux droits fondamentaux de l'homme reconnus ou en vigueur dans tout Etat partie au présent Pacte en application de lois, de conventions, de règlement ou de coutumes, sous prétexte que le présent Pacte ne les reconnaît pas ou les reconnaît à un moindre degré.

TROISIEME PARTIE

Article 6

1. Le droit à la vie est inhérent à la personne humaine. Ce droit doit être protégé par la loi. Nul ne peut être arbitrairement privé de la vie.

2. Dans les pays où la peine de mort n'a pas été abolie, une sentence de mort ne peut être prononcée que pour les crimes les plus graves, conformément à la législation en vigueur au moment où le crime a été commis et qui ne doit pas être en contradiction avec les dispositions du présent Pacte ni avec la Convention pour la prévention et la répression du crime de génocide. Cette peine ne peut être appliquée qu'en vertu d'un jugement définitif rendu par un tribunal compétent.

3. Lorsque la privation de la vie constitue le crime de génocide, il est entendu qu'aucune disposition du présent article n'autorise un Etat partie au présent Pacte à déroger d'aucune manière à une obligation quelconque assumée en vertu des dispositions de la Convention pour la prévention et la répression du crime de génocide.

4. Tout condamné à mort a le droit de solliciter la grâce ou la commutation de la peine. L'amnistie, la grâce ou la commutation de la peine de mort peuvent dans tous les cas être accordées.

5. Une sentence de mort ne peut être imposée pour des crimes commis par des personnes âgées de moins de 18 ans et ne peut être exécutée contre des femmes enceintes.

6. Aucune disposition du présent article ne peut être invoquée pour retarder ou empêcher l'abolition de la peine capitale par un Etat partie au présent Pacte.

Article 7

Nul ne sera soumis à la torture ni à des peines ou traitement cruels, inhumains ou dégradants. En particulier, il est interdit de soumettre une personne sans son libre consentement à une expérience médicale ou scientifique.

Article 8

1. Nul ne sera tenu en esclavage; l'esclavage et la traite des esclave, sous toutes leurs formes, sont interdits.

2. Nul ne sera tenu en servitude.

3. a) Nul ne sera astreint à accomplir un travail forcé ou obligatoire.

b) L'alinéa a) du présent paragraphe ne saurait être interprété comme interdisant, dans les pays où certains crimes peuvent être punis de détention accompagnée de travaux forcés, l'accomplissement d'une peine de travaux forcés, infligée par un tribunal compétent.

c) N'est pas considéré comme «travail forcé ou obligatoire» au sens du présent paragraphe:

1. Tout travail ou service, non visé à l'alinéa b) normalement requis d'un individu qui est détenu en vertu d'une décision de justice régulière ou qui, ayant fait l'objet d'une telle décision, est libéré conditionnellement;

2. Tout service de caractère militaire et, dans les pays où l'objection de conscience est admise, tout service national exigé des objecteurs de conscience en vertu de la loi;

3. Tout service exigé dans les cas de force majeure ou de sinistres qui menacent la vie ou le bien-être de la communauté;

4. Tout travail ou tout service formant partie des obligations civiques normales.

Article 9

1. Tout individu a droit à la liberté et à la sécurité de sa personne. Nul ne peut faire l'objet d'une arrestation ou d'une détention arbitraires. Nul ne peut être privé de sa liberté, si ce n'est pour des motifs et conformément à la procédure prévus par la loi.

2. Tout individu arrêté sera informé, au moment de son arrestation, des raisons de cette arrestation et recevra notification, dans le plus court délai, de toute accusation portée contre lui.

3. Tout individu arrêté ou détenu du chef d'une infraction pénale sera traduit dans le plus court délai devant un juge ou une autre autorité habilitée par la loi à exercer des fonctions judiciaires, et devra être jugé dans un délai raisonnable ou libéré. La détention de personnes qui attendent de passer en jugement ne doit pas être de règle, mais la mise en liberté peut être subordonnée à des garanties assurant la comparution de l'intéressé à l'audience, à tous les autres actes de la procédure et, le cas échéant, pour l'exécution du jugement.

4. Quiconque se trouve privé de sa liberté par arrestation ou détention a le droit d'introduire un recours devant un tribunal afin que celui-ci statue sans délai sur la légalité de sa détention et ordonne sa libération si la détention est illégale.

5. Tout individu victime d'arrestation ou de détention illégale a droit à réparation.

Article 10

1. Toute personne privée de sa liberté est traitée avec humanité et avec le respect de la dignité inhérente à la personne humaine.

2. a) Les prévenus sont, sauf dans des circonstances exceptionnelles, séparés des condamnés et sont soumis à un régime distinct, approprié à leur condition de personnes non condamnées.

b) Les jeunes prévenus sont séparés des adultes et il est décidé de leur cas aussi rapidement que possible.

3. Le régime pénitentiaire comporte un traitement des condamnés dont le but essentiel est leur amendement et leur reclassement social. Les jeunes délinquants sont séparés des adultes et soumis à un régime approprié à leur âge et à leur statut légal.

Article 11

Nul ne peut être emprisonné pour la seule raison qu'il n'est pas en mesure d'exécuter une obligation contractuelle.

Article 12

1. Quiconque se trouve légalement sur le territoire d'un Etat a le droit d'y circuler librement et d'y choisir librement sa résidence.

2. Toute personne est libre de quitter n'importe quel pays, y compris le sien.

3. Les droits mentionnés ci-dessus ne peuvent être l'objet de restrictions que si celles-ci sont prévues par la loi, nécessaires pour protéger la sécurité nationale, l'ordre public, la santé ou la moralité publiques, ou les droits et libertés d'autrui, et compatibles avec les autres droits reconnus par le présent Pacte.

4. Nul ne peut être arbitrairement privé du droit d'entrer dans son propre pays.

Article 13

Un étranger qui se trouve légalement sur le territoire d'un Etat partie au présent Pacte ne peut en être expulsé qu'en exécution d'une décision prise conformément à la loi et, à moins que des raisons impérieuses de sécurité nationale ne s'y opposent, il doit avoir la possibilité de faire valoir les raisons qui militent contre son expulsion et de faire examiner son cas par l'autorité compétente, ou par une ou plusieurs personnes spécialement désignées par ladite autorité, en se faisant représenter à cette fin.

Article 14

1. Tous sont égaux devant les tribunaux et les cours de justice. Toute personne a droit à ce que sa cause soit entendue équitablement et publiquement par un tribunal compétent, indépendant et impartial, établi par la loi, qui décidera soit du bien-fondé de toute accusation en matière pénale dirigée contre elle, soit des contestations sur ses droits et obligations de caractère civil. Le huis clos peut être prononcé pendant la totalité ou une partie du procès soit dans l'intérêt des bonnes mœurs, de l'ordre public ou de la sécurité

nationale dans une société démocratique, soit lorsque l'intérêt de la vie privée des parties en cause l'exige, soit encore dans la mesure où le tribunal l'estimera absolument nécessaire, lorsqu'en raison des circonstances particulières de l'affaire la publicité nuirait aux intérêts de la justice; cependant, tout jugement rendu en matière pénale ou civile sera public, sauf si l'intérêt de mineurs exige qu'il en soit autrement ou si le procès porte sur des différends matrimoniaux ou sur la tutelle des enfants.

2. Toute personne accusée d'une infraction pénale est présumée innocente jusqu'à ce que sa culpabilité ait été légalement établie.

3. Toute personne accusée d'une infraction pénale a droit, en pleine égalité, au moins aux garanties suivantes:
a) A être informée, dans le plus court délai, dans une langue qu'elle comprend et de façon détaillée, de la nature et des motifs de l'accusation portée contre elle;
b) A disposer du temps et des facilités nécessaires à la préparation de sa défense et à communiquer avec le conseil de son choix;
c) A être jugée sans retard excessif;
d) A être présente au procès et à se défendre elle-même ou à avoir l'assistance d'un défenseur de son choix, si elle n'a pas de défenseur, à être informée de son droit d'en avoir un, et, chaque fois que l'intérêt de la justice l'exige, à se voir attribuer d'office un défenseur, sans frais, si elle n'a pas les moyens de le rémunérer;
e) A interroger ou faire interroger les témoins à charge et à obtenir la comparution et l'interrogation des témoins à décharge dans les mêmes conditions que les témoins à charge;
f) A se faire assister gratuitement d'un interprète si elle ne comprend pas ou ne parle pas la langue employée à l'audience;
g) A ne pas être forcée de témoigner contre elle-même ou de s'avouer coupable.

4. La procédure applicable aux jeunes gens qui ne sont pas encore majeurs au regard de la loi pénale tiendra compte de leur âge et de l'intérêt que présente leur rééducation.

5. Toute personne déclarée coupable d'une infraction a le droit de faire examiner par une juridiction supérieure la déclaration de culpabilité et la condamnation, conformément à la loi.

6. Lorsqu'une condamnation pénale définitive est ultérieurement annulée ou lorsque la grâce est accordée parce qu'un fait nouveau ou nouvellement révélé prouve qu'il s'est produit une erreur judiciaire, la personne qui a subi une peine à raison de cette condamnation sera indemnisée, conformément à la loi, à moins qu'il ne soit prouvé que la non-révélation en temps utile du fait inconnu lui est imputable en tout ou partie.

7. Nul ne peut être poursuivi ou puni en raison d'une infraction pour laquelle il a déjà été acquitté ou condamné par un jugement défini conformément à la loi et à la procédure pénale de chaque pays.

Article 15

1. Nul ne sera condamné pour des actions ou omissions qui ne constituaient pas un acte délictueux d'après le droit national ou international au moment où elles ont été commises. De même, il ne sera infligé aucune peine plus forte que celle qui était applicable au moment où l'infraction a été commise. Si, postérieurement à cette infraction, la loi prévoit l'application d'une peine plus légère, le délinquant doit en bénéficier.

2. Rien dans le présent article ne s'oppose au jugement ou à la condamnation de tout individu en raison d'actes ou omissions qui, au moment où ils ont été commis, étaient tenus pour criminels, d'après les principes généraux de droit reconnus par l'ensemble des nations.

Article 16

Chacun a droit à la reconnaissance en tous lieux de sa personnalité juridique.

Article 17

1. Nul ne sera l'objet d'immixtions arbitraires ou illégales dans vie privée, sa famille, son domicile ou sa correspondance, ni d'atteintes illégales à son honneur et à sa réputation.

2. Toute personne a droit à la protection de la loi contre de telles immixtions ou de telles atteintes.

Article 18

1. Toute personne a droit à la liberté de pensée, de conscience et de religion; ce droit implique d'avoir ou d'adopter une religion ou une conviction de son choix, ainsi que la liberté de manifester sa religion ou sa conviction, individuellement ou en commun, tant en public qu'en privé, par le culte et l'accomplissement des rites, les pratiques et l'enseignement.

2. Nul ne subira de contrainte pouvant porter atteinte à sa liberté d'avoir ou d'adopter une religion ou une conviction de son choix.

3. La liberté de manifester sa religion ou ses convictions ne peut faire l'objet que des seules restrictions prévues par la loi et qui sont nécessaires à la protection de la sécurité, de l'ordre et de la santé publique, ou de la morale ou des libertés et droits fondamentaux d'autrui.

4. Les Etats parties au présent Pacte s'engagent à respecter la liberté des parents et, le cas échéant, des tuteurs légaux de faire assurer l'éducation religieuse et morale de leurs enfants conformément à leurs propres convictions.

Article 19

1. Nul ne peut être inquiété pour ses opinions.

2. Toute personne a droit à la liberté d'expression; ce droit comprend la liberté de rechercher, de recevoir et de répandre des informations et des idées de toute espèce, sans considération de frontières, sous une forme orale, écrite, imprimée ou artistique, ou par tout autre moyen de son choix.

3. L'exercice des libertés prévues au paragraphe 2 du présent article comporte des devoirs spéciaux et des responsabilité spéciales. Il peut en consé-

quence être soumis à certaines restrictions qui doivent toutefois être expressément fixées par la loi et qui sont nécessaires:
a) Au respect des droits ou de la réputation d'autrui;
b) A la sauvegarde de la sécurité nationale, de l'ordre public, de la santé ou de la moralité publiques.

Article 20
1. Toute propagande en faveur de la guerre est interdite par la loi.

2. Tout appel à la haine nationale, raciale ou religieuse qui constitue une incitation à la discrimination, à l'hostilité ou à la violence est interdit par la loi.

Article 21
Le droit de réunion pacifique est reconnu. L'exercice de ce droit ne peut faire l'objet que des seules restrictions imposées conformément à la loi et qui sont nécessaires dans une société démocratique, dans l'intérêt de la sécurité nationale, de la sûreté publique, de l'ordre public ou pour protéger la santé ou la moralité publiques, ou les droits et les libertés d'autrui.

Article 22
1. Toute personne a le droit de s'associer librement avec d'autres, y compris le droit de constituer des syndicats et d'y adhérer pour la protection de ses intérêts.

2. L'exercice de ce droit ne peut faire l'objet que des seules restrictions prévues par la loi et qui sont nécessaires dans une société démocratique, dans l'intérêt de la sécurité nationale, de la sûreté publique, de l'ordre public, ou pour protéger la santé ou la moralité publiques ou les droits et les libertés d'autrui. Le présent article n'empêche pas de soumettre à des restrictions légales l'exercice de ce droit par les membres des forces armées et de la police.

3. Aucune disposition du présent article ne permet aux Etats parties à la Convention de 1948 de l'Organisation internationale du Travail concernant la liberté syndicale et la protection du droit syndical de prendre des mesures législatives portant atteintes — ou d'appliquer la loi de façon à porter atteinte — aux garanties prévues dans ladite convention.

Article 23
1. La famille est l'élément naturel et fondamental de la société et a le droit à la protection de la société et de l'Etat.

2. Le droit de se marier et de fonder une famille est reconnu à l'homme et à la femme à partir de l'âge nubile.

3. Nul mariage ne peut être conclu sans le libre et plein consentement des futurs époux.

4. Les Etats parties au présent Pacte prendront les mesures appropriées pour assurer l'égalité de droits et de responsabilités des époux au regard du mariage, durant le mariage et lors de sa dissolution. En cas de dissolution, des dispositions seront prises afin d'assurer aux enfants la protection nécessaire.

Article 24

1. Tout enfant, sans discrimination aucune fondée sur la race, la couleur, le sexe, la langue, la religion, l'origine nationale ou sociale, la fortune ou la naissance, a droit, de la part de sa famille, de la société et de l'Etat, aux mesures de protection qu'exige sa condition de mineur.

2. Tout enfant doit être enregistré immédiatement après sa naissance et avoir un nom.

3. Tout enfant a le droit d'acquérir une nationalité.

Article 25

Tout citoyen a le droit et la possibilité, sans aucune des discriminations visées à l'article 2 et sans restrictions déraisonnables :
a) De prendre part à la direction des affaires publiques, soit directement, soit par l'intermédiaire de représentants librement choisis;
b) De voter et d'être élu, au cours d'élections périodiques, honnêtes, au suffrage universel et égal et au scrutin secret, assurant l'expression libre de la volonté des électeurs;
c) D'accéder, dans les conditions générales d'égalité, aux fonctions publiques de son pays.

Article 26

Toutes les personnes sont égales devant la loi et ont droit sans discrimination à une égale protection de la loi. A cet égard, la loi doit interdire toute discrimination et garantir à toutes les personnes une protection égale et efficace contre toute discrimination notamment de race, de couleur, de sexe, de langue, de religion, d'opinion politique et de toute autre opinion, d'origine nationale ou sociale, de fortune, de naissance ou de toute autre situation.

Article 27

Dans les Etats où il existe des minorités ethniques, religieuses ou linguistiques, les personnes appartenant à ces minorités ne peuvent être privées du droit d'avoir, en commun avec les autres membres de leur groupe, leur propre vie culturelle, de professer et de pratiquer leur propre religion, ou d'employer leur propres langue.

La quatrième partie (article 28 à 45) instaure et précise le mode de fonctionnement du « Comité des Droits de l'Homme ».

CINQUIEME PARTIE

Article 46

Aucune disposition du présent Pacte ne doit être interprétée comme portant atteinte aux dispositions de la Charte des Nations Unies et des constitutions des institutions spécialisées qui définissent les responsabilités respectives des divers organes de l'Organisation des Nations Unies et des institutions spécialisées en ce qui concerne les questions traitées dans le présent Pacte.

Article 47

Aucune disposition du présent Pacte ne sera interprétée comme portant atteinte au droit inhérent de tous les peuples à profiter et à user pleinement et librement de leurs richesses naturelles.

La sixième partie (articles 48 à 53) précise les conditions pratiques d'application du présent pacte pour les différents Etats membres.

Bibliographie alphabétique

ADRIAENS A. Oser la Science. *Pour*, 1982, *395*, p. 15.
AGI M. *De l'idée d'universalité comme fondatrice du concept des droits de l'homme.* Antibes: Alpazur, 1980.
AGI M. (*ed*). *Pour les droits de l'homme. Mélanges en l'honneur de l'ADLF.* Paris: Librairie des Libertés, 1983.
AGI, M. *5000 titres sur les libertés.* Paris: Librairie des Libertés, 1984.
American Psychologist, 1981a, *36* (6), 633-638.
American Psychologist, 1981b, *36* (10).
AMSELLE J.L. *Le Sauvage à la mode.* Paris: Le Sycomore, 1979.
ANDRE A. L'organisation et le fonctionnement des comités d'éthique en Belgique. *Journal de médecine légale — droit médical*, 1981, *24*, 647-651.
ANNAS G.J. Informed consent and review committees. *In* E.S. VALENSTEIN (*ed*), *The psychosurgery debate.* Sans Francisco: Freeman, 1980, pp. 493-500.
ARNOULD M.A. Pourquoi on écrit l'histoire? *In: Liber Amicorum Leopold Flam* (tome II), Anvers, 1975.
ARON R. *Introduction à la philosophie de l'histoire.* Paris: Gallimard, 1938.
ARON R. *Démocratie et totalitarisme.* Paris: Gallimard, 1965.
ARON R. *Le spectateur engagé.* Paris: Julliard, 1981.
(*The*) *Arusha Initiative*: a call for a united conference on international money and finance, 1980.
Autrement, 1976, *4* («Guérir pour normaliser»).
Autrement, 1980, *28* («La carotte et la bâton»).
BARNET R.J. Human rights implications of corporate food policies. *In* P.R. NEWBERG (*ed*), *The politics of human rights.* UNA-USA books, 1980, pp. 143-160.
BATESON G. *Vers une Ecologie de l'Esprit (2).* Paris: Seuil, 1980.
BAUDONNIERE P.M., PECHEUX M.G., TARANNE P. Etude génétique des systèmes de référence spatiaux au moyen de l'activité oculaire et de deux tâches de mémorisation. *L'Année Psychologique*, 1981, *81*, 329-346.

BAYART J.F. La revanche des sociétés africaines. *Politique africaine*, 1983, *11*, 95-127.
BENVENISTE E. *Le vocabulaire des institutions indo-européennes*. Paris: Minuit, 1969.
BLANC M. Les races humaines existent-elles? *La Recherche*, 1982, *135*, 930-941.
BLEULER E., BLEULER M. *Lehrbuch der Psychiatrie*. Berlin: Springer Verlag, 1955.
BONE E. Responsabilités éthiques dans les sciences biologiques. *In* L. MORREN (*ed*), *Responsabilité Ethique dans les Sciences*. Louvain-la-Neuve: Presses Universitaires, 1982, pp. 65-85.
BOURDE G., MARTIN H. *Les écoles historiques*. Paris: Seuil, 1983.
BOURDIEU P. *La distinction*. Paris: Minuit, 1979.
BROWNLIE I. *Basic documents on human rights*. Oxford: Clarendon Press, 1971.
BRUCKNER P. *Le sanglot de l'homme blanc: tiers monde, culpabilité, haine de soi.* Paris: Seuil, 1983.
BRUYER R. Neuropsychologie et psychométrie: limites et voisinage. *Acta Psychiatrica Belgica*, 1979, *79*, 274-299.
BUNGE M. *Epistémologie*. Paris: Maloine, 1983.
BURDEAU G. *Traité de science politique*. Paris: L.G.D.J., 1950.
BURDEAU G., PRELOT M., LAVIGNE P. Droits de l'homme. *Encyclopaedia Universalis*, 1968, *5*, 814-821. Egalement l'article «Déclaration des droits de l'homme de 1946», *Encyclopaedia Universalis*, 1968, *18*, p. 509.
CABOT J. Développement et espace vécu. L'exemple du Tchad. *Connaissance du tiers monde* (Cahiers Jussieu), 1977, *4*, 381-388.
CARNAHAN W.A., MARK V.H. Legal and ethical reflections on neurosurgical interventions. *In* E.S. VALENSTEIN (*ed*), *The psychosurgery debate*. San Francisco: Freeman, 1980, pp. 456-463.
CARPENTIER R. Problèmes actuels de la déontologie des psychologues (1978). *Psychologie française*, 1979, *24*, 185-188.
CARR R. *The spanish tragedy: the civil war in perspective*. London: Weidenfeld and Nicolson, 1977.
CHANGEUX J.P. *L'homme neuronal*. Paris: Fayard, 1983.
CHENERY H., AHLUWALIA M.S., BELL C.L.G., DULOY J.H., JOLLY R. *Redistribution et croissance*. Paris: Presses Universitaires de France, 1977.
CHERTOK L. Actualité de la suggestion ou les vicissitudes de la relation thérapeutique. *In: Nouvelles tendances en psychothérapie*. Paris: Masson, 1982.
CHICHILNISKY G. Development patterns and the international order. *Journal of International Affairs*, 1977, *31*, 275-304.
CHICHILNISKY G. Basic goods, the effects of commodity transfers and the international economic order. *Journal of Development Economics*, 1980, *7*, 505-519.
CHICHILNISKY G. Terms of trade and domestic distribution: export-led growth with abundant labor. *Journal of Development Economics*, 1981, *8*, 163-192.
CHICHILNISKY G., FALK R., SERRA J. Authoritarianism and development: a global perspective. *IFDA dossier*, 1980, *19*, 3-14.
CLAUSEN M.W.A. *Discours au conseil des gouverneurs (Toronto, Canada)*. Washington: Banque Mondiale, 1982.
Collectif. *Qui se nourrit de la famine?* Paris: Maspéro, 1975.
COLLEYN J.P. *Eléments d'anthropologie sociale et culturelle*. Bruxelles: Editions de l'U.L.B., 1982 (3ᵉ éd.).
COLLIARD C.A. *Libertés publiques*. Paris: Dalloz, 1968.
CONSTANTINESCO L.J. *Traité de droit comparé. Tome 3: la science des droits comparés*. Paris: Economica, 1983.
COPANS J. *Critiques et politiques de l'anthropologie*. Paris: Maspéro, 1974.
COPANS J. *Anthropologie et impérialisme*. Paris: Maspéro, 1975.

CRICHTON M. *The terminal man.* New York: A.A. Knopf, 1972 (trad. Paris: Fayard, 1974).
CRICK B. *George Orwell, une vie.* Paris: Balland, 1982.
DE BLECOURT A.S. Brunner, les Germains et Fustel de Coulanges. *Revue d'Histoire du Droit; Tijdschrift voor Rechtsgeschiedenis,* 1929, *9,* 150-181.
DELGADO J.M.R. *Physical control of the mind.* New York: Harper and Row, 1967 (trad. Bruxelles: Dessart, 1972).
DERATHE R. *J.J. Rousseau et la science politique de son temps.* Paris: Vrin, 1970.
Development Dialogue: The International Monetary System and the New International Order, 1980, *2,* 1-157.
DEVROEY J.P. *L'âme de cristal: George Orwell au présent.* Bruxelles: Editions de l'Université, 1985.
DICKSON D. Psychosurgery supporters sued for malpractice. *Nature,* 1979, *277,* 164-165.
Documentation catholique, 14, 24 juillet 1983: «Le défi de la paix: la promesse de Dieu est notre réponse».
DOMENACH J.M. *Enquête sur les idées contemporaines.* Paris: Seuil, 1982.
DRAÏ R. et al. *Multinationales et droits de l'homme.* Paris: Presses Universitaires de France, 1984.
DUCAMP J.L. *Les droits de l'homme racontés aux enfants.* Paris: Editions Ouvrières, 1983.
DUMONT L. *Homo Hierarchicus.* Paris:Gallimard, 1966 (collection «Tel», 1979).
DUMONT L. *Homo Aequalis.* Paris: Gallimard, 1977.
EICHHORN K.F. *Einleitung in das deutsche Privatrecht.* Göttingen, 1845 (5e éd.).
EY H. *Défense et illustration de la psychiatrie: la réalité de la maladie mentale.* Paris: Masson, 1978.
EYSENCK H. (ed). *Conditionnement et névroses.* Paris: Gauthier-Villars, 1962.
EYSENCK H. *Experiments in behaviour therapy.* London: Pergamon Press, 1964.
FASSO G. *Histoire de la philosophie du droit.* Paris: L.G.D.J., 1976.
FAUSTEN D.K. Beyond the analytics of the monetary approach to the balance of payments: methodology, innovation and monetarism. *Kredit und Kapital,* 1980, *Heft 1,* 66-82.
FAYE J.P. *Les langages totalitaires.* Paris: Hermann, 1972.
F.B.P. (Fédération Belge des Psychologues), *Bulletin d'information,* 1981, *2* (4), 7-9.
FEI J.H., RANIS G. *Development of the labor surplus economy. Theory and Policy.* Yale: Yale University Press, 1964.
FERRY L., RENAUT A. Penser les droits de l'homme. *Esprit,* 1983, mars, 67-84.
FERRO M. *Comment on raconte l'histoire aux enfants à travers le monde entier.* Paris: Payot, 1981.
Financial Times: Africa's struggle to meet the fund's demands. *April 1,* 1982.
FINLEY M.I. *Mythe, mémoire, histoire.* Paris: Flammarion, 1981.
FOUCAULT M. *Surveiller et punir.* Paris: Gallimard, 1975.
FOUREZ G. *La science partisane.* Gembloux: Duculot, 1974.
FOUREZ P.G. Introduction à l'éthique de la science. *In* L. MORREN (ed), *Responsabilité éthique dans les sciences.* Louvain-la-Neuve: Presses Universitaires, 1982, pp. 7-22.
FRIEDMANN J. Basic needs, agropolitan development, and planning from below. *World Development,* 1979, *7,* 607-613.
FROMONT M., RIEG A. *Introduction au droit allemand (République Fédérale). I. Les fondements.* Paris: Cujas, 1977.
FURTADO C. Transnacionalizaçao e monetarismo. *Pensiamento Ibero-americano (Revista de Economia Politica),* 1982, *1,* 13-44.

FUSTEL DE COULANGES N.D. De la manière d'écrire l'histoire en France et en Allemagne depuis cinquante ans. *Revue des Deux Mondes*, 1872, *101*, 241 ss.
FUSTER J.M. *The prefrontal cortex*. New York: Raven Press, 1980.
GALEANO E. *Les veines ouvertes de l'Amérique Latine. Une contre-histoire*. Paris: Plon, 1981.
GARRETON M.A. Proyecto cientifico social y proyecto sociopolitico: esquema para una revision critica de la sociologia en Chile. *Seminario* (Las ciencas sociales y los problemas de la sociedad chilena). *Academia de Humanismo Cristiano*, 1977.
GAUCHET M. Les droits de l'homme ne sont pas une politique. *Le Débat*, 1980, *3*, 3-21.
GAZZANIGA M.S. *The bisected brain*. New York: Appleton, 1970 (trad. Bruxelles: Dessart et Mardaga, 1976).
GAZZANIGA M.S., LE DOUX J.E. *The integrated mind*. New York: Plenum Press, 1978.
(Le) Genre Humain. Revue trimestrielle. Paris: Fayard (n° 1 en 1981) (édité à présent par «Complexe»).
G.E.R.M. (Groupe d'étude pour une réforme de la médecine): bulletin *Actualité-Santé* et *Les Cahiers de GERM*.
GIACALONE R.A. *et al*. Concern for ethics in social, industrial and clinical psychology as reflected in textbooks and journal articles. *Bulletin of the Psychonomic Society*, 1982, *20*, 1-2.
GOSTIN L.O. Ethical considerations of psychosurgery: the unhappy legacy of the prefrontal lobotomy. *Journal of Medical Ethics*, 1980, *6*, 149-154.
GRIFFITH-JONES S. The evolution of external finance, economic policy and development in Chile (1973-1978). *Institute of development studies: discussion paper*, 1981, *160*, 61 pp.
GRIMM R.J. Regulation of Psychosurgery. *In* E.S. VALENSTEIN (*ed*), *The Psychosurgery Debate*. San Francisco: Freeman, 1980, pp. 421-438.
GUILLAUMIN C. «Je sais bien mais quand même» ou les avatars de la notion de «race». *Le Genre Humain*, 1981, *1*, 55-65.
HAARSCHER G. *L'ontologie de Marx*. Bruxelles: Editions de l'U.L.B., 1980a.
HAARSCHER G. Universalité des droits de l'homme et spécificités culturelles. *In*: *A la recherche de l'autre*. Bruxelles: Editions de l'U.L.B., 1980b.
HAARSCHER G. *Egalité et politique*. Bruxelles: Bruylant (Travaux du Centre de Philosophie du Droit), 1982.
HAARSCHER G. Les droits de l'homme, notion à contenu variable? *In*: Centre National de Recherches Logiques, *Les notions à contenu variable*. Bruxelles: Bruylant, 1984.
HARRIS M. *The rise of Anthropological Theory*. London: Routledge and Kegan, 1968.
HEER N. *Politics and history in the Soviet Union*. Cambridge (Mass.): M.I.T. Press, 1971.
HELLER A. Un avenir. *Esprit*, 1978, *juillet/août*, 66-77.
HERINK R. *The psychotherapy handbook*. New York: New American Library, 1980.
HEWLETT S.A. Human rights and economic realities: tradeoffs in historical perspective. *Political Science Quarterly*, 1979, *94*, 453-473.
HIRSCH E. (*ed*). *Christianisme et droits de l'homme*. Paris: Librairie des Libertés, 1984.
HUGON P. (*ed*). Secteur informel et petite production marchande dans les villes du Tiers Monde. *Revue Tiers Monde*, 1980, *XXI* (82), 229-445.
International Journal of Psychology, 1979, *14* (2).
JACQUARD A. *Eloge de la différence*. Paris: Seuil, 1978.
JACQUARD A. *Au péril de la science?* Paris: Seuil, 1982.

JACQUEMOT P. Le F.M.I. et l'Afrique subsaharienne. *Le Mois en Afrique*, 1983, *211/212*, 107-120.
JAUBERT A. L'excision de la pierre de folie. *Autrement*, 1975/76, *4*, 22-66.
JAULIN R. *La Paix Blanche*. Paris: Seuil, 1970.
JAULIN R. *La décivilisation*. Bruxelles: Complexe, 1982.
JEANNEROD M., HECAEN H. *Adaptation et restauration des fonctions nerveuses*. Paris: Simep, 1979.
JENSEN A.R. Precis of Bias in mental testing. *The Behavioral and Brain Sciences*, 1980, *3*, 325-371.
JOUVE E. La protection des droits de l'Homme et des Peuples en Afrique. *Afrique Contemporaine*, 1984, *131* (juillet/août/septembre), 17-22 & 61.
JUCQUOIS G. *Projet pour un traité de linguistique différentielle*. Louvain: Peeters, 1978.
KAMENKA E. (*ed*). *Human Rights*. London: Arnold, 1978.
KLEIMAN M.B. (*guest ed*). Ethical aspects of access to medical care. N° spécial de *Social Science and Medicine, part F: medical and social ethics*, 1981, *15* (4).
KOESTLER A. & C. *L'étranger du square*. Paris: Calmann-Lévy, 1984.
KOOPMANS T.C. *Trois essais sur la science économique contemporaine. I: l'allocation des ressources et le système des prix*. Paris: Dunod, 1970.
KROESCHELL K. *Haus und Herrschaft im frühen deutschen Recht. Ein methodologischer Versuch*. Göttingen, 1968, 25-27.
LABORIT H. A la recherche des bases bio-comportementales de ce qu'il est convenu d'appeler les «droits de l'homme». *In*: AGI M. (*ed*), *Pour les droits de l'homme. Mélanges en l'honneur de l'ADLF*. Paris: Librairie des Libertés, 1983, pp. 149-160.
LACOSTE Y. Vocabulaire et problématiques du sous-développement. *Connaissance du tiers monde* (Cahiers Jussieu), 1977, *4*, 43-56.
LACOUTURE J. Bruit et information. *Le Genre Humain*, 1982, *5*, 19-29.
LADRIERE J. Science et antiscience. *In* L. MORREN (*ed*), *Responsabilité Ethique dans les Sciences*. Louvain-la-Neuve: Presses Universitaires, 1982, pp. 193-213.
LAMBERT J.L., SAINT-REMI J. Profils cognitifs de jeunes enfants arriérés mentaux profonds obtenus au moyen de l'échelle VI du Uzgiris et Hunt. *Psychologica Belgica*, 1979, *19*, 99-107.
LANGLOIS D. *L'injustice racontée aux enfants*. Paris: Editions Ouvrières, 1978.
LECLERC G. *Anthropologie et colonialisme*. Paris: Fayard, 1972.
LEFORT C. Droits de l'homme et politique. *Libre n° 7* (Petite bibliothèque Payot). Paris: Payot, 1980, pp. 3-42.
LEROY R. *Un scénario égalitaire. La distribution des revenus en perspective*. Louvain-la-Neuve: CIACO, 1983.
LEVI-STRAUSS C. *Le regard éloigné*. Paris: Plon, 1983.
LEYENS J.P. *Psychologie sociale*. Bruxelles: Mardaga, 1979.
LEYENS J.P. *Sommes-nous tous des psychologues?* Bruxelles: Mardaga, 1983.
LIVINGSTONE *'s private journal (1851-1853)*. London: Schapera, 1960.
LOMBROSO C. *L'homme criminel*. Paris: Alcan, 1895.
MALHERBE J.F. (*ed*). *Ethique et génétique*. Louvain-la-Neuve: Cabay, 1983.
MARROU H.I. Comment comprendre le métier d'historien. *In*: *L'historien et ses méthodes*. Paris: La Pléiade, 1961.
MARROU H.I. *De la connaissance historique*. Paris: Seuil, 1954.
MATSON J.L., KAZDIN A.E. Punishment in behavior modification: pragmatic, ethical and legal issues. *Clinical Psychology Review*, 1981, *1*, 197-210.
MAYER-GROSS W., SLATER E., ROTH M. *Clinical Psychiatry*. London: Baillière, Tindall and Cassell, 1970 (3ᵉ éd.).
McNAMARA J.R., WOODS K.M. Ethical considerations in psychological research: a comparative review. *Behavior Therapy*, 1977, *8*, 703-708.

MEDVEDEV R. *Le stalinisme: origines, histoire, conséquences.* Paris: Seuil, 1972.
MILGRAM S. *Soumission à l'autorité.* Paris: Calmann-Levy, 1974.
MISHAN E.J. The new controversy about the rationale of economic evaluation. *Journal of Economic Issues,* 1982, *16,* 29-47.
MONTANDON G. *Comment reconnaître et expliquer le juif?* Paris: Nouvelles Editions Françaises, 1940.
MORSE S.J. Malpractice liability for psychosurgery. *In* E.S. VALENSTEIN (ed), *The Psychosurgery debate.* Sans Francisco: Freeman, 1980, pp. 397-420.
NAVILLE P. *La psychologie du comportement.* Paris: Nouvelle Revue Française, 1942.
NEVE P. Apprentissage et technologie comportementale: B.F. Skinner. *In: Discours biologique et ordre social* (ouvrage collectif). Paris: Seuil, 1977, pp. 95-109.
N'GOM B. *Les droits de l'Homme et des Peuples en Afrique.* Paris: Silex, 1984.
OPPENHEIMER J.R. *La science et le bon sens.* Paris: Payot, 1972.
ORWELL G. *1984* (1949). Paris: Gallimard, 1950 (trad.).
OVERBEEK J. *History of population theories.* Rotterdam: Rotterdam University Press, 1974.
PARLOFF M. Psychotherapy and research: an anaclitic depression. *Psychiatry,* 1980, *43,* 279-293.
PEZERIL D. Préface. *In:* HIRSCH E. (ed), *Christianisme et droits de l'homme.* Paris: Librairie des Libertés, 1984.
PFAFF D.W. (ed). *Ethical questions in brain and behavior.* New York: Springer Verlag, 1983.
PIZZULI F.C. Psychosurgery legislation and case law. *In* E.S. VALENSTEIN (ed), *The psychosurgery debate.* San Francisco: Freeman, 1980, pp. 367-396.
PLASSARD F. Le marché des droits de l'homme. *Chronique sociale* (n° spécial sur les droits de l'homme), 2 nov. 1980, 33-36.
PLEKHANOV G. *Œuvres philosophiques* (3 vol.). Moscou: Editions en langues étrangères, 1967-1981.
POUMAREDE J. Pavane pour une histoire du droit défunte (sur un centenaire oublié). *Procès,* 1980, *6,* 91-102.
PREISWERK R., PERROT D. *Ethnocentrisme et histoire.* Paris: Anthropos, 1975.
PUNDEFF M. *History in the URSS; selected readings.* San Francisco: Chandler, 1967.
QUERZOLA J. Le triste savoir ou le manifeste behavioriste: un marché, une demande, un message. *Autrement,* 1975, *4,* 86-110.
RANGEL C. *L'Occident et le tiers monde.* Paris: Laffont, 1982.
RAPHAEL D.D. (ed). *Political theory and the rights of man.* London: Macmillan, 1967.
RASCHE-GONZALES E. Treating the brain by cingulotomy. *Journal of the American Medical Association,* 1980a, *244,* 2141-2143 & 2146-2147.
RASCHE-GONZALES E. Psychosurgery: waiting to make a comeback? *Journal of the American Medical Association,* 1980b, *244,* 2245-2247 & 2250-2251.
(La) Recherche, 1976, *7* (71), 892.
(La) Revue Nouvelle: ACEC, opération mal adaptée. 1974, *mai/juin,* 537-562.
Revue de l'Institut de Sociologie, 1963, *4,* 743-887: fascicule sur «Raisonnement et démarches de l'historien».
RICHELLE M. *B.F. Skinner ou le péril behavioriste.* Bruxelles: Mardaga, 1977.
ROEDELSPERGER D. *L'univers mental de la torture.* Toulouse: Privat, 1981.
ROSENBERG A. *Der Mythus des 20. Jahrhunderts.* München, 1933, 561-598 (9ᵉ éd.).
ROSENBERG A. *Das Parteiprogramm. Wesen, Grundsätze und Ziele der NSDAP.* München: Zentralverlag der NSDAP, 1939.
SABINE G.H. *A history of political theory.* Hinsdale (Illinois): Dryden Press, 1973 (4ᵉ ed.).
SAVIGNY K.H. *Traité de droit romain.* Paris: Didot, 1855 (trad.).

SCHNEIDER K. *Psychopathologie clinique.* Louvain: Nauwelaerts, 1957 (trad.).
SCHOULTZ L. U.S. foreign policy and human rights violations in Latin America. A comparative analysis of foreign aid distributions. *Comparative Politics,* 1981, *13,* 149-170.
Scientific American, 1979, n° spécial sur le cerveau (traduit en français: *Pour la Science,* 1979, *25*).
SELVINI PALAZZOLI M., BOSCOLO L., CECCHIN G., PRATA G. *Paradoxe et contre-paradoxe.* Paris: E.S.F., 1976 (2ᵉ ed.).
SEN A.K. Ingredients of famine analysis: availability and entitlements. *Quarterly Journal of Economics,* 1981, *96,* 433-464.
SERON X. *Contribution à l'étude des processus intellectuels chez des patients aphasiques et chez des patients atteints de lésions frontales.* Liège: thèse de doctorat en psychologie, 1975/76, pp. 30-38.
SERON X. Neuropsychologie et pathologie des conduites intellectuelles; revue critique. *Psychologica Belgica,* 1977, *17,* 35-58.
SERON X., FEYEREISEN P. Cent ans de psychologie scientifique. *La Revue Nouvelle,* 1981, *73,* 283-293.
SERON X., LATERRE C. (*eds*). *Rééduquer le cerveau.* Bruxelles: Mardaga, 1982.
SERON X., LAMBERT J.L., VANDERLINDEN M. *La modification du comportement.* Bruxelles: Mardaga, 1977.
SHALLICE T. The Ulster depth interrogation techniques and their relation to sensory deprivation research. *Cognition,* 1973, *1,* 385-405.
SHUMAN S.I. The concept of Informed Consent. *In* E.S. VALENSTEIN (*ed*), *The psychosurgery debate.* San Francisco: Freeman, 1980, pp. 439-455.
SIEGHART P. Economic development, human rights and the Omelette thesis. *Development Policy Review,* 1983, *1,* 95-104.
SKINNER B.F. *Par-delà la liberté et la dignité.* Paris: Laffont, 1971 (trad.).
S.N.P. (syndicat national des psychologues). *Psychologie et libertés.* Actes Sud, 1982.
Social Science and Medicine, part 7: Medical and Social Ethics, 1981, *15,* (1).
SOLJENITSYNE A. *L'Archipel du Goulag* (3 volumes). Paris: Seuil, 1974-76.
STALINE J. *Essai autobiographique.* Moscou, 1949.
STOLLEIS M. Nationalsozialistisches Recht (1981). *In: Handwörterbuch der deutschen Rechtsgeschichte.* Berlin: Schmidt, en cours depuis 1971.
STRAUSS L. *Natural right and history.* Chicago: University of Chicago Press, 1953 (trad.: Paris, Plon, 1954).
STRYKER R.E. The World Bank and agricultural development: food production and rural poverty. *World Development,* 1979, *7,* 325-336.
SUGAR O. Changing attitude toward psychosurgery. *Surgical Neurology,* 1978, *9,* 331-335.
SZASZ T. *Le mythe de la maladie mentale.* Paris: Payot, 1975 (trad.).
THIEME H. Le «droit commun germanique» du moyen âge: fantaisie des professeurs du XIXᵉ siècle ou réalité? *Droit privé et institutions régionales (études offertes à J. Yver).* Paris, 1976, 663-670.
THOMPSON G. Monetarism and economic ideology. *Economy and Society,* 1981, *10,* 27-71.
THUILLIER P. *Les biologistes vont-ils prendre le pouvoir?* Bruxelles: Complexe, 1981.
TIBERGHIEN G. Psychologie, idéologie et répression politique. *Psychologie Française,* 1979, *24,* 169-184.
TIBERGHIEN G. Psychotechnique et contrôle politique. *In*: S.N.P., *Psychologie et libertés.* Actes Sud, 1982, pp. 13-33.
TODD E. *La troisième planète. Structures familiales et systèmes idéologiques.* Paris: Seuil, 1983.

TODOROV T. *La conquête de l'Amérique.* Paris: Seuil, 1982.
TORT M. *Le quotient intellectuel.* Paris: Maspéro, 1974.
TORT P. *La pensée hiérarchique et l'évolution.* Paris: Aubier-Montaigne, 1983.
VALENSTEIN E.S. *Brain control.* New York: Wiley, 1973.
VALENSTEIN E.S. (*ed*). *The psychosurgery debate.* Sans Francisco: Freeman, 1980.
VAN PARIJS Ph. Les avatars de l'utilitarisme: où en sont les fondements de l'économie normative? *Recherches Economiques de Louvain,* 1983, *49.*
VASQUEZ A.L., RESCZCZYNSKI K. Questions d'éthique posées aux psychologues: à propos des techniques de torture utilisées au Chili. *Communication,* Congrès International de Psychologie (Paris), 1976.
VERDROSS A. *Abendländische Rechtsphilosophie.* Wien: Springer, 1963 (2ᵉ éd.).
VEYNE P. *Comment on écrit l'histoire; essai d'épistémologie.* Paris: Seuil, 1971.
VILLEY M. *Le droit et les droits de l'homme.* Paris: Presses Universitaires de France, 1963.
VILLEY M. *La formation de la pensée juridique moderne.* Paris: Montchrestien, 1968.
VON GIERKE O. *Das deutsche Genossenschaftsrecht.* Berlin, 1868-1913 (4 vol.).
WATSON D. Welfare rights and human rights. *Journal of Social Policy,* 1977, *6*, 31-46.
WATSON J.B. *Psychological care of infant and child.* London: Allen and Unwin, 1928.
WATSON J.B. *Le behaviorisme* (Univ. of Chicago Press, 1924). Paris: C.E.P.L., 1972 (trad.).
WATSON J.B., RAYNER R. Réactions émotionnelles conditionnées. *In* H. EYSENCK (*ed*), *Conditionnement et névroses.* Paris: Gauthier-Villars, 1962 (article original en anglais: *Journal of Experimental Psychology,* 1920).
WEISS P. The United States and recognition of new human rights: economic and social needs. *In* N.K. HEVENER (*ed*), *The dynamics of human rights in U.S. foreign policy.* London: Transaction Books, 1981.
WILLIG K.C.H. The Bar in the Third Reich. *American Journal of Legal History,* 1976, *20*, 1-14.
ZEMLICK M.J. Ethical standarts: cosmetics for the face of the profession of psychology. *Psychotherapy (theory, research and pratice),* 1980, *17*, 448-453.
ZIEGLER J. *Retournez les fusils.* Paris: Seuil, 1981.

Table des matières

PREFACE (Ernest Glinne) 7

AVANT-PROPOS (Raymond Bruyer) 9

LISTE ALPHABETIQUE DES AUTEURS 12

INTRODUCTION (Raymond Bruyer) 15

CHAPITRE 1: PHILOSOPHIE ET DROITS DE L'HOMME (Guy Haarscher) 23

CHAPITRE 2: HISTOIRE 33
I. Science historique: historiographie et droits de l'homme (Chantal et Jean-Pierre Devroey-Zoller) 33
II. Histoire du droit: le dévoiement d'une science; l'histoire juridique et les structures du nazisme (Robert Jacob) 48

CHAPITRE 3: DROIT ET CRIMINOLOGIE 65
I. Droit fondamental (François Rigaux) 65
II. Criminologie et droits de l'homme (Foulek Ringelheim) 72

CHAPITRE 4: ETUDE ET MODIFICATION DU COMPORTEMENT INDIVIDUEL 81
I. Recherche en psychologie: psychologie scientifique et droits de l'homme, un voisinage obligé? (Xavier Seron) 81
II. Psychologie appliquée: les bonnes intentions du psychologue (Pierre Feyereisen) 97

III. Psychothérapie : élémentaire, mon cher Watson (Francis Martens) 107
IV. Neurologie, neurochirurgie, psychochirurgie : autant savoir... (Raymond Bruyer) 122
V. Psychiatrie : les épistémologies psychiatriques et leurs pentes éthiques (Léon Cassiers) 131

CHAPITRE 5 : LE COMPORTEMENT DES COLLECTIVITES .. 149
   I. Sociologie et droits de l'homme (Maurice Chaumont et Michel Molitor) 149
   II. Economie : les enjeux de la croissance économique dans la perspective des droits de l'homme (Jean-Marie Wautelet) 159
   III. Ethnologie : l'ethnologie, prise entre l'universalisme et la diversité (Jean-Paul Colleyn) 170
   IV. Démographie et droits de l'homme (Louis Lohlé-Tart et Bruno Remiche) 178
   V. Anthropologie : l'exploitation politique des thèses anthropologiques dans l'ancienne Afrique belge ; l'exemple du Rwanda (N) . 197

CONCLUSIONS (Raymond Bruyer) 205

EPILOGUE LINGUISTIQUE : la parure des mots *ou* violences et droits de l'homme (Guy Jucquois) 211

ANNEXES 225

BIBLIOGRAPHIE ALPHABETIQUE 252

TABLE DES MATIERES 260

PSYCHOLOGIE ET SCIENCES HUMAINES
collection publiée sous la direction de MARC RICHELLE

1 Dr Paul Chauchard
   LA MAITRISE DE SOI, 9ᵉ éd.
5 François Duyckaerts
   LA FORMATION DU LIEN SEXUEL, 9ᵉ éd.
7 Paul-A. Osterrieth
   FAIRE DES ADULTES, 16ᵉ éd.
9 Daniel Widlöcher
   L'INTERPRETATION DES DESSINS D'ENFANTS, 9ᵉ éd.
11 Berthe Reymond-Rivier
   LE DEVELOPPEMENT SOCIAL DE L'ENFANT ET DE L'ADOLESCENT, 9ᵉ éd.
12 Maurice Dongier
   NEVROSES ET TROUBLES PSYCHOSOMATIQUES, 7ᵉ éd.
15 Roger Mucchielli
   INTRODUCTION A LA PSYCHOLOGIE STRUCTURALE, 3ᵉ éd.
16 Claude Köhler
   JEUNES DEFICIENTS MENTAUX, 4ᵉ éd.
21 Dr P. Geissmann et Dr R. Durand
   LES METHODES DE RELAXATION, 4ᵉ éd.
22 H. T. Klinkhamer-Steketée
   PSYCHOTHERAPIE PAR LE JEU, 3ᵉ éd.
23 Louis Corman
   L'EXAMEN PSYCHOLOGIQUE D'UN ENFANT, 3ᵉ éd.
24 Marc Richelle
   POURQUOI LES PSYCHOLOGUES?, 6ᵉ éd.
25 Lucien Israel
   LE MEDECIN FACE AU MALADE, 5ᵉ éd.
26 Francine Robaye-Geelen
   L'ENFANT AU CERVEAU BLESSE, 2ᵉ éd.
27 B.F. Skinner
   LA REVOLUTION SCIENTIFIQUE DE L'ENSEIGNEMENT, 3ᵉ éd.
28 Colette Durieu
   LA REEDUCATION DES APHASIQUES
29 J.C. Ruwet
   ETHOLOGIE: BIOLOGIE DU COMPORTEMENT, 3ᵉ éd.
30 Eugénie De Keyser
   ART ET MESURE DE L'ESPACE
32 Ernest Natalis
   CARREFOURS PSYCHOPEDAGOGIQUES
33 E. Hartmann
   BIOLOGIE DU REVE
34 Georges Bastin
   DICTIONNAIRE DE LA PSYCHOLOGIE SEXUELLE
35 Louis Corman
   PSYCHO-PATHOLOGIE DE LA RIVALITE FRATERNELLE
36 Dr G. Varenne
   L'ABUS DES DROGUES
37 Christian Debuyst, Julienne Joos
   L'ENFANT ET L'ADOLESCENT VOLEURS
38 B.-F. Skinner
   L'ANALYSE EXPERIMENTALE DU COMPORTEMENT, 2ᵉ éd.
39 D.J. West
   HOMOSEXUALITE
40 R. Droz et M. Rahmy
   LIRE PIAGET, 3ᵉ éd.
41 José M.R. Delgado
   LE CONDITIONNEMENT DU CERVEAU ET LA LIBERTE DE L'ESPRIT
42 Denis Szabo, Denis Gagné, Alice Parizeau
   L'ADOLESCENT ET LA SOCIETE, 2ᵉ éd.
43 Pierre Oléron
   LANGAGE ET DEVELOPPEMENT MENTAL, 2ᵉ éd.
44 Roger Mucchielli
   ANALYSE EXISTENTIELLE ET PSYCHOTHERAPIE PHENOMENO-STRUCTURALE
45 Gertrud L. Wyatt
   LA RELATION MERE-ENFANT ET L'ACQUISITION DU LANGAGE, 2ᵉ éd.
46 Dr Etienne De Greeff
   AMOUR ET CRIMES D'AMOUR
47 Louis Corman
   L'EDUCATION ECLAIREE PAR LA PSYCHANALYSE
48 Jean-Claude Benoit et Mario Berta
   L'ACTIVATION PSYCHOTHERAPIQUE
49 T. Ayllon et N. Azrin
   TRAITEMENT COMPORTEMENTAL EN INSTITUTION PSYCHIATRIQUE
50 G. Rucquoy
   LA CONSULTATION CONJUGALE
51 R. Titone
   LE BILINGUISME PRECOCE
52 G. Kellens
   BANQUEROUTE ET BANQUEROUTIERS
53 François Duyckaerts
   CONSCIENCE ET PRISE DE CONSCIENCE
54 Jacques Launay, Jacques Levine et Gilbert Maurey
   LE REVE EVEILLE-DIRIGE ET L'INCONSCIENT
55 Alain Lieury
   LA MEMOIRE

56 Louis Corman
NARCISSISME ET FRUSTRATION D'AMOUR
57 E. Hartmann
LES FONCTIONS DU SOMMEIL
58 Jean-Marie Paisse
L'UNIVERS SYMBOLIQUE DE L'ENFANT ARRIERE MENTAL
59 Jacques Van Rillaer
L'AGRESSIVITE HUMAINE
60 Georges Mounin
LINGUISTIQUE ET TRADUCTION
61 Jérôme Kagan
COMPRENDRE L'ENFANT
62 Michael S. Gazzaniga
LE CERVEAU DEDOUBLE
63 Paul Cazayus
L'APHASIE
64 X. Seron, J.L. Lambert, M. Van der Linden
LA MODIFICATION DU COMPORTEMENT
65 W. Huber
INTRODUCTION A LA PSYCHOLOGIE DE LA PERSONNALITE, 2ᵉ éd.
66 Emile Meurice
PSYCHIATRIE ET VIE SOCIALE
67 J. Château, H. Gratiot-Alphandéry, R. Doron et P. Cazayus
LES GRANDES PSYCHOLOGIES MODERNES
68 P. Sifnéos
PSYCHOTHERAPIE BREVE ET CRISE EMOTIONNELLE
69 Marc Richelle
B.F. SKINNER OU LE PERIL BEHAVIORISTE
70 J.P. Bronckart
THEORIES DU LANGAGE
71 Anika Lemaire
JACQUES LACAN, 2ᵉ éd. revue et augmentée
72 J.L. Lambert
INTRODUCTION A L'ARRIERATION MENTALE
73 T.G.R. Bower
DEVELOPPEMENT PSYCHOLOGIQUE DE LA PREMIERE ENFANCE
74 J. Rondal
LANGAGE ET EDUCATION
75 Sheila Kitzinger
PREPARER A L'ACCOUCHEMENT
76 Ovide Fontaine
INTRODUCTION AUX THERAPIES COMPORTEMENTALES
77 Jacques-Philippe Leyens
PSYCHOLOGIE SOCIALE, 2ᵉ éd.
78 Jean Rondal
VOTRE ENFANT APPREND A PARLER
79 Michel Legrand
LE TEST DE SZONDI
80 H.J. Eysenck
LA NEVROSE ET VOUS
81 Albert Demaret
ETHOLOGIE ET PSYCHIATRIE
82 Jean-Luc Lambert et Jean A. Rondal
LE MONGOLISME
83 Albert Bandura
L'APPRENTISSAGE SOCIAL
84 Xavier Seron
APHASIE ET NEUROPSYCHOLOGIE
85 Roger Rondeau
LES GROUPES EN CRISE?
86 J. Danset-Léger
L'ENFANT ET LES IMAGES DE LA LITTERATURE ENFANTINE
87 Herbert S. Terrace
NIM, UN CHIMPANZE QUI A APPRIS LE LANGAGE GESTUEL
88 Roger Gilbert
BON POUR ENSEIGNER?
89 Wing, Cooper et Sartorius
GUIDE POUR UN EXAMEN PSYCHIATRIQUE
90 Jean Costermans
PSYCHOLOGIE DU LANGAGE
91 Françoise Macar
LE TEMPS, PERSPECTIVES PSYCHOPHYSIOLOGIQUES
92 Jacques Van Rillaer
LES ILLUSIONS DE LA PSYCHANALYSE, 2ᵉ éd.
93 Alain Lieury
LES PROCEDES MNEMOTECHNIQUES
94 Georges Thinès
PHENOMENOLOGIE ET SCIENCE DU COMPORTEMENT
95 Rudolph Schaffer
COMPORTEMENT MATERNEL
96 Daniel Stern
MERE ET ENFANT, LES PREMIERES RELATIONS
97 R. Kempe & C. Kempe
L'ENFACE TORTUREE
98 Jean-Luc Lambert
ENSEIGNEMENT SPECIAL ET HANDICAP MENTAL
99 Jean Morval
INTRODUCTION A LA PSYCHOLOGIE DE L'ENVIRONNEMENT

100 Pierre Oleron et al.
SAVOIRS ET SAVOIR-FAIRE PSYCHOLOGIQUES CHEZ L'ENFANT
101 Bernard I. Murstein
STYLES DE VIE INTIME
102 Rondal/Lambert/Chipman
PSYCHOLINGUISTIQUE ET HANDICAP MENTAL
103 Brédart/Rondal
L'ANALYSE DU LANGAGE CHEZ L'ENFANT
104 David Malan
PSYCHODYNAMIQUE & PSYCHOTHERAPIE INDIVIDUELLE
105 Philippe Muller
WAGNER PAR SES REVES
106 John Eccles
LE MYSTERE HUMAIN
107 Xavier Seron
REEDUQUER LE CERVEAU
108 Moreau/Richelle
L'ACQUISITION DU LANGAGE
109 Georges Nizard
ANALYSE TRANSACTIONNELLE ET SOIN INFIRMIER
110 Howard Gardner
GRIBOUILLAGES ET DESSINS D'ENFANTS, LEUR SIGNIFICATION
111 Wilson/Otto
LA FEMME MODERNE ET L'ALCOOL
112 Edwards
DESSINER GRACE AU CERVEAU DROIT
113 Rondal
L'INTERACTION ADULTE-ENFANT
114 Blancheteau
L'APPRENTISSAGE CHEZ L'ANIMAL
115 Boutin
FORMATION ET DEVELOPPEMENTS
116 Húsen
L'ECOLE EN QUESTION
117 Ferrero/Besse
L'ENFANT ET SES COMPLEXES
118 R. Bruyer
LE VISAGE ET L'EXPRESSION FACIALE
119 J.P. Leyens
SOMMES-NOUS TOUS DES PSYCHOLOGUES?
120 J. Château
L'INTELLIGENCE OU LES INTELLIGENCES?
121 M. Claes
L'EXPERIENCE ADOLESCENTE
122 J. Hayes et P. Nutman
COMPRENDRE LES CHOMEURS
123 S. Sturdivant
LES FEMMES ET LA PSYCHOTHERAPIE
124 A. Pomerleau et G. Malcuit
L'ENFANT ET SON ENVIRONNEMENT
125 A. Van Hout et X. Seron
L'APHASIE DE L'ENFANT
126 A. Vergote
RELIGION, FOI, INCROYANCE

Hors collection

Paisse
PSYCHOPEDAGOGIE DE LA LUCIDITE
Paisse
ESSENCE DU PLATONISME
Collectif
SYSTEME AMDP
Boulangé/Lambert
LES AUTRES, L'EXPRESSION ARTISTIQUE CHEZ LES HANDICAPES MENTAUX

Manuels et Traités

2 Thinès
PSYCHOLOGIE DES ANIMAUX
3 Paulus
LA FONCTION SYMBOLIQUE ET LE LANGAGE
4 Richelle
L'ACQUISITION DU LANGAGE
5 Paulus
REFLEXES-EMOTIONS-INSTINCTS
Droz-Richelle
MANUEL DE PSYCHOLOGIE
Hurtig-Rondal
MANUEL DE PSYCHOLOGIE DE L'ENFANT (Tome 1)
Hurtig-Rondal
MANUEL DE PSYCHOLOGIE DE L'ENFANT (Tome 2)
Hurtig-Rondal
MANUEL DE PSYCHOLOGIE DE L'ENFANT (Tome 3)
Rondal-Seron
LES TROUBLES DU LANGAGE (DIAGNOSTIC ET REEDUCATION)